청소년 문제와 보호

이 교재는 아신대학교 교재개발 연구비에 의하여 지원된 저서임.

청소년 문제와 보호

ADOLESCENTS' RISK BEHAVIOR AND PROTECTION

하태선 저

동 문 사

「청소년 문제와 보호」는 청소년지도사 자격증 취득에 필요한 검정 교과목 중 하나로 반드시 이수해야 하는 필수 과목이다. 본 교재는 청소년지도사로서 위기에 있는 청소년들을 만나서 도움을 제공하기 위해 기본적으로 알아야 하는 청소년 문제와 대책들을 담고자 했다. 일반청소년과 위기청소년을 명확하게 구분짓기는 어렵지만, 특별히 발달 과정상의 위기, 상황적인 위기 속에 있는 위기청소년을 중점적으로 이해하고, 청소년지도사 및 사회복지사로서의 역할을 고민하는 기회를 제공하고자 노력하였다.

본 교재는 자격 검정 교과목이어서 교재명 자체를 수정할 수 없고, 교재명이 청소년 '문제'이고, '보호'라는 개념이 들어가 있어서 자칫 모든 청소년은 문제가 많고 반드시 사회의 보호가 필요한 존재로만 국한시킬 수 있는 한계가 있다. 하지만 이러한 문제 중심의 시각에서 벗어나 청소년기에 발생하는 모든 문제들과 위기들은 성인이 되어가는 과도기에서 발생하는 것이고, 보호가 필요하고, 가끔씩 실수를 하지만 스스로 자신의 인생을 결정할 수 있는 능력을 가진 완전한 인격체임을 잊어서는 안 된다. 청소년들만 위기를 겪는 것이 아니라 성인들도 마찬가지로 본 교재에서 다룬 문제들을 당면하게 되는 것이다.

본 교재에 대한 전체적인 개괄과 특징들을 설명하면 다음과 같다.

1장에서는 일반적인 청소년 문제와 보호의 개념과 특성을 개괄적으로 다루었다. 청소년기의 일반적인 특징과 청소년 문제에 대한 다양한 정의, 문제행동의 특징들을 설명하였으며, 청소년 보호의 필요성에 대해 제시하였다.

2장에서는 청소년 문제의 원인에 대한 이론들을 설명하였다. 이 부분은 청소년비행학을 중심으로 청소년 비행에 대한 개인적 원인론과 사회구조적 원인론, 사회과정 원인론, 사회반응 원인론에 관련된 이론들을 제시함으로써 청소년 문제를 폭넓은 시각에서 바라보고 이해하고자 노력하였다.

3장에서는 우리나라 소년범죄현황과 소년사법제도를 설명하였다. 단순 청소년 비행을 넘어서서 소년범죄 사건으로 사법처리되는 절차에 대해 정확히 아는 것이 필요하다고 생각되었다. 먼저 우리나라 소년범죄의 현황을 살펴보았으며, 소년보호사건의 진행절차와 소년보호처분기관의 종류와 주요 내용을 포함하였다.

4장에서는 회복적 사법정의의 개념과 소년범죄에 적용된 화해권고제도에 관해 설명하였다. 응보주의 관점의 대안으로 제시되고 있는 회복적 사법정의의 주요 내용들과 범죄 사건이 범죄피해자, 가해자, 지역사회에 미치는 영향들을 이해할 수 있도록 했으며, 회복적 사법정의에 기반하여 소년범죄 사건에만 유일하게 적용되고 있는 화해권고제도를 설명함으로써 소년범죄의 바람직한 해결방안에 대해 새로운 관점을 제시하였다.

5장부터 12장까지는 청소년기에 많이 발생할 수 있는 주요 문제들을 중심으로 해당 문제의 개념, 특징, 현황, 대책 등을 논의하였다. 다양한 문제들이 있겠지만 가출, 학교폭력, 약물남용, 사이버일탈, 성일탈, 자살 및 자해, 학교 밖 청소년, 정신건강과 스트레스를 주요 주제로 정하여 자세하게 설명하고자 했다.

청소년 문제는 시대적인 변화에 따라 심각한 문제들이 달라질 수 있으며, 그 정도의 차이가 있을 것이다. 또한 새롭게 발생하는 문제들도 있을 것이다. 이러한 모든 문제들을 만능적으로 해결할 수 있는 유일한 방법이 있으면 좋겠지만, 지금까지 제시된 이론에 의하면 유일한 방법이란 존재하지 않는다. 중요한 것은 청소년들을 이해하려고 노력하고 가까운 곳에서 그들의 삶을 응원해주는 것이 유일한 방법이 아닐까 생각해본다.

독립된 성인으로 성장하기 위해 청소년들이 경험해야 하는 것은 항상 달콤하고 즐거운 것만은 아닐 것이다. 신체적인 변화, 친구와의 갈등, 이성 간의 문제, 학업과 진로 문제, 부모와의 갈등 등 이러한 문제들이 반드

시 거쳐야 하는 과정이지만, 위기가 아닌 기회의 장이 될 수 있도록 만들어주는 것은 우리 어른들의 몫이라고 생각한다. 필자가 수업시간에 자주 하는 말이 있다. "실수하는 것을 두려워하지 마라. 너희들은 실수하면서 배우는 거니깐. 실수하면 '죄송합니다'라고 말하고, 다시 시작하면 돼." 어른들은 이들의 실수를 어른의 잣대로 평가하지 말고, 지금은 '몸으로 배우는 시간이구나'하고 기다려주고 한발짝 옆에서 지켜봐 줘야 한다. 무관심이 아니라 옆에서 지켜봐 주며 도움을 요청하면 언제든지 달려가는 어른이 필요하다.

혼자서 책을 집필하는 것이 처음이여서 혼자 작업하는 것이 이렇게 어려운 작업인지 체험하는 시간이었다. 다양한 주제들을 다루기에는 필자가 매우 부족하다는 것을 알았다. 한권의 책으로 나온다는 것이 너무 두렵고, 피하고 싶지만, 이것도 하나의 과정으로 생각하고 받아들이려 한다. 최신 데이터와 이론들을 찾으려고 노력했으나, 다소 지난 데이터가 있음을 양해해 주시기 바라며, 미흡한 인용과 자료들에 대해서도 넓은 마음으로 이해해 주시길 바란다.

무엇보다 감사한 것은 본 교재를 집필하면서 지금 청소년기를 지나고 있는 두 자녀(고2, 중2)를 많이 생각하게 되었고, 아이들을 이해하고 사랑하는데 도움이 많이 되었다. 아직까지 오르막길 인생에서 어설픈 남편이지만 함께 손잡고 걸어와 준 아내에게 감사함을 전한다. 끝으로 이 책의 시작부터 끝까지 격려해 주시고 멋지게 완성해 주신 동문사에 고마움을 전하고, 교재 개발 연구를 할 수 있도록 지원해주신 아신대학교에 감사함을 전한다.

2021년 폭염의 끝자락에서

저자 하태선

STORY BOOK

차 례

STORY BOOK

CHAPTER

01

청소년 문제행동과 보호의 개념

본 장에서는 청소년기의 일반적인 특징을 이해하고, 이러한 특징들이 어떻게 청소년들의 문제행동으로 발전할 수 있는지를 생각해 본다. 청소년 문제의 다양한 정의들을 비교하고, 청소년 문제행동의 특성들을 이해함으로써 청소년 보호정책의 필요성을 파악해 본다.

청소년 보호의 개념과 청소년 보호의 필요성을 다양한 관점에서 모색해 본다.

학습목표

1. 청소년기의 일반적인 특징을 이해함으로써 청소년들의 문제를 파악할 수 있다.
2. 청소년 문제의 다양한 정의를 비교하여 설명할 수 있다.
3. 청소년 문제행동의 특징을 설명할 수 있다.
4. 청소년 보호의 개념과 필요성을 설명할 수 있다.

Keywords

청소년 문제, 청소년 보호, 청소년 문제행동

본 교재명이 '청소년 문제와 보호'이기 때문에, '청소년 문제'라고 하면 다른 연령기에 비해 청소년기에는 '문제행동들이 많이 나타난다'고 부정적으로 볼 수 있다. 하지만 이러한 부정적 시각은 발달 단계의 하나인 청소년기의 특성을 제대로 이해하지 못하기 때문이다. 청소년기는 다른 발달 단계와 다른 고유한 청소년기의 특성이 존재하고, 발달 과정에서 드러나는 청소년기의 행태들을 존중해 주어야 한다. 아동기를 거쳐 성인으로 넘어가는 과정에서, 아동기의 미성숙한 모습에서 벗어나고 성인으로서의 성숙함을 갖추어야 하는 특정 과업이 존재한다. 이러한 과정에서 사회에서 용인되지 않는 일탈행위들이 자연스럽게 발생할 수 있으며, 사회는 청소년들의 행태를 이해하고, 도움을 주어야 할 책임이 있다. 본 장에서는 청소년기의 특징을 간략하게 살펴보고, 청소년 문제의 개념과 보호의 개념들을 정리하고자 한다.

1 청소년기의 일반적인 특징

청소년기에 나타나는 일반적인 특징들은 신체적인 변화와 더불어 심리적·정서적으로 다른 발달단계에 비해 뚜렷한 변화가 나타난다. 청소년기에 두드러지게 나타나는 일반적인 특징은 다음과 같다(권이종, 1990: 73-77; 한상철, 1998: 27-28, 한국청소년정책연구원 편, 2014: 21-22 재인용).

첫째, 청소년기는 생물학적으로 급격한 신체적, 생리적 변화를 겪는 시기이다. 청소년기는 제 2의 성장급등기로서 신장, 가슴둘레, 체중이 급격히 늘어나 성인과 비슷한 형태로 발달하고, 호르몬의 영향으로 남녀 성별의 차이도 뚜렷하게 나타난다. 이러한 생물학적 변화에 대해 청소년 스스로 자신의 성적 변화에 대해 긍정적으로 받아들이는 것이 청소년의 심리적 측면에서도 긍정적인 영향을 미칠 수 있다.

둘째, 청소년기에는 심리적 혼란과 정서적 불안정을 겪는다. 자신의 신체적, 성적 변화에 대해 심리적으로 적절히 적응하지 못할 때 불안감을 느낄 수 있다. 호르몬의 영향으로 감정적으로 변덕스럽게 되고, 신경질을 부리거나 불안해하기도 하고, 때로는 자기도피에 빠지거나 고독감을 느끼기도 한다. 청소년 스스로 이러한 불안정성과 불안감을 통제하기 어려우며, 본인도 스스로 감지하지 못한 상태에서 평소와 다른 행태들을 보일 수 있다.

셋째, 청소년기는 피아제(Piaget)의 인지발달이론에서 말하는 '형식적 조작기' 단계로 논리적, 추상적, 가설적, 조합적 사고 양상을 보이게 되며, 보이지 않는 모든 가능성에 대해 생각하고 원리를 찾고 이론을 형성하는 시기이다. 지적 호기심과 자신의 정신세계를 형성해 나가며 음악, 미술, 문학 등에 관심이 커지고, 선악에 대한 가치관과 예술적 심미안을 갖게 된다.

넷째, 에릭슨(Erikson)의 심리사회적 이론의 단계에서 청소년기는 '정체성 대 정체성 혼란'을 경험하는 시기이다. 자신의 존재, 사회에서의 자신의 위치에 대한 생각, 자신의 능력과 역할, 선호에 대한 생각, 전반적인 가치관, 사회관, 인생관이 확립되는 자아정체성을 찾는 시기여서, 종속적 관계에서 벗어나 자신의 내면에 눈뜨게 되고, 독립적인 자아를 형성하고자 노력한다. 하지만 아직은 성숙하지 못하여 특정 논리나 이념에 쉽게 감동하고, 극단적 선택 또는 반항적 행동에 쉽게 빠져들게 된다.

다섯째, 청소년기에는 사회적으로 독립적인 대인관계를 구축해나가기 시작한다. 부모 또는 교사, 기성세대에 대해 비판적 태도를 취하며, 친구, 동료들과의 관계를 중시하게 된다. 그러나 무조건적인 친구를 사귀기보다 자신의 관심, 취향에 따른 선택적 친구 관계를 형성해 나간다.

청소년기는 기성세대를 따르기 위한 준비기간이 아니다. 청소년기 자체로 소중한 삶의 한 부분임을 인정해야 한다. 청소년을 아직 미성숙하고 임시적 존재로 바라보고 청소년들의 행동 자체가 문제가 있는 것으로 여기는 부정적 고정관념에서 벗어나야 한다. 기성세대의 가치관과 행동양식을 기준으로 청소년들의 행동을 모두 일탈행동으로 간주하려는 것을 조심해야 한다.

2 청소년기의 심리적 변화

청소년기에는 급격한 신체적, 생리적, 인지적 변화를 겪으면서 자신의 신체상, 부모와의 또래, 그리고 자기상(self-image)과의 관계에도 많은 변화를 초래하게 된다. 이러한 변화과정에서 청소년은 적응과정을 거치게 된다. 청소년기에 성취해야 할 심리적 과제를 요약·정리하면 다음과 같다(Mattim & Volkmar, 2007; 유희정, 2012: 4 재인용).

① 만족스럽고 현실적인 신체상을 갖는다.
② 부모로부터 독립성이 증가되고 적절한 자기 보호와 조절의 기능을 획득한다.
③ 가족 외부의 사람들과 만족스러운 대인관계를 맺는다.
④ 증가되는 성적, 공격적 충동에 대해 적절한 조절과 표현 능력을 발달시킨다.
⑤ 정체성의 확립 – 여기에는 개인적인 도덕률의 발달, 직업 및 경제적 자족에 대한 잠정적인 계획이 포함된다.

청소년기에 위와 같은 청소년기의 심리적 과제를 원만하게 성취하지 못하게 될 때, 문제행동의 형태로 심리적 부적응이 표출될 수 있다. 청소년기에 경험하는 다양한 변화가 청소년기의 심리적 변화에 어떻게 영향을 미치고, 이로 인해 청소년기의 문제행동로 발전할 수 있는지를 살펴보는 것이 중요하다(유희정, 2012: 4-11). 이와 관련된 청소년기의 변화 양상을 살펴보면 다음과 같다.

1) 신체상의 변화

청소년들은 사춘기를 전후하여 2차 성징과 관련된 급격한 신체적 변화를 겪으면서 때로 당황스럽고 불안해 하게 된다. 다른 또래들과 자신의 신체 발달을 비교하게 되고, 예민하게 반응하게 된다. 최근처럼 매스미디어의 영향으로 아이돌 연예인들의 외모와 자신의 외모를 비교하면서 자신의 외모를 부정적으로 보게 되는 경우가 있으며, 자신의 체중에 대한 불만족으로 인해 왜곡된 정보에 의존하여 지나친 다이어트로 인해 건강을 해치는 경우도 있다.

청소년기에 신체는 '자기(self)'의 표상이다. 청소년들이 자신의 외모에 대해 스스로 생각하는 이상적 외모를 갖기 위해 많은 시간과 에너지를 소비하고 있다. 남자 청소년들은 근육질의 몸매를 가꾸기 위해 무리한 운동과 식이조절을 하는 경우도 있고, 여자 청소년들은 화장, 헤어 스타일을 변화시키며 자신의 신체 이미지를 가꾸고 있다. 하지만 자신의 신체에 부정적이고 과도한 반응은 주변 사람들에게 비치는 '사회적 자기'에 몰두하게 됨으로써 '있는 그대로의 자기'를 수용하고 발견하는 경험이 위축될 수 있다. 결국 자기 신체에 대한 건강한 수용과 적응은 청소년기의 심리적 발달에 긍정적 영향을 끼치게 된다고 볼 수 있다.

2) 부모와의 관계 변화

청소년기에는 청소년과 부모와의 관계에서 중요한 전환점을 맞게 되는 시기이다. 청소년기는 학업, 방과 후 학원 수강 등으로 어린 시절보다 부모와 같이 보내는 시간이 줄어들게 되고, 정서적인 관계에서도 다른 양상이 나타나게 된다. 어린 시절에는 부모가 존경과 이상화의 대상이었다면, 청소년기에는 조금씩 부모와의 단절이 생기면서, 청소년은 부모의 단점을 보면서 예민하게 되고 때로는 왜곡되거나 지나친 완벽주의적인 잣대로 부모를 바라보게 된다. 이때 청소년은 어린 시절처럼 부모의 전폭적인 보살핌을 받고 싶으면서도 독립하고 싶은 자율에 대한 갈망이 혼재하게 된다. 부모에게 의존하는 자신의 모습을 벗어나려고 하고, 때로는 무관심하거나 반항적인 태도를 부모에게 보이는 경우도 있다.

청소년과 부모와의 갈등은 청소년기의 시작과 함께 증가한다. 처음에는 휴대폰 사용, 수면시간, 방 청소, 개인위생 같은 사소한 것과 관련된 갈등이 일어나지만, 나중에는 이성 친구 문제, 통행금지 시간, 휴대폰 사용 등으로 옮겨간다. 어머니 – 딸 갈등은 초기 청소년기에 일어나고, 아버지 – 아들 갈등은 중기 청소년기에 자주 나타난다. 부모는 이러한 자녀와의 갈등으로 정신적으로 힘든 시간을 보내는 경우가 많다. 특히 청소년 – 부모 사이의 사소한 갈등에서 벗어나 자녀가 등교 거부, 학업 불성실, 흡연, 음주, 가출 등의 문제가 나타나면 부모들은 위기감과 불안감을 느끼게 된다. 가장 바람직한 것은 부모가 너무 허용적이지도 않고, 지나치게 권위주의적이지 않을 뿐 아니라, 무심하지 않은 균형 잡힌 부모 역할을 유지하는 것이 필요하다. 권위 있는 부모 역할이란 자녀에게 따뜻하고 반응하면서도 확고하고 명료한 부모 태도를 견지하는 것을 말하며, 이러한 권위 있는 부모의 역할로 인해 청소년 자녀는 여러 가지 생활 측면에서 좋은 성취를 나타낼 수 있다. 결국 부모는 자녀를 성인이 되어가는 존재로 인정하고, 서서히 자율성의 범위를 넓혀 주고, 가족 의사결정에도 많이 참여함으로써 부모와 자녀가 동등한 성인으로서의 관계로 변화되어야 한다.

3) 사회적 관계의 변화

청소년기에는 부모와의 의존 관계가 점차 줄어들고, 또래와의 우정과 친밀감을 경험하면서 새로운 관계 양상으로 변화하게 된다. 주로 친구들과 어울리는 것을 좋아하고, 부모의 의견보다는 친구들의 의견, 선호를 중요하게 여긴다. 이로써 자신의 사회적 관계가 확장됨으로써 타인들과의 비교, 친밀감 속에서 자기(self)를 찾게 될 수 있다. 어떤 내용의 활동이냐보다 같이 하는 친구들이 누구이며, 그들이 무엇을 했으며, 무슨 말을 했고, 어떤 반응을 하느냐에 관심을 갖게 된다.

이때 청소년들은 친밀한 우정을 중요하게 여기게 된다. 이성 친구보다는 동성 사이에 친밀한 관계를 형성하는 경우가 많다. 청소년들은 주로 자신과 행동, 태도, 흥미, 자기 정체성이 비슷한 또래를 친구로 선택하는 경향이 있다. 하지만 때로 자신에게 없는 모습을 가진 친구들을 선택하는 경우도 있다. 친구는 지지와 존중의 근원이 되기도 하고, 퇴행이나 비행을 시도할 때 공모자가 되기도 하며, 성적, 공격적 착취의 표적이나 무시의 대상이 되기도 한다.

2013년 국내에 도입된 중학교 자유학기제는 '심리사회학적 유예기'의 반영으로 볼 수 있다. 2018년부터 중학교 1학년을 자유학년제로 운영하며, 중간, 기말고사 등의 시험을 치르지 않고, 참여형 수업, 주제별 선택활동, 동아리활동, 진로탐색활동 등을 실시하고 있다.

청소년과 부모와의 관계가 또래관계에도 중요한 영향을 미친다. 부모의 권위 있는 양육방식은 또래로부터 발생하는 부정적인 압력을 줄이는 경향이 있으며, 부모와의 결속력이 약한 가정의 경우 부모보다 또래의 부정적인 영향을 더 크게 받게 된다. 부모보다 또래의 가치관과 조언을 더 중시하는 경향이 비행을 저지르는 친구를 선택하는 것, 낮은 학업 성취욕구, 부모와 현저히 다른 가치체계와 만나면 광범위한 문제행동의 중요한 위험요인이 될 수 있다.

4) 성적 욕구

청소년기에는 자신의 성에 대한 관심이 높고, 타인에 대한 성적 이끌림을 느끼고, 본인도 타인에게 성적 욕구의 대상이 되는 새로운 경험을 하게 된다. 초기 사춘기에 성적 흥분과 관심은 호감이나 친밀감, 정서적으로 가까워지고자 하는 욕구와는 종종 독립적으로 일어난다. 어린 남자 청소년의 경우 성적 환상이나 자위행위 시 흥분의 대상은 실제 알고 있는 여성보다는 연예인, 영화나 미디어에 나오는 여성들인 경우가 많다. 초기 여자 청소년들은 실제 혹은 환상 속의 연애 관계에 강력한 관심을 보이며, 연예인들의 사생활에 지나친 관심을 갖고, 서로 이야기를 하게 된다. 특히 여자 청소년들은 아이돌 그룹의 멤버 같은 연예인 스타들에게 반하거나 선망을 갖게 된다.

청소년기의 성적 환상은 청소년의 내적 심리의 강렬하고 중요한 일부분이다. 이는 쾌감을 제공하고, 다른 출구가 없는 상태에서 스스로 '드라마'를 만들고 정교화하는 기회가 되기도 한다. 성적 환상은 청소년으로 하여금 자신이 어떤 것을 간절히 원하는지, 관능적인 흥분과 충족을 이루기 위한 각자의 필요조건이 무엇인지 탐색하고 알아차리게 돕는 기능이 있다. 청소년의 중요한 발달 과제는 이런 성적인 갈망을 실제 대인관계에서 친밀감과 정서적 친밀감을 얻고 긍정적으로 다음 세대를 출산하고 양육하기 위한 안정된 관계를 형성하는 적응적 수단으로 만드는 것이다.

일부 청소년들은 타인과의 성적인 상호작용으로 전환하는 경우도 있지만, 성적인 활동이 수반되지 않더라도, '사랑에 빠지는 것'은 청소년의 삶에 중요한 일부분으로 여겨야 한다. 이러한 과정에서 상호 교환적인 사랑을 얻고 싶은 욕구가 생기면서, 가장 간절한 바람, 강렬한 즐거움, 고통스러운 좌절, 실망감 등을 경험하게 된다. 이는 청소년이 독립된 성인으로 나아가기 위해 '자기(self)'를 새롭게 정의하고, 개별화 과정에서 느끼는 외로움을 더는 데 도움이 될 수 있다.

5) 정체성 확립

에릭슨은 일관성 있는 정체성을 확립하는 문제가 청소년기의 주요 심리사회적 위기로 보았다. 하지만 심리사회적 발달단계에서 이전 단계에서 신뢰, 자율성, 주도성, 근면성이 형성되어 있지 않으면 일관성 있는 정체성을 형성하는 것이 힘들다고 보았다. 또한 정체성 위기를 어떻게 극복하는지가 성인기의 위기 극복에 영향을 미칠 것이라고 보았는데, '정체성 대 정체성 혼란'의 위기를 극복하는 열쇠는 청소년과 다른 사람들과의 상호작용이다. 중요한 다른 사람들의 반응은 청소년의 정체성 발달에 영향을 미치며, 청소년의 정체성은 청소년과 사회 간의 상호 인식의 결과로 볼 수 있다고 했다.

'심리사회적 유예기'란 현대사회가 정체성 확립 과정이 이전 사회보다 복잡한 요소가 작용하기 때문에 청소년기에 청소년의 자기발견을 위해 과도한 책임과 의무를 면제시켜주는 기간을 말하며, 이러한 시간을 통해 청소년은 다양한 경험과 역할을 탐색해 볼 수 있다. 이러한 '심리사회적 유예기'가 없다면 청소년이 가능한 선택과 대안에 대한 탐색을 할 수 없고, 이는 정체성 발달에 장애를 가져오게 될 수 있다.

청소년의 '정체성 확립과 실패'는 '정체성 혼란', '정체성 유실', '부정적 정체성 상태'를 발생시킬 수 있다. 첫째 '정체성 혼란' 상태는 비일관적인, 연결되지 않은, 미완성의 자아상을 초래할 수 있으며, 둘째, '정체성 유실' 상태란 건강한 정체성을 형성하기 위한 탐색과 실험의 기간인 심리사회적 유예기를 거치지 않고 조기에 어떤 역할에 전념하여 그것을 자신의 정체성으로 여기는 상태를 말하며, 셋째, '부정적 정체성 상태'란 청소년의 부모나 공동체가 보기에 바람직하지 않은 정체성을 형성한 상태를 말한다.

마샤(J. Marcia)의 에릭슨의 이론을 확장하여 정체성 수준 분류 직업을 수행했다. 이념(가치와 믿음), 대인관계에 있어서의 정체성 탐색(exploration)과 헌신(commitment)의 두 개념으로 정체성 수준을 표 1-1과 같이 분류했다.

〈표 1-1〉 **마샤의 네 가지 정체성 수준 분류**

-		헌신	
		있음	없음
정체성 탐색	있음	정체성 성취	정체성 유예
	없음	정체성 유실	정체성 혼란

① 정체성 성취: 정체성 위기와 탐색의 과정을 거친 후 자신의 역할에 헌신하고 있는 수준

② 정체성 유예: 정체성 위기와 탐색의 과정에 있는 수준

③ 정체성 유실: 정체성 위기와 탐색의 과정 없이 자신의 역할에 헌신하고 있는 수준

④ 정체성 혼란: 정체성 위기와 탐색의 과정에 있지도 않고, 자신의 역할에 헌신하고 있지도 않은 수준

다른 연구에 의하면, 청소년의 강한 자아정체성 확립에 가장 관련 깊은 변인은 부모와의 긍정적인 동일시가 큰 영향을 주었으며(Hellbrun & Fromme, 1965), 자율적인 가정 분위기 및 가족 상호 간의 인간관계도 정체성 형성에

중요한 영향을 주었다고 보고되고 있다(김형태, 1989). 또한 가족 내에 있어서 의사결정 과정에의 참여 기회(Elder, 1973)가 자아정체성에 가장 높은 상관관계를 나타내는 요인으로 나타났다(대한소아청소년정신의학회, 2012: 11 재인용).

3 청소년 문제의 개념

'청소년 문제'는 학문적으로 '청소년비행'과 유사할 수 있으나, 일반적으로 청소년의 일탈행위, 소년범죄, 지위비행 등과 같은 의미로도 사용된다. 청소년 문제의 유사 개념들을 살펴보면 표 1-2와 같다(한국청소년정책연구원 편, 2014: 448).

〈표 1-2〉 청소년 문제의 유사 개념

개념	내용
일탈 (deviation)	모든 규칙과 규범 위반행위를 의미함. 넓은 의미로는 형법을 위반한 행위인 범죄(crime)를 포함하지만, 좁은 의미로는 형법에 의해 규정된 범죄를 제외한 사회적 규칙과 사회적 규범을 위반한 행위만을 지칭함
청소년비행 (juvenile delinquency)	청소년에게 기대되는 규범에서 벗어난 일탈행동. 형법에 저촉되는 심각한 범죄는 물론이고, 범죄 구성요건에 해당하지 않더라도, 그 사회에서 청소년에게 기대하는 규범으로부터 벗어난 일탈행동을 포함함
지위비행 (status delinquency)	성인이 했을 때는 문제가 되지 않지만, 청소년이라는 지위 때문에 일탈행동으로 간주되어 규제와 통제를 받게 되는 행위
청소년 문제행동 (youth problem behavior)	행위 주체가 청소년이라는 점을 부각시키는 개념으로 범죄를 포함한 반사회적 행동과 타인보다는 자신에게 심각한 영향을 미치는 비사회적 행동, 그 밖의 다양한 부적응 행동을 포함함
소년범죄 (juvenile crime)	소년법상의 개념. 형법상의 죄를 범한 만 14세 이상 만 19세 미만자의 행위를 의미함

최근 많이 사용되는 '위기청소년'이란 개념은 청소년의 일탈행위를 교정해야 할 문제로 보는 시각이 아니라, 다양한 요인으로 위기 상황을 보내고 있는 청소년들이 위기 상황에서 벗어나고, 위기 환경을 제거하는 데

사회적 도움을 제공해야 된다는 시각이 반영된 개념이다.

표 1-2에서 제시된 청소년 문제의 유사개념들을 정리하면, 청소년 문제의 가장 넓은 의미는 일탈이고, 가장 좁은 의미는 '범죄'를 포함한 '비행'이라고 할 수 있다. 청소년이라는 사회적 지위로 인해 일탈과 범죄를 나타내는 청소년 문제행동, 청소년비행, 지위비행, 청소년 문제라는 개념들이 혼용되고 있다. 그러나 청소년 문제는 '청소년의 사회규범 위반행위'에 국한되지 않고, 훨씬 다양한 차원을 포함하고 있다. 풀러(Fuller, 2013)는 청소년 문제는 ① 법을 어긴 행위, ② 청소년을 대상으로 한 범죄, ③ 지위비행, ④ 빙임 · 속박 · 학대 · 가정 내 불화 등을 포함하여 정의하고 있다(모경환 · 이미리 · 김명정, 2014: 20 재인용). 청소년 자신이 사회적 규범을 위반하여 사회에 해악을 초래함으로써 위험에 처하게 한 경우만이 아니라, 청소년을 대상으로 한 범죄, 청소년과 관련된 가정 문제도 청소년 문제에 포함시키고 있다. 따라서 청소년 문제는 청소년의 범법 및 비행 외에도 청소년의 삶의 질과 건전한 성장을 위협하는 제반 사회문제를 포괄하는 개념으로 확대하여 볼 수 있다.

4 청소년기의 위험요인별 문제 유형

일반청소년에 비해 위기 청소년기에게 나타날 수 있는 위험요인들은 크게 청소년 개인과 청소년을 둘러싼 사회적 환경으로 구조화할 수 있다. 청소년을 둘러싼 사회적 환경이란 주로 가정, 또래, 학교 등으로 볼 수 있다. 대부분의 위험요인은 청소년기에 발생하는 '상황적 위기' 및 '발달적 위기'와 관련하여 발생하게 된다. '상황적 위기'란 예상할 수 없는 사건에 대한 반응을 말하며, 예를 들어 가까운 사람의 죽음, 외상적 스트레스 사건, 정신과적 장애 등에 의해 유발되는 것을 말한다. 발달적 위기란 성장의 한 부분으로 발생하는 위기로 임신과 같은 삶의 변화, 자신의 성 정체감에 대한 갑작스러운 자각, 어린 시절 학대당한 경험에 대한 점진적 인식 등과 같은 심리적 문제, 삶의 의미 상실, 공허감, 부모나 교사와의 관계 갈등과 같이 성숙에 따른 피할 수 없는 성장 과정상의 문제 등에 의해 유발되는 것을 말한다(구본용 외, 2005; 홍봉선 외, 2010: 25 재인용).

〈표 1-3〉 위기 관련 위험요인

위험요인군	위험요인	
개인요인	• 낮은 자존감 • 충동성	• 반사회적 성향 • 자극추구 성향
가족요인	• 구조적 결손 • 가정불화 • 비합리적 양육태도 • 문제행동에 대한 부모의 허용태도	• 부모의 자녀교육 기대수준 • 낮은 사회 · 경제적 지위 • 부모 감독 소홀, 부모의 위험행동, 가족해체
교육요인 및 또래요인	• 낮은 학업성취도 • 학업성취에 대한 낮은 기대 • 학교에서의 지지 • 잦은 결석, 진학 • 또래의 비행 여부 • 또래와의 관계	• 성적 행동 시작 • 약물사용 • 교사들의 낙인 / 무관심 • 동료의 위험행동 수용
사회적 요인	• 물리적 환경 • 범죄관련 환경	• 낮은 사회적 유대감

출처: 홍봉선 외, 2010: 25.

윤철경(2005)은 청소년의 건강한 성장과 발달을 위협하는 네 가지 위기상황을 개인적 위기상황, 가족적 위기상황, 교육적 위기상황, 사회적 위기상황으로 구분했다. 개인적 위기상황이란 가출, 범죄, 자살, 자살(충동)시도, 폭력가해, 성매매로 규정했으며, 가족적 위기상황은 빈곤, 소년소녀가장, 이혼자녀, 요보호, 학대피해 상황으로 규정했다. 교육적 위기상황은 학습부진과 학교중퇴로 규정했으며, 사회적 위기상황은 학대피해, 성범죄피해, 폭력피해, 범죄피해, 실업으로 규정하였다. 하지만 위기청소년의 위기상황이 여러 문제들의 조합결과로 파악되는 경우가 많고, 다양한 요인들의 상호작용을 통하여 제3의 문제를 연쇄적으로 파생될 수 있음을 알 수 있다. 위기 청소년에 대한 개입 또한 다양한 영역의 위험요인을 파악하여 접근이 이루어져야 한다.

〈표 1-4〉 위기상황별 문제 유형

위기상황	세부 문제
개인적 위기상황	가출
	범죄
	자살
	자살충동시도
	폭력 가해
	성매매
가족적 위기상황	빈곤
	소년소녀가장
	이혼자녀
	요보호
	학대피해
교육적 위기상황	학습부진
	학업중단
사회적 위기상황	학대피해
	실업
	폭력피해
	범죄피해
	성범죄피해

5 청소년 문제행동의 특징

1) 개념 규정의 어려움

우리가 문제행동을 정의할 때 어떠한 기준으로 문제행동을 규정하느냐가 중요하다. 어떠한 기준이냐에 따라 문제행동의 범위가 달라질 수 있다. 법률적 기준과 사회규범을 어기는 행위로 구분할 수 있지만, 모든 사람들이 문제행동이라고 생각하지 않는 행동도 있기 때문에 쉽게 정의 내리기 어려운 점이 있다. 특정 행동이 문제행동인지 아닌지의 판단은 종종 관찰자의 주관적인 가치관과 규범에 달려 있다(한상철 외, 2003: 24). 예를 들어, 과거에는 정규 학교에 다니지 않는 학생들은 문제아라고 보았으나, 최근에는 정규 학교 대신 대안학교, 홈스쿨, 검정고시 등의 다양한 교육 과정을 선택함으로써 정규 학교에 다니지 않는 경우가 있다. 한국 사회가 다양성을 인정하는 사회로 변모하면서 다양한 교육 과정을 인정하는 시대가 된 것이다.

이러한 청소년 문제행동에 대한 기준의 복잡함과 모호함으로 인해 청소년 문제의 대책을 수립하는 데 어려움이 있다. 명확한 실태 파악이 선행된 후 대책 수립이 이루어져야 하지만, 앞서 말한 시대적, 사회적 상황에 따라 기준과 내용이 달라지기 때문에 일률적인 정의를 내리기가 어려운 점이 있다(모경환 외, 2014: 36).

2) 청소년 문제의 동시성과 연속성

청소년들의 문제행동은 한 가지 행동으로만 나타나는 것이 아니라, 동시다발적으로 문제행동이 나타나는 경우가 있다. 예를 들어, 게임 중독의 문제가 있는 청소년의 경우, 단순히 게임 중독의 문제만 있는 것이 아니라, 대인관계 기피의 사회성의 문제도 함께 겪는 경우도 있다. 학교폭력 가해 행동의 경우도 우울이나 불안의 다른 문제행동을 함께 보이는 경우도 있다. 또한 하나의 문제행동은 또 다른 문제행동을 유발할 가능성이 높다. 학교 부적응 문제가 있는 청소년이 약물 중독 또는 자살 충동의 문제행동으로 이어지는 경우도 있다. 청소년들의 문제행동은 다양한 원인에 의해 일어나며, 다양한 형태의 문제행동으로 나타날 수 있기 때문에 청소년의 문제행동을 내적, 외적 요인으로 구분하는 것이 큰 의미가 없다는 주장도 있다(한상철 외, 2003: 25-26).

3) 청소년 문제의 과도기성

청소년기는 아동도 아니고 성인도 아닌 과도기적인 상태로 설명된다. 청소년은 신체적으로는 성인과 유사한 특성이 갖추고 있으나, 아직은 성인다운 판단력, 현실적 감각이 부족한 상태이다. 하지만 청소년은 성인다운 모습을 드러내기를 원하고 있고, 주변에서 성인됨을 요구하는 경우가 많다. 다시 말해 이러한 심리적 압박이 문제행동을 초래하는 요인이 될 수 있다. 이러한 성인됨을 드러내 줘야 한다는 심리적 압박이 청소년의 일탈행위를 유발할 수 있다. 다음은 청소년기의 과도기적 특성이 일탈행동을 유발하는 요인에 대한 설명이다(Fuller, 2013; 모경환 외, 2014: 35-36 재인용).

첫째, 청소년기에는 부모의 통제로부터 벗어났다는 것을 과시하려는 욕구가 청소년의 일탈행동을 유발할 수 있다. 아동기에는 부모의 권위, 종교적 가르침, 성인들의 지시 같은 사회적 압력을 수용했었는데, 청소년기가 되면 이러한 통제에서 자유를 획득하려고 하며, 사회적 압력이 이제는 또래의 규범이나 가치로 대체하게 된다. 또래의 동조 압력은 청소년들의 흡연, 음주, 가출, 통금시간 위반, 비행 집단과의 교제 등과 같은 일탈행위로 표출되는 경우가 있다.

둘째, 남자 청소년의 경우 자신의 남성성을 과시하려는 욕구가 일탈행위를 유발할 수 있다. 남자 청소년은 강한 육체적 힘, 여성에게 위압적인 태도, 힘을 수단으로 타인에게 군림하려는 태도, 소속 집단에의 충성이나 희생, 외부 압력에 대한 저항 등을 남성다움이라 잘못 생각하며 이를 행동으로 보여주려고 한다. 이러한 욕구가 폭력, 규율 위반 등의 형태로 나타날 수 있다.

셋째, 여자 청소년의 경우 성인됨을 드러내기 위한 행동의 일환으로 성적 일탈행위를 유발할 수 있다. 부모로부터 독립되었음을 증명하기 위해서, 남자 청소년들과 동등한 위치에 있음을 확인하기 위해서, 자기 신체에 대한 자기 결정권을 증명하기 위해 성적인 일탈행동을 유발할 수 있다.

넷째, 경제적 자립을 보여주기 위한 욕구가 일탈행위를 유발할 수 있다. 성인의 지위를 빨리 획득하기 위해서는 경제적 의존 상황에서 벗어나야 한다. 자극적인 매스미디어 광고와 SNS의 증가로 청소년들의 소비 유혹은 높아지고, 이성교제, 외식 등으로 청소년들의 용돈은 매우 부족한 실정이다. 하지만 대부분의 가정은 자녀에게 충분한 용돈을 지급하지 못하고, 학업으로 아르바이트를 하기에도 어려운 상황이다. 이러한 소비 욕구와 경제적 자립 욕구의 충돌이 절도, 친구 물건을 훔치거나 빼앗기 등과 같은 문제행동으로 나타나는 경우도 있다.

다섯째, 청소년기의 자아도취와 강한 자아중심성이 일탈행동으로 나타나는 경우도 있다. 청소년기에는 자신은 특별한 존재이며 우주의 중심이라고 믿을 만큼 강한 자아중심성을 보이게 된다. 자신은 타인의 집중적인 관심과 주의의 대상이 되고, 타인은 모두 관중으로 여겨 자신은 상상적 관중을 즐겁게 하기 위해 애써야 한다는 상상적 관중(imaginary audience) 의식과 자신은 매우 특별한 존재이므로 자신의 감정이나 경험세계가 다른 사람과 근본적으로 달라 다른 사람들이 이해할 수 없을 것이라고 생각하는 개인적 우화(personal fable) 의식은 자기 존재의 영속성과 불멸성을 믿게 됨으로써 음주운전, 폭주, 마약 등 위험한 행동에 빠져들 위험성을 초래할 수 있다. 고통이나 죽음을 두려워하지 않는 강한 존재가 되었음을 보여주기 위해 무분별한 행동을 하고, 격렬하고 위험한 스포츠를 즐기는 것도 이와 같은 자아중심성 경향 때문이다.

6 청소년 보호의 개념과 필요성

1) 청소년 보호의 개념

청소년 보호라는 용어를 우리나라에서 사용하게 된 것은 1997년 「청소년 보호법」이 제정되면서 사용되었다고 볼 수 있다. 「청소년 보호법」 제1조는 "이 법은 청소년에게 유해한 매체물과 약물 등의 청소년에게 유통되는 것과 청소년이 유해한 업소에 출입하는 것 등을 규제하고 청소년을 유해한 환경으로부터 보호 · 구제함으로써 청소년이 건전한 인격체로 성장할 수 있도록 함을 목적으로 한다"고 명시하고 있다. 이 법에 제시하는 청소년 보호는 주로 유해한 환경으로부터 청소년을 보호하고 청소년의 접근을 제한하는 것에 주안점을 두고 있다. 하지만 청소년 보호의 개념을 단순히 유해한 환경으로부터의 보호에 제한하는 협의적인 개념보다는 보다 광의적 개념으로 청소년 보호를 명시하는 것이 바람직하다.

'보호'라는 의미도 보호할 대상자의 취약함, 부족함, 미성숙함 등을 전제하는 측면이 있다. '청소년 보호'도 사회적 약자인 청소년을 성인과 사회가 돌봐주어야 한다는 개념이 포함되어 있다. 이것은 청소년 스스로 독립된 주체로 보는 측면보다 청소년기의 발달 특성상 과도기적인 성격이 반영되었기 때문으로 볼 수 있다. 이러한 양 측면을 인정하는 균형적인 관점에서 청소년 보호의 개념을 정의하는 것이 필요하다.

역사적으로 18세기 이전에는 청소년은 부모의 소유물에 불과하여 국가가 청소년을 위해 개입해야 할 대상이 아니었다. 하지만 19세기 산업혁명을 거치면서 청소년의 빈곤, 노동착취, 작업장에서의 심각한 반인권적 처우가 사회적 문제로 부각되면서 국가가 개입해야 할 공적 영역이라는 인식 전환이 이루어졌다. 이후 숙련공에 대한 수요가 급증하면서 도제식 교육, 학교교육의 발달로 청소년에 대한 국가적 책임이 강조되었다. 20세기가 되면서 복지국가의 출현으로 가족을 위한 국가 지원이 본격화되고, 1989년 유엔아동권리협약의 채택으로 아동·청소년을 위한 법과 제도들이 만들어지고, 아동·청소년이 권리의 주체임을 인식하는 계기가 되었다. 이를 계기로 청소년 보호는 국가가 청소년의 생활을 제한하고 통제하는 것이 아니라, 청소년의 권리를 실현하고 시민적 기본권을 보장하기 위한 환경을 조성하는 것을 의미하게 되었다(김지연 외, 2017: 15-16).

따라서 청소년 보호란 '모든 청소년이 바람직한 사회구성원으로 성장하기 위해 각자의 잠재적인 역량을 최대한 계발할 수 있도록 사회적으로 지원하고, 위험에 노출된 청소년들을 돕기 위한 사후적·예방적 노력을 하는 것이다'라고 정의하고자 한다.

2) 청소년 보호의 필요성

왜 청소년을 보호해야 하는가에 대해 다양한 의견이 있을 수 있다. 하지만 다양한 의견 속에서 대부분이 동의하는 청소년 보호의 필요성은 다음과 같다(배규한, 2014: 124-125).

첫째, 보호론적 시각으로, 청소년은 아직은 약하고 미숙한 존재이므로 어른들이 적극적으로 보호하고, 올바른 방향으로 육성해야 한다는 것이다. 청소년은 아직 성숙하지 못하여 자신의 가치관이나 행위에 대한 자율적인 판단능력이 부족한 존재로 간주한다. 또한 성인들의 가치와 판단이 청소년에 비해 우월할 뿐 아니라 청소년에게도 그대로 적용될 수 있다고 보는 시각이다.

둘째, 자율론적 시각으로, 청소년은 아직 어리므로 양육과 보호가 필요한 존재이지만 스스로의 자율적 판단은 존중해 주어야 한다는 입장이다. 청소년은 보호받아야 한다는 보호론적 시각과 동일하지만, 청소년은 독립적 인격체이므로 최소한 그들의 자율성은 인정해 주어야 한다고 보는 시각이다.

셋째, 주체론적 시각으로, 청소년도 자신의 권리를 주체적으로 행사할 수 있는 능력을 지닌 자율적 존재임을 인정하는 시각이다. 청소년은 독립된 인격체로 스스로 판단하고 자신의 행위에 책임을 지며 권리를 주장할 수 있는 존재이기 때문에 단순한 보호 차원을 넘어 청소년의 인권과 주체성을 존중해 주어야 한다고 보는 시각이다.

넷째, 미래지향적 시각으로, 청소년이 스스로 미래 정보사회에 부응하는 가치관을 형성하고 역량을 강화할 수 있도록 지원해 주어야 한다는 입장이다. 청소년은 자신의 미래를 스스로 선택하고 설계할 수 있는 존재이므로 청소년 정책도 그들이 미래지향적 가치관을 형성하고 자신의 잠재적 역량을 최대한 계발할 수 있도록 지원하는 데 최선을 다해야 한다고 보는 시각이다.

〈표 1-5〉 법률적 측면의 청소년 연령

관련 법	용어	연령 구분
청소년기본법	청소년	만 9세 이상~만 24세 이하
청소년활동진흥법	청소년	
청소년 복지 지원법	청소년	
청소년 보호법	청소년	만 19세 미만의 자 (만 19세가 도달하는 연도의 1월 1일을 맞이한 자는 제외)
아동 · 청소년 성보호에 관한 법률	아동 · 청소년	
영화 비디오법	청소년	만 18세 미만의 자 (고등학교 재학 중인 학생 포함)
게임산업법	청소년	
음악산업법	청소년	
아동복지법	아동	만 18세 미만의 자
근로기준법	연소자	만 15세~만 18세 미만
민법	미성년자	만 19세 미만의 자
소년법	소년	
형법	형사미성년자	만 14세 미만의 자

CHAPTER

02

청소년 문제의 관점

본 장에서는 청소년 문제의 원인을 설명하는 이론들을 소개한다. 청소년비행의 원인을 설명하는 다양한 이론들을 이해함으로써 청소년들의 문제를 이해하고, 그 대책을 모색할 수 있다. 비행의 원인을 개인적 원인론, 사회구조적 원인론, 사회과정 원인론, 사회반응 원인론으로 구분하여 각각의 주요 개념들을 파악함으로써 비행에 대한 폭넓은 시각을 배우도록 한다.

학습목표

1. 청소년비행의 개인적 원인론과 관련된 이론을 파악할 수 있다.
2. 청소년비행의 사회구조적 원인론과 관련된 이론을 파악할 수 있다.
3. 청소년비행의 사회과정 원인론과 관련된 이론을 파악할 수 있다.
4. 청소년비행의 사회반응 원인론과 관련된 이론을 파악할 수 있다.

Keywords

비행원인론, 비행학

청소년의 문제행동을 유발하는 요인은 무엇인가? 청소년들은 왜 범죄를 시작하며 범죄에 연루되는가? 이러한 질문에 대한 연구는 오래전부터 비행학, 범죄학, 사회문제 이론 등에서 진행되어 왔다. 범죄자는 선천적으로 비행 성향을 가지고 태어나는지, 아니면 주변 환경의 영향을 받아 범죄에 빠지게 되는지에 대해 고민해 왔다. 사회과학자들은 이러한 질문에 대답을 찾고자 합리적 이론을 구성하여 설명하고자 노력했다.

청소년비행의 원인을 하나의 이론만으로 전체를 설명할 수 없고, 복합적인 요인들에 의해 청소년비행이 발생하고 있다. 본 장에서는 비행과 관련된 다양한 사회과학 이론을 살펴봄으로써 청소년의 비행을 이해하는 계기가 되고, 비행청소년의 사후 대처와 예방을 위한 정책 수립에 도움을 받고자 한다. 청소년비행의 원인을 개인적 원인론, 사회구조적 원인론, 사회과정 원인론, 사회반응 원인론으로 나누어 비행 원인과 대책을 살펴보고자 한다(이창한 외, 2017: 53-137).

1 개인적 원인론

개인적 원인론이란 비행 및 범죄의 원인을 개인적 요인에 의해 발생한다고 보는 이론이다. 개인적 원인은 합리적 선택이론, 일상생활 이론, 생물학적 이론, 심리학적 이론, 행동주의, 인지이론으로 나누어 설명하고자 한다.

1) 합리적 선택이론

18세기 산업혁명 이후 중산계층의 등장으로 도시화, 인구증가 등으로 다양한 범죄가 증가하게 되었으며, 형사사법체계에 있어서도 개혁의 요구가 일어나게 되었다. 이탈리아의 베카리아(Beccaria, 1738~1794)와 영국의 벤담(Bentham, 1748~1832)을 중심으로 고전주의 범죄학이 탄생하게 되었으며, 고전주의 학파는 '범죄와 비행 행위는 인간이 행동을 결정하는 데 있어서 행위에 따른 이익과 손실을 계산한 후에 나타나는 결과물이다'라고 주장하였다.

베카리아는 <범죄와 형벌(On Crimes and Purnishments)> 저서에서 법은 사회계약을 유지하기 위하여 사용되어야 하며, 사회구성원들이 법을 위반하였을 때는 반드시 처벌이 따라야 한다고 명시하여 형벌의 중요성을 강조하였다. 쾌락과 고통의 원리에 근거하여 형벌은 형벌로 인한 고통이 범죄를 통하여 범죄자가 얻을 수 있는 이익이나 쾌락을 약간 넘어서는 정도가 가장 적당하며, 가벼운 형벌에서 아주 중한 형벌까지 적절한 비례관계를 통해 범죄행위에 근거한 처벌이 이루어져야 한다고 주장하였다. 처벌의 필요조건으로 확실성(certainity), 신속성(swiftness), 가혹성(severity)을 강조하였다. 확실성이란 범죄행위가 행해지면 반드시 처벌이 따라온다는 확실성이 증가할수록 위반 가능성이 작아지며, 신속성이란 범죄행위 발생 후 신속하게 처벌될수록 규범 위반 가능성은 작아진다는 것이다. 가혹성은 형벌은 범죄로 인하여 얻은 이익과 비교하여 해악이 초과하는 정도로 집행해야 한다고 주장했다.

벤담은 인간은 행동을 통해 얻을 수 있는 기쁨과 고통을 계산하여 행동하게 되므로, 범죄나 비행 행위는 행위로 인한 기쁨이 고통보다 클 때 이루어진다고 주장했다. 베카리아처럼 형벌의 중요성을 강조했으며, 처벌을 통한 고통의 강약에 따라 범죄로 인한 이익이나 즐거움은 감소할 수 있으며, 사회공동체의 행복에 반하는 행동은 다수의 행복을 저해하므로 반드시 예방되어야 할 사항으로 보았다.

합리적 선택이론 입장에서 보면, 비행청소년들도 성인과 마찬가지로 향락을 추구하는 계산을 통하여 행동을 하기 때문에 청소년들이 사법제도를 충분히 이해한다면 범죄 억제 효과가 있을 것이다. 아울러 소년사법제도의 경험이 가벼운 경고에 그치게 되는 경우에는 범죄 억제 효과가 떨어질 수 있다고 볼 수 있다. 많은 경우 청소년들이 이전에 경험한 소년사법 시스템이 그들에게 너무 유연하게 대응하여 처벌이 주는 메시지가 거의 영향을 미치지 못하는 경우가 있다. 따라서 비행청소년에 대한 균형 있는 처벌과 교화 정책이 이루어져야 범죄 억제 효과가 나타날 수 있다고 주장할 수 있다.

2) 일상생활 이론

합리적 선택이론은 인간은 자신의 경험이나 학습된 지식을 바탕으로 행동하게 되며, 범죄자는 그러한 행동으로 인해 범죄를 저지르게 된다. 한마디로 범죄자들은 자신의 행위를 선택하는 자유의지를 가지고 있고 범죄행위를 합리적 사고의 결과로 이해하고 있다. 하지만 범죄를 저지르는 데 투자한 노력과 비용보다 그 범죄행위로 인하여 얻을 수 있는 보상이 더 크다고 판단했을 경우에 범죄를 저지르고 있는지는 의문이 있다. 왜냐하면 완전한 합리성에 의해 범죄를 저지른다고 설명하기에는 부족함이 있기 때문이다. 코헨과 펄슨(Cohen & Ferson, 1979)의 일상생활이론(Routine Activity Theory)은 범죄가 발생하기 위해서는 다른 요인들이 결합되어야 한다고 주장했다.

일상생활 이론에서는 범죄가 발생하기 위해서는 동기화된 범죄자(motivated offender), 적당한 대상(suitable target), 보호의 부재(absence of guardianship)가 같은 시간과 공간에 있어야 한다고 주장했다. 세 가지 요인 중 어느 하나라도 공존하지 않는다면 범죄는 이루어지지 않게 된다. 하지만 현대사회에서는 늘어나는 실업률, 경제적 불평등, 인종 간의 갈등 등으로 다양한 범죄의 잠재적인 구조적 요인이 존재하기 때문에 범죄율은 지속해서 증가한다고 설명될 수 있다.

'적당한 대상'은 과학기술의 급속한 발전으로 고가의 휴대폰, 온라인 쇼핑 구매자 등은 동기화된 범죄자들에게 적당한 대상이 되며, '보호의 부재'는 맞벌이 부부가 증가하고 가족의 부재, 여가활동 증가 등이 청소년 자녀들의 보호 체계가 부재할 수 있으며, 외부에서 지내는 활동이나 수준이 높을수록 동기화된 범죄자에 의해 손쉽게 범죄피해를 볼 수 있다.

3) 생물학적 이론

고전주의학파와 신고전주의학파 입장에서는 인간의 범죄행위는 개인의 자유의지에 의해 합리적인 행동을 결정한다고 주장했지만, 생물학적 · 심리학적 이론에서는 인간의 행동은 개인의 자유의지에 의해 통제될 수 없는 다른 요인들이 있다고 생각했다. 범죄나 비행행위의 원인은 사회과학적인 연구방법을 통하여 실증적으로 검증할 수 있어야 한다고 주장하는 실증주의의 영향을 받은 것이다.

롬브로조(Cesare Lombroso)는 그의 저서 <범죄학>에서 모든 생물학적 관점을 기반으로 범죄학 이론의 원천을 마련하였다. 다윈의 '진화론'의 영향을 받은 롬브로조는 군의관 근무 시절 재소자들의 신체적인 특징(머리, 몸, 팔, 피부 등)을 관찰하고 이를 일반 군인들의 신체 특성과 비교하여 차이점을 발견하였다. 이를 근거로 인간의 신체적 특성에 따라 '타고난 범죄자(born criminal)'를 구분할 수 있다고 주장했다. 이런 범죄 유형의 인간은 인간 진화 초기 상태인 원시인의 체격, 정신 능력, 본능 등을 지니고 있다고 주장했다. 이들은 자신들의 의지와 상관없이 사회의 규범과 법을 위반하게 되며, 범죄형 인간의 신체적 특징으로 얼굴이나 머리의 비대칭, 큰 귀, 두꺼운 입술, 뒤틀린 코, 튀어나온 광대뼈, 긴 팔, 정상보다 많은 수의 손가락과 발가락, 많은 체모 등을 제시했다.

미국의 심리학자이며 내과 의사였던 셀던(William H. Sheldon)은 신체유형(체격)이론을 주장했다. 그는 소년 재활원의 비행소년 200명을 대상으로 자세한 신체검사 및 성장 기록자료를 분석하여 내배엽(endomorph, 소화기관, 간, 폐 등), 중배엽(mesomorph, 근육, 뼈, 조직체계 등), 외배엽(ectomorph, 신경체계, 손, 발, 피부 등)으로 구분하였다. 3개 유형 중 근육형 인간인 중배엽형 청소년들 사이에서 비행 성향이 높게 나타났으며, 마른 체형을 보이는 외배엽형의 경우에는 상대적으로 비행 성향이 낮음을 밝혀냈다.

일부 학자들은 인간의 행동은 자라나면서 겪을 수 있는 양육의 영향보다 타고난 천성에 의해 더 강한 영향을 받는다고 생각하여, 청소년의 공격성과 폭력 행위는 유전적 기질을 물려받아 가족 내에서 대를 이어 나타난다고 주장했다. 더크데일(1970)은 약 75년간의 Juke 가문의 7대에 걸친 가계도를 분석한 결과, 조사대상 709명 중에 중범죄자가 76명, 노숙인 200명, 정신질환자 64명, 알코올 중독자 680명, 성매매 범죄 관련자 120명이 존재하고 있음을 발견하고, 범죄 성향은 유전자를 통하여 가계도 내에서 지속해서 유전되어 간다고 주장했다.

쌍생아 연구자 랑케(Johannes Lange)는 수감 경력이 있는 13인의 남성 일란성쌍생아와 17인의 남성 이란성쌍생아를 대상으로 연구한 결과, 일란성쌍생아의 약 80% 정도는 범죄경력이 있는 일란성쌍생아 형제가 존재하고 있으며, 이란성쌍생아의 경우 약 12%만이 범죄 경력이 있는 쌍생아 형제가 있다는 결과를 얻었다. 하지만 쌍생아 연구는 표본 자체가 어느 한쪽이 범죄나 비행 행동을 보여준 쌍생아들만을 대상으로 연구가 되었다는 비판을 받게 되었다.

입양아 연구에서는 입양아들의 행동은 자라오면서 겪은 각기 다른 환경적인 요인에도 불구하고 생물학적인 부모의 행동적인 특성이나 지능적인 특성의 많은 부분은 공유하고 있음을 밝히고자 했다. 허칭스와 메드닉(Hotchings & Mednick, 1977)은 형사사법기관에 의하여 유죄 판결을 받은 비행청소년들을 대상으로 친아버지(생물학적 아버지)와 양아버지와 청소년들의 행동의 유사성을 비교 연구하였다. 연구 결과 유죄 판결을 받은 비행청소년들의 생물학적인 아버지 중 약 31%가 범죄기록을 가지고 있음이 밝혀졌으나, 양아버지의 경우 약 13%가 전과를 가지고 있었다. 이를 통해 비행행위에 대하여 유전적인 요소가 어느 정도 영향을 미치고 있다고 결론지었다.

4) 심리학적 이론

프로이트(Sigmund Freud)의 정신분석학 이론에서는 인간의 범죄행위는 인간이 태어난 이후 초기에 형성되어가는 성격 구조 중에서 행위의 선택을 하는 과정을 통제하는 성격 구조가 비정상적으로 형성되면서 나타난 결과로 설명하였다. 인간의 인격 구조는 원초아(id), 자아(ego), 초자아(superego)로 구성되어 있는데, 비행행위는 원초아의 상태가 자아나 초자아보다 강하게 나타날 때 주로 나타난다고 보았다. 특히 초자아가 상대적으로 약하게 나타나는 개인의 경우 비행에 연루될 가능성이 더 높게 된다.

에릭슨(Erikson)은 청소년들이 삶의 목표를 정하는 데 있어서 매우 감정적이고 충동적이지만, 그에 따른 확실성을 갖지 못하여 청소년 개인의 내부에서 일어나는 갈등을 안게 되면서 자신의 정체성에 대한 의문을 갖고 위기감을 느끼게 되어 비행을 저지를 확률이 높아진다고 하였다.

아들러(Adler)는 우리의 생활은 열등감을 극복하기 위한 지속적인 내면적인 투쟁이며, 이는 개인의 신체적인 열등감, 지나친 사회적 성공에 대한 압박감 등에 따라 상대적인 열등감을 느끼게 되며, 이를 보완하기 위하여 개인은 비행을 저지를 확률이 높게 나타난다고 주장했다.

에브라함슨(Abrahamsen, 1944)은 청소년들의 비행은 그들의 내면에 있는 분노와 내적 갈등의 결과라고 하였다. 가정이나 사회에서 학대와 부당한 대우를 받은 청소년들은 분노와 공포, 증오 등 많은 감정적 경험을 하게 되며, 감정들이 제대로 표출되지 않고 내면에 쌓이게 되면서 결과적으로는 비행을 통하여 외부로 표출하게 된다고 하였다.

5) 행동주의이론

행동주의 심리학은 인간의 행동은 개인이 속한 환경 속에서 어떠한 자극이나 변화 때문에 시작이 되며, 그러한 행동들은 주변의 다른 사람들의 반응에 따라 학습을 통해 형성된다고 생각한다. 비행은 개인이 자라온 가정 내에 폭력이 빈번하게 발생한다면, 청소년들은 자연스럽게 폭력에 익숙하게 되며, 폭력적인 행동을 통하여 보상까지도 기대하게 된다는 것이다.

칼슨(Carlson, 1986)은 가정 내의 폭력은 청소년들이 타인과의 갈등 관계에 있을 때 물리적인 폭력을 행사하는 행위를 자연스러운 규범적인 것으로 인식할 수 있도록 도와주는 역할을 하게 되는 폭력의 훈련장 역할을 한다고 주장했다.

6) 인지이론

인지이론은 비행과 범죄의 원인을 개인의 도덕적인 판단력이 개인의 인지 발달에 따라 내재화하는 과정을 살피는 이론이다. 콜버그(Lawrence Kohlberg)는 피아제(Piaget)의 인지발달이론을 기반으로 도덕성의 발달 단계를 인습 이전, 인습, 인습 이후의 세 단계로 나누고, 각 수준마다 2단계씩 총 6단계로 구분하였다.

콜버그는 인지 단계를 기반으로 범죄자는 비범죄자와 다른 도덕 발달 단계를 거치게 된다고 주장했다. 도덕성 발달의 단계가 높은 사람은 범죄자가 될 가능성이 상대적으로 낮으며, 도덕성 발달의 단계가 낮거나 멈춘 사람은 범죄자로 살아가게 될 가능성이 높다고 주장하였다.

〈표 2-1〉 콜버그의 도덕성 발달 단계

수준	단계	특징
인습 이전 수준 (~9세)	**1단계: 주관화** -벌과 복종에 의한 도덕성	권력에 복종하고 보상을 얻고 처벌을 피하는 행동을 함.
	2단계: 상대화 -욕구 충족수단으로서의 도덕성	사람은 어떠한 보상을 얻기 위하여 타인과 협력함.
인습 수준 (9세~성인기)	**3단계: 객체화** 대인관계 조화를 위한 도덕성	착한 소년/소녀 지향성 단계로 개인적인 행동은 상대방으로부터 인정과 승인을 받기 위함임.
	4단계: 사회화 법과 질서를 준수하는 도덕성	개인은 자신의 의무를 다하게 되며, 타인의 권위를 존중하고, 사회 질서를 유지하는 것을 옳다고 여김.
인습 이후 수준 (특별한 개인)	**5단계: 일반화** 사회계약 정신으로서의 도덕성	사회의 규칙을 따르게 되고 전체 사회를 위하여 봉사할 수 있게 되며, 개개인의 권리를 존중하고 사회 전체의 기준을 준수하는 것이 올바른 행동이라고 확신하며 살게 됨.
	6단계: 궁극화 보편적 도덕원리에 의한 확신으로서의 도덕성	사회구성원들의 대다수에 의하여 합의된 규칙인 사회적 계약에 따라 행동하며 의무를 다함.

2 사회구조적 원인론

사회구조이론은 청소년비행은 사회구조 속에서 형성된 불평등의 결과물이라고 주장한다. 빈곤 및 열악한 환경에서 성장한 아이의 경우 비행에 노출된 가능성이 높고, 사회적 지지체계가 존재하지 않기 때문에 상대적으로 높은 비행률을 보여주고 있다고 생각한다. 범죄 비행의 사회구조적 원인에 관한 이론은 여러 가지가 있지만, 여기에서는 사회해체이론, 아노미와 긴장이론, 하위문화이론을 중심으로 살펴보고자 한다.

1) 사회해체이론

사회학자 쇼우와 맥케이(Shaw & Mckay, 1942)는 ‘사회해체이론(Social Disorganization Theory)’을 통하여 사회의 범죄율을 처음 설명하였으며, 파크와 버게스(Park & Burgess)는 인간생태학적인 관점에서 동심원이론(Concentric Zone Theory)을 통해 지역사회와 범죄의 연관성을 연구하였다. 범죄의 원인을 개인의 특성에 두지 않고 공간적인 실태를 통해 설명하고자 하였다. 그 결과 비행과 범죄 등 사회의 병리 현상들은 특정 지역에서 더욱 많이, 지속적으로 발견되고 있음을 밝혔으며, 이것은 도시공동체 속에서의 지역적 특성과 관련이 있음을 알 수 있었다.

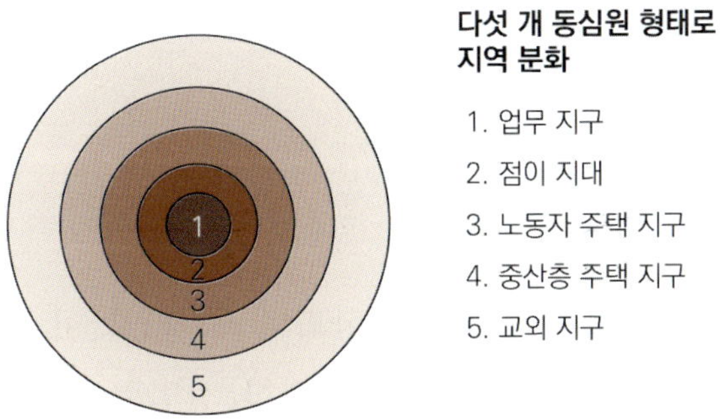

[그림 2-1] 동심원 구조론

이들은 시카고 지역을 특성에 따라 5개 지역으로 구분하였다. 지역1 업무지역은 도시 중심부의 중심 업무지역으로, 주로 상·공업 등 각종 직업 업무를 포함하는 지역이다. 지역2 점이지역(transitional zone)은 급속한 도시 발전의 결과물로서 중심 상업지역에 거주하던 사람들이 교외지역으로 옮겨감에 따라 서서히 퇴화 과정을 거치게 되는 지역이다. 이 지역은 오래된 건물이 그대로 방치되어 있으며, 이에 따른 무질서와 불결한 환경으로 인해 여러 가지 불량한 조건들이 넓게 퍼지게 되어 슬럼화 지역을 형성하게 되고, 범죄와 비행이 많이 발생하는 지역이다. 지역3 노동자 주택지역은 노동자 계층 거주 지역으로 저소득 노동자 여러 세대가 한 건물에 공동 거주하는 유형으로 나타나고 있다. 지역4 중산층 주택 지역은 중산층 이상의 고소득 계층 사람들이 거주하는 주거 형태를 보이며, 주로 주택단지를 형성하게 된다. 마지막 지역5 교외지구는 도시 주변 지대로서 도심으로 출퇴근하는 정기 통근권 지역으로 형성되어 있다.

연구 결과 지역2 점이지역에서 비행청소년들의 범죄 현상이 집중되었으며, 지역의 중심부에서 거리가 멀어짐에 따라 청소년들의 비행률도 점차 줄어들고 있음이 증명되었다. 이것은 미국 초기 이민자들이 밀집하고 있었던 시카고의 지역의 생태적 환경에 원인이 있음이 입증되었다. 결과적으로 지역사회의 사회경제적인 지위에 따라 비행률과 범죄율은 영향을 크게 받는 것을 알 수 있었다.

2) 아노미와 긴장이론

뒤르켐(Emile Durkeim)은 아노미란 사회의 구성원들이 급변하는 사회의 변화 속에서 개인화에서 오는 혼돈, 급격한 산업화에 따른 노동의 분화, 그리고 도덕 질서의 파괴에 따라 느끼고 있는 무규범 상태라고 정의하고 있다. 비행과 범죄와 관련하여 합법적 경제활동을 하기에는 자신이 불리한 위치에 있다고 생각하는 사람들이 비합법적, 일탈적 활동에 참여하고자 하는 동기를 갖게 된다는 것이다. 사람들이 기존의 사회적 규칙이 사라지거나 다시는 적용되지 않는다고 느끼게 되면 혼돈에 빠지게 되고, 자살률 상승도 급격한 사회변화에 따른 사회규범의 파괴가 원인이 된다고 주장했다.

머튼(Merton)은 뒤르켐의 아노미이론을 기반으로 미국 사회의 사회적 상황을 설명하고자 하였다. 머튼은 사회적 규범을 두 종류로 나누었다.

첫째, '문화적으로 규정된 목표'로서 사회는 개인에게 궁극적으로 추구해야 할 목표를 제시하고 가르치고 있는 것을 말한다. 어떤 사회는 경제적 성공을 목표로 제시하기도 하고, 다른 사회는 사회적 지위 또는 가정의 안위를 경제적 성공보다 먼저 고려하는 경우도 있다. 둘째, '사회적으로 수용된 수단'이란 문화적으로 규정된 목표를 추구하는 것을 의미한다. 부를 추구하기 위해 강압적 방법이나 사기, 폭력, 위조 등의 부정적 수단을 사용했다면 이것은 합법적인 문화적 목표에 부합하지 않는 것이다.

머튼은 사회의 구성원들이 가지고 있는 문화적으로 받아들여지는 목표와 그들이 목표를 달성하기 위하여 사용할 수 있는 사회적으로 수용될 수 있는 수단의 수용(+)과 거부(-) 여부에 따라 적응하는 방식을 5가지 유형으로 구분하였다.

〈표 2-2〉 머튼의 아노미이론

유형	문화적 목표	제도적 수단	범죄 유형
동조형	+	+	대부분의 일반인, 비범죄자
혁신형	+	-	대부분의 범죄(절도, 재산범죄)
의례형	-	+	하위직 공무원의 행태
도피형	-	-	부랑아, 마약중독자
혁명형	±	±	혁명가, 체제비판 선동가들의 행위

(+) 수용 / (-) 거부 / (±) 대치

'동조형'은 목표와 이를 달성하기 위한 수단 모두를 수용하는 유형이다. 대부분의 사람들이 해당되며 자신의 상황을 받아들이고 사회적으로 허용되는 범위 내에서 자신들에게 주어진 합법적인 수단만을 통하여 성공을 추구하며 살아간다.

'혁신형'은 사회적인 목표는 수용하지만 제도화된 수단은 거부하는 사람들이다. 합법적 수단으로는 부를 축적할 수 없기 때문에 구조적 긴장과 아노미를 느끼며, 이러한 불만을 불법적인 수단을 통하여 목표를 적극적으로 달성하려고 하는 유형이다. 대부분의 범죄자들은 혁신형에 속한다. 예를 들어, 불법적인 수단을 써 경제적 이득을 취하기 위하여 절도를 저지르는 행위를 말한다.

'의례형'은 사회 속에서의 문화적 성공의 목표는 포기하면서도 제도화된 수단은 철저히 지키는 사람들이 속한다. 대부분 중하류 계층이 속한 사람들의 특성이며 진급이나 경제적 부를 포기하면서도 공무원의 도리를 철저히 지키며 살아가는 말단 하급 공무원을 예로 들 수 있다.

'도피형'은 사회의 문화적 성공 목표와 제도적인 수단 모두를 거부하는 사람들이 속한다. 이들은 사회 안으로 동화되지 못하면서 사회적으로 소외된 계층을 말한다. 대부분 사회 안에서 이중 실패자가 되는 마약중독자, 알코올 중독자들 사이에서 많이 나타나고 있다.

'혁명형'은 기존에 존재하고 있는 사회가치를 새로운 가치로 대체하여 자신들이 겪고 있는 좌절에 대응하는 유형이다. 성공 목표와 이를 달성하는 수단을 자신들 나름대로 재정비하여 살아가는 유형이다. 주로 하류 계층의 사람들이 가장 많이 선택하고 있으며 현실에 순응하지 않는 방법이다.

3) 하위문화이론

하위문화이론은 대부분의 비행행위가 집단 내에서 발생하고, 집단의 영향을 받게 된다는 것을 전제하고 있다. 주로 하류계층 청소년들의 생활에 초점을 맞추었으며, 이들이 사회 성공을 위해 쓸 수 있는 수단으로부터 소외되고 있어 이를 극복하기 위해 자신들만의 하위문화를 만들어 나간다고 보았다.

코헨(Albert Cohen)의 비행하위문화이론에서는 많은 류의 하위계층 청소년들이 학교에서 성적이 부진하고, 중류계층을 기준으로 만들어준 학교 체제에 반발하게 되어 신분의 좌절을 겪게 되면서 그들만의 하위문화를 형성한다고 주장했다. 하류계층의 청소년들이 저지르는 비행행위들은 그들이 따라잡을 수 없는 중류계층의 가치와 규범에 대한 저항이라고 보았다.

밀러(Walter Miller)의 하위계층문화이론은 하위계층은 그들만의 특징이 있으며, 자신들만의 문화적 규범이 형성되게 된다고 보았다. 하지만 이들의 문화적 규범은 현실적으로 중류계층 기준에 맞추어진 사회 법규범에 위반됨으로써 범죄나 비행이 발생한다고 주장했다. 비행행위는 그들만의 독특한 하위계층 문화 속에서 자체적으로 집단적인 비행이 유발된다고 보았다.

크로워드(Richard A. Cloward)와 오린(Lloyd E. Ohlin)의 차별적 기회이론은 하류계층에 속한 비행청소년들은 자신들의 사회적 목표를 달성하는 데에 있어서 합법적인 기회가 차단되어 있으므로 대신 불법적인 수단을 쓰게 되어 비행이나 범죄를 저지르게 된다고 주장했다. 합법적인 행위뿐만 아니라 불법적인 행위 또한 사회적 배경에 따라 다양하게 존재하는데, 특정 지역 청소년들이 폭력 조직이 발달한 지역에 거주하는 청소년들은 다른 지역 청소년에 비하여 불법 행위에 가담하거나 범죄기술을 배울 기회가 많으나, 반대로 지역에 범죄 조직이 존재하지 않는다면 범죄에 가담할 기회가 매우 제한적이게 된다. 따라서 자신이 속한 주변의 지역사회에 따라 비행하위문화의 종류와 성격도 다를 수밖에 없다.

3 사회과정 원인론

사회과정 원인론에 따르면, 같은 조건의 사회구조 속에서도 일부는 법을 지키며 살아가는 반면, 일부는 범죄자가 된다는 볼 수 있는데, 이것은 인간의 행위는 사회화 과정을 통하여 학습되는 것이며, 이는 범죄 또는 비행행위와 법을 지키는 준법행위에도 같이 적용될 수 있다고 주장하였다.

에이커스(Ronald L. Akers)는 서덜랜드의 차별접촉이론을 기반으로 행태주의적인 관점에서 범죄 및 비행을 설명하였다. 인간은 '교제(association)'를 통하여 학습하게 되는데, 학습 방법 세 가지를 제시했다. 첫 번째 학습방법은 '고전적 조건화'로서 파블로프의 개 실험을 통하여 나타난 조건화의 한 종류로서, 일정한 자극을 통하여 동물은 사전 훈련이 없어도 주어진 반응이 나타난다고 보았다. 두 번째 학습방법은 스키너(Skinner)가 제시한 '조작적 조건화'로서 수동적인 환경이 아니라 능동적인 환경으로부터 자신이 원하는 것을 취득하게 하는 방법을 통하여 학습이 이루어진다고 주장하였다. 스키너 상자의 쥐 실험을 통해 일정한 행위를 강화하기 위하여 보상 또는 처벌을 활용하는 것으로, 자신의 접촉을 통하여서 특정한 행동을 학습하게 된다는 것이다. 세 번째 학습방법은 '사회적 학습이론'으로 개인의 행동은 고전적 조건화와 조작적 조건화 이외에도 사람들과의 접촉 때문에 학습된다는 것이다. 반두라(Bandura)의 모델링 개념으로 타인의 행위 결과가 어떻게 나타나는지를 관찰하고, 이를 통하여 학습이 이루어진 후에 자신의 행동이 나타난다는 것이다.

1) 차별접촉이론

서덜랜드(Edwin Sutherland)의 차별접촉이론은 범죄와 비행은 사회 속에 존재하는 규범의 갈등에 의해 설명될 수 있다는 관점으로, 청소년들은 자신이 접촉하고 있는 주위 사람들로부터 위법행위에 대해 호의적인 가치관이나 태도를 학습하게 되면 자기도 비행의 가능성이 커진다고 주장하였다. 한마디로 비행행위는 자신과 친밀한 관계에 있는 주위 사람들과의 상호작용과 의사소통을 통하여 학습되어 발전해 나간다는 것이다.

차별접촉이론에서는 청소년이 비행을 저지르는 친구들과 얼마나 자주 어울리는지(빈도), 얼마나 오래 관계를 유지해 왔는지(기간), 처음으로 사귀게 되었던 친구는 누구였는지(우선성), 또 얼마나 가깝게 지내왔는지(강도)에 따라 학습을 하는 정도의 차이가 나타난다고 하였다. 비행청소년을 대상으로 하는 많은 연구에서 비행청소년들은 동료들과의 접촉을 통하여 집단으로 발견됨을 알 수 있었다.

4 사회반응 원인론

사회반응 원인론은 개인의 행동은 어떠한 행동이 이루어진 후에 나타나는 사회의 반응 때문에 결정지어진다고 주장한다. 사회반응 원인론은 상호작용이론에서 파생된 이론으로, 사회적 반응이 개인에게 공식적이든 비공식적이든 '일탈자'라는 '낙인'을 붙이게 되며, 이러한 사회의 반응을 기반으로 낙인이론이 나타나게 되었다.

1) 낙인이론

쿨리(Cooley, 1902)는 '거울을 바라보는 자아'의 개념을 통하여 개인이 자신의 행동을 이해하는 것은 타인의 반응을 통하여 형성된다고 하였다. 미드(Mead, 1934)는 개인이 자아를 형성하는 과정과 그 과정에서 타인이 바라보는 반응에 관하여 느끼는 인식과의 상호작용에 초점을 두었다. 개인과 타인들 간의 역동적인 상호작용이 개인의 자아 개념의 발달을 끌어내며, 이렇게 형성된 자아의 개념은 이후 개인의 행동에 영향을 미친다고 하였다.

낙인이론이 강조하는 것은 다음과 같다. 첫째, 특정 행위의 원인 변수나 촉진 변수가 중요한 것이 아니라, 특정 행위가 행하여진 이후에 발생하는 결과이다. 둘째, 비행이나 범죄와 같은 일탈행위들은 그 자체가 가지고 있는 특징이 존재하며, 이러한 행위들은 내재한 어떤 것을 포함하고 있는 것이 아니다. 어떠한 범죄도 형사사법기관에 의하여 체포되거나 처벌을 받게 되어 공식적인 낙인이 찍히기 전까지는 범법행위가 되지 않는다는 것이다. 셋째, 낙인을 부여받는 과정은 누가 낙인을 찍는가와 그러한 낙인을 받게 되는 사람이 자신이 받는 낙인에 대하여 어떻게 반응을 하는가에 따라 이후의 행동들이 영향을 받게 된다. 넷째, 개인에게 부여받은 낙인은 '일탈자'와 연관이 있는 타인들과의 상징적 상호작용이라고 정의하였다. 다섯째, 낙인에 의한 행위는 개인의 과거 행동에 대한 회고적인 해석을 끌어내기도 한다. 특정 행위가 범법행위나 일탈행위로 낙인되기 이전에 이루어진 경우에, 그러한 행위 또한 범법행위나 일탈행위와 연관지어져 하나의 연관행위로 간주하는 것이다. 여섯째, '범죄자'와 같은 특정 행위에 대한 낙인을 받게 될 경우, 개인의 모든 특성은 무시되고, 범죄자라는 낙인만으로 특정인을 평가하에 된다.

래머트(Lemert, 1951)는 비행을 1차적 비행과 2차적 비행으로 구별하였다. 1차적 비행은 초기 문제행동으로 비교적 가벼운 일탈을 말하며, 개인이 심리적 구조와 사회적 역할에 영향을 주지 않는 일탈을 말한다. 2차적 비행은 1차적 비행을 한 후 사회적 반응이 비행청소년이라고 낙인함으로써 나타나는 비행이다. 1차적 비행에서 2차적 비행에 이르는 상호작용 과정을 8단계로 제시하였다(김진화 외, 2002; 김도영 외, 2020: 53 재인용).

1단계: 최초의 1차적 비행

2단계: 사회적 제재

3단계: 1차적 비행의 반복

4단계: 보다 강력한 사회적 제재와 거부

5단계: 제재를 가하는 사람에 대한 분노와 적의에서 비롯된 비행

6단계: 사회의 인내 한계를 넘음으로써 낙인이 찍힘

7단계: 낙인과 부정적 제재에 대한 반작용으로 비행이 점차 악화됨

8단계: 사회적 낙인에 부합된 행동 및 역할을 수행하게 됨

2) 재통합적 수치심

브레이스웨이트(John Braithwaite)의 재통합적 수치심(reintergrative shaming)은 어느 시점에서 범죄자라는 낙인이 범죄자로서의 자아개념을 형성하고 미래의 범죄에 영향을 미치는 효과를 가져오는지, 그리고 어느 시점에서 범죄를 예방할 수 있는 효과를 기대할 수 있는가에 대한 답을 찾으려 노력했다. 수치(shaming)는 '수치를 당하는 사람이 양심의 가책을 느끼도록 기대하는 사회적인 불승인이나 다른 사람들의 비난'으로 정의하였다. 여기서 수치란 낙인이론에서 사회적 낙인과 다른 개념이다.

그는 수치심을 해체적 수치심과 재통합적 수치심과 구분하였다. '해체적 수치심(disintergrative shaming)'이란 범죄를 저지른 후에 수치심을 느낀 범죄자와 사회의 공동체가 서로 통합을 하지 않는 의미를 말하며, '재통합적 수치심(reintergrative shaming)'이란 사회공동체 안에서 다수의 공동체 구성원들이 '용서하고자 하는 단어적인 표현이나 행동을 통하여 일탈자라는 낙인을 벗게 해 주는 여러 방법을 통하여 법을 위반한 사람에게 법을 준수하고 존중할 수 있는 시민으로서 사회공동체로 다시 돌아올 수 있도록 재통합시키려는 노력'을 말한다. 재통합적 수치심을 이용한다면 범법자들이 재범을 저지를 확률이 낮아지게 되며, 궁극적으로 사회 속에서 범죄율이

감소하는 기대를 할 수 있다.

특히 비행청소년의 경우 공식적인 형사사법 시스템을 통하여 처벌을 받게 하는 것보다는, 가족, 교사, 사회 지도자, 피해자, 피해자의 가족들을 통하여 사례별로 준수사항을 결정할 수 있는 정책을 펼치는 것을 권장하였다. 브레이스웨이트의 이러한 정책을 '회복적 사법(restorative justice)'의 핵심적인 정책이라고 하였다. 이러한 회복적 사법 프로그램은 현재 뉴질랜드를 비롯하여 미국, 캐나다, 유럽 등에서 실시되고 있다.

CHAPTER

03

소년범죄현황과 소년사법제도

본 장에서는 소년범죄의 현황과 소년보호의 개념과 절차를 살펴봄으로써 비행청소년의 사법 처리 과정과 기관을 소개한다.

성인범죄와 다르게 나타나는 소년범죄의 현황과 특징을 살펴보고, 소년범죄자를 위한 소년사법 절차와 소년사법기관들의 주요 내용을 알아보고자 한다.

학습목표

1. 소년범죄와 소년보호의 개념을 파악할 수 있다.
2. 소년범죄 현황과 소년범죄자의 처우에 관한 내용을 설명할 수 있다.
3. 소년보호사건의 진행 절차를 설명할 수 있다.
4. 소년보호처분기관의 종류와 주요 내용을 설명할 수 있다.

Keywords

소년범죄, 소년보호, 소년보호처분기관

1 소년범죄와 소년보호

우리나라 현행 「소년법」에 의하면 비행소년을 범죄소년, 촉법소년, 우범소년으로 구분하고 있다. 「소년법」 제4조 제1항 제1호에 의하면 소년범죄란 14세 이상 19세 미만의 소년에 의한 범죄행위(형사책임이 부과됨)와 제2호에 정한 10세 이상 14세 미만인 소년에 의한 촉법행위(형벌법령에 저촉되는 행위를 하였으나 형사책임연령에 달하지 않았기 때문에 형사책임을 묻지 않는 행위)를 말한다. 단 동조 제3호에 정한 우범소년(집단적으로 몰려다니며 주위 사람들에게 불안감을 조성하는 성벽, 정당한 이유 없는 가출, 술을 마시고 소란을 피우거나 유해환경에 접하는 성벽)은 포함하지 아니한다. 2008년 6월 22일부터 시행된 개정법 <법률 제8722호>의 「소년법」의 적용연령을 상한 연령 20세에서 19세로 낮췄고, 촉법소년의 하한 연령을 12세에서 10세로 낮췄다. 이것은 소년범죄의 정도가 심해지고 범죄연령이 낮아지는 것을 감안하여 연령을 하향 조정한 것이다.

소년범죄를 성인범죄와 다르게 다루어야 한다는 태도 및 관행은 소년사법제도가 형성되기 이전부터 존재해왔다. 청소년은 여러 가지 면에서 미성숙 상태에 있다는 점, 청소년의 교육 개선 가능성과 장래성, 소년범죄자의 범죄습벽의 미약함에 대한 인식과 함께 범죄소년을 처벌의 대상이 아닌 보호의 대상으로 이해하여 형벌보다는 교육적, 복지적, 인도적 관점에서 교육을 통한 사회복귀를 도모해야 한다는 소년보호주의로 나타나게 되었다.

우리나라에서도 독자적인 「소년법」이 1958년 제정된 이후 소년보호를 위한 여러 가지 규정들이 만들어지게 되었다. 「소년법」 제1조에는 "이 법은 반사회성이 있는 소년에 대하여 그 환경의 조정과 성행의 교정에 관한 보호처분을 행하고 형사처분에 관한 특별조치를 행함으로써 소년의 건전한 육성을 기함을 목적으로 한다"고 규정하고 있다. 즉, 소년에 대해 교육과 원조를 통한 개선과 형사처분을 함에 있어서도 성인과 다른 특별한 조치를 취함으로써 소년을 보호하며 국가에 대하여 미성숙 상태에 있는 소년을 건전하게 육성해야 할 책임을 부과하는 등 보호주의를 일관되게 천명하고 있다.

소년보호란 비행소년을 대상으로 궁극적으로는 소년의 건전한 육성을 기하고 구체적으로 문제소년을 개별적으로 관찰하여 그 요보호성을 제거하고 소년을 보호·육성할 뿐만 아니라 가정과 사회 환경을 적절히 조정하여 범죄로부터 1차적으로 소년을 보호하고 2차적으로는 사회를 보호하려는 일련의 활동을 의미한다. 세계적으로 소년범에 대한 대책은 엄한 벌로 다스리기보다는 그 범죄요인을 과학적으로 분석하여 그에 알맞은 다양한 처분을 함으로써 그들을 선량한 사회의 일원으로 육성하고자 하는 데 있다.

소년보호주의의 내용은 인격주의, 개별주의, 과학주의, 교육주의, 협력주의, 밀행주의로 설명할 수 있다(이수현, 2009).

첫째, 인격주의란 소년의 객관적 비행 사실보다는 소년의 인격적 특성을 중요시하여 인격에 내재된 범죄의 위험성을 제거하는 데 힘써야 한다는 원칙을 말한다. 소녀보호절차는 교육기능 및 사법기능을 동시에 수행하기 때문에 객관적인 비행 사실만 중요하게 취급되어서는 아니 되고, 소년의 인격과 관련된 개인적 특성도 함께 고려하여야 한다는 주의이다.

둘째, 개별주의는 범죄인 처우의 개별화 이념에 따라, 소년보호조치를 취할 때 소년 개개인을 독립적으로 취급하고 그에게 알맞은 처우를 하여야 한다는 것이다. 이는 범죄인에게 알맞은 처우를 찾는 형벌의 개별화 이념을 기초로 한다. 소년사건에 대한 조사에서 행위자의 개별적 범죄성향을 파악하기 위하여 노력하여야 한다. 왜냐하면 행위자의 개별적 성향에 다른 개별적 보호처우를 통해 비교적 쉽게 사회에 적응할 수 있도록 도울 수 있기 때문이다.

셋째, 소년보호원칙을 실현하기 위해서는 소년범죄에 대해 단순히 법률을 적용하는 것보다는 소년을 교육하고 보호하는 데 적합한 대책을 전문가의 의견을 들어 결정하는 것이 중요하다고 하겠다. 즉, 소년범에 대한 보다 과학적인 교육과 보호를 위하여 조사·심리 및 처우를 단계에서 의학·심리학·교육학·사회학 기타 전문지식을 이용하도록 하는 주의를 말한다.

넷째, 교육주의는 소년범에 대하여 처벌보다는 교화·개선에 중심을 두고 보호처분과 형사처분을 행하여 건전하게 육성될 수 있도록 하자는 주의이다. 즉, 소년사건의 처리에 있어서는 처벌보다는 교육과 개선에 중심을 두고자 하는 주의를 말한다. 소년보호절차와 보호활동의 모든 과정에 걸쳐 교육적 정신이 관찰되어야 한다. 특히 소년범은 성인범에 비해 범죄감염이 쉬운 만큼 교육적 효과도 쉽게 거둘 수 있다는 것을 염두에 두고 성격결함, 가정환경, 사회환경의 개선에 교육주의의 정신을 반영해야 한다.

다섯째, 협력주의는 소년범의 보호를 위하여 국가와 보호자, 시민단체 등 사회 전반이 다같이 협력하여야 한다는 주의를 말한다. 사법으로서 국가권력은 소년보호 수단을 강구할 때, 그 다양성이나 포괄성 등에서 흠결이 있기는 하지만 소년보호조치를 강제할 수 있는 국가적 권위를 가지고 있다. 또 다른 한편으로는 소년의 보호자를 포함한 민간단체는 국가기관의 힘이 미칠 수 없는 부분까지 보호조치를 취할 수 있지만 실천의 강제성에는 한계가 있다. 그러므로 효율적 소년보호를 위해서는 양자의 장점을 상호 보완시킬 수 있는 협력관계를 유지하는 것이 무엇보다 필요하다.

마지막으로 밀행주의는 소년범에 대한 사회적 비난이나 낙인현상의 방지를 위하여 소년범의 처리는 함부로 외부에 노출시켜서는 안 된다는 것이다. 이는 만약 소년의 비행이 노출될 경우 사회로부터 전과자라는 낙인이 찍혀 사회진출이 어려운 것은 물론이고, 그로 인해 미래에 다시 범죄의 원인이 될 수 있기 때문이다.

따라서 일반 성인범과 달리 소년범 및 소년범죄에 대한 시각의 변화가 요구된다. 이것은 소년보호처분을 수행하는 일선 교정기관 및 교정 실무자들의 태도 변화가 병행되어야 한다. 특히 6호 처분을 위탁받아 수행하는 기관의 경우 민간기관이라는 장점을 살려 소년보호주의에 입각한 프로그램 개발이 이루어져야 한다(배임호 외, 2010).

2 소년범죄 현황과 소년범죄자의 처우

범죄백서(법무연수원, 2019)를 살펴보면, 2018년도 소년범은 66,142명으로서 소년범죄가 차지하는 비율이 3.9%이다. 전체 범죄자 중 소년범죄의 점유비율(소년비율)은 2015년에는 3.8%를 기록하여 최저치를 기록하였으며, 2016년 3.9%, 2017년 4.0%, 2018년 3.9%를 각각 기록하고 있다.

〈표 3-1〉 범죄대비 소년범죄 구성 현황(2015~2018년) (단위: 명, %)

구성	2015	2016	2017	2018
성인범죄율	4,482.4	4,373.5	4,089.8	3,808.2
소년범죄율	1,411.8	1,547.9	1,559.7	1,559.7
소년범죄	71,035	76,000	72,759	66,142
소년 비율(%)*	3.8	3.9	4.0	3.9

주: 1. 범죄율은 해당 인구 10만 명당 범죄자수
2. 소년비율 = [소년범 / (소년범 + 성인범)] × 100

출처: 범원연수원(2019). 범죄백서.

2018년도 전체 소년범죄 중에서 16~17세 미만의 소년의 범죄가 22,860명(42.2%)으로 가장 높은 비율을 차지하고 있고, 14~15세 미만이 17,946명(33.1%), 18세가 13,399명(24.7%) 순으로 나타났다.

〈표 3-2〉 연령층별 소년 형법범죄 현황(2015~2018년) (단위: 명(%))

연도	계	10~14세	14~15세	16~17세	18세
2015	56,962(100)	45(0.1)	12,632(22.2)	28,660(50.3)	15,625(27.3)
2016	61,162(100)	65(0.1)	18,955(31.0)	27,543(45.0)	14,599(23.9)
2017	58,255(100)	38(0.1)	17,695(30.4)	26,112(44.8)	14,410(24.7)
2018	54,205(100)	-	17,946(33.1)	22,860(42.2)	13,399(24.7)

주: 1. 대검찰청. 「범죄분석」. 각년도.
2. 2018년에는 소년범죄자 집계 시 14세 미만 피의자를 제외하고 작성함.
출처: 법무연수원(2018). 범죄백서.

2018년 전체 소년 형법범죄를 강력범죄(흉악), 강력범죄(폭력), 재산범죄 등으로 구분해서 살펴보면, 2018년 기준 소년 형법범죄 중 재산범죄가 차지하는 비율이 48.9%로 가장 높으며, 소년 강력범죄(폭력)가 36.9%, 소년 강력범죄(흉악)은 6.5%, 기타 형법범죄가 8.2% 순으로 나타나고 있다. 표 3-3은 연령층별 현황을 보면, 14세 미만은 강력범죄(흉악)가 0.2%와 기타 범죄 0.2%로 상대적으로 높고, 14~15세는 재산범죄가 36.3%로 상대적으로 높았다. 16~17세는 위조범죄가 53.2%로 상대적으로 높고, 18세도 위조범이 39.1%로 상대적으로 높게 나타났다.

〈표 3-3〉 소년 형법범 범죄유형별 · 연령층별 현황(2017년) (단위: 명(%))

범죄유형 \ 연령	계	10~13세	14~15세	16~17세	18세
계	58,255(100)	38(0.1)	17,695(30.4)	26,112(44.8)	14,410(24.5)
재산범죄	29,056(100)	17(0.1)	10,558(36.3)	13,201(45.4)	5,280(18.2)
강력범죄(폭력)	21,043(100)	10(0.0)	5,408(25.7)	9,052(43.0)	6,573(31.2)
강력범죄(흉악)	3,463(100)	6(0.2)	1,006(29.0)	1,604(46.3)	847(24.5)
풍속범죄	162(100)	-	26(16.0)	79(48.8)	57(35.2)
위조범죄	1,794(100)	1(0.1)	137(7.6)	955(53.2)	701(39.1)
과실범죄	152(100)	-	51(33.6)	65(42.8)	36(23.7)
기타범죄	2,585(100)	4(0.2)	509(19.7)	1,156(44.7)	916(35.4)

출처: 대검찰청, 「2018 범죄분석」.

소년범죄자의 사회인구학적 특성은 표 3-4와 같다. 소년범죄자의 대다수는 여자보다 남자가 많으나, 여자 소년범의 경우 2009년 17.1%였으나 점차 감소와 증가를 하다가 2012년 이후 3년간 감소하는 경향을 보이다가 최근 다시 증가세를 보이고 있다. 2018년 17.5%를 기록하여 10년 전보다 0.4%p 증가한 것으로 나타났다.

〈표 3-4〉 소년범죄자의 성별 인원 및 구성비 현황(2009~2018년) (단위: 명(%))

구분 연도	총인원	기혼자인원	비율
2009	123,347	2,461	2.0
2010	101,596	1,600	1.6
2011	100,032	1,378	1.4
2012	104,808	327	0.3
2013	88,762	367	0.3
2014	77,594	380	0.5
2015	71,035	152	0.2
2016	76,000	403	0.5
2017	72,759	357	0.5
2018	66,142	267	0.4

출처: 대검찰청, 「범죄분석」, 각년도.

소년범죄자의 경제적 생활정도별 인원 및 구성비를 표 3-5와 같다. 2009년에는 하류층이 60.7%를 차지하고, 중류층이 38.8%, 상류층이 0.4%로 나타났으나, 지난 10년간의 통계를 보면 하류층 비율은 감소하고, 중류층, 상류층이 증가하는 경향을 보이고 있다. 2018년에는 상류층이 1.0%, 중류층이 47.8%, 하류층이 51.1%를 차지하고 있다.

〈표 3-5〉 **소년범죄자 생활정도별 인원 및 구성비 현황(2009~2018년)** (단위: 명(%))

연도＼구분	계	하류	중류	상류
2009	110,378 (100)	67,041 (60.7)	42,859 (38.8)	478 (0.4)
2010	93,062 (100)	58,297 (62.6)	34,303 (36.9)	462 (0.5)
2011	90,560 (100)	57,562 (63.6)	32,629 (36.0)	369 (0.4)
2012	95,457 (100)	59,579 (62.4)	35,507 (37.2)	371 (0.4)
2013	81,324 (100)	49,658 (61.1)	30,901 (38.0)	765 (0.9)
2014	70,391 (100)	41,307 (58.7)	28,383 (40.3)	701 (1.0)
2015	62,465 (100)	36,946 (59.1)	24,941 (39.9)	578 (0.9)
2016	67,237 (100)	38,219 (56.8)	28,417 (42.3)	601 (0.9)
2017	64,032 (100)	35,086 (54.8)	28,342 (44.3)	604 (0.9)
2018	59,260 (100)	30,298 (51.1)	28,342 (47.8)	620 (1.0)

주: 1) 미상은 제외.
출처: 대검찰청, 「범죄분석」, 각년도.

그림 3-1은 주요 죄명별 소년보호사건 접수인원 현황을 나타낸 것이다. 접수된 소년보호사건의 큰 비중을 차지하고 있는 죄명은 절도였으며, 그 다음이 「폭력행위등처벌에관한법률위반」, 「도로교통법위반」 등의 순이었다. 가장 높은 비율을 차지하고 있는 절도는 2009년 43.3%에서 등락을 반복하다가 2018년에는 10년 전에 비하여 8.4%가 하락한 34.9%를 나타냈다.

「폭력행위등처벌에관한법률」 위반은 2009년에는 23.9%를 차지하였으나 지속적으로 감소하는 추세를 보여 2018년에는 12.6%를 차지하였다. 도로교통법위반은 2009년 6.7%에서 그 이후 등락을 반복하다가 감소하여

2018년에는 5.7%를 차지하였다. 「도로교통법」 위반 이외의 「특정범죄가중처벌등에관한법률」 위반(도주차량)과 같은 교통범죄도 지난 10년간 감소하는 추세를 보이고 있다.

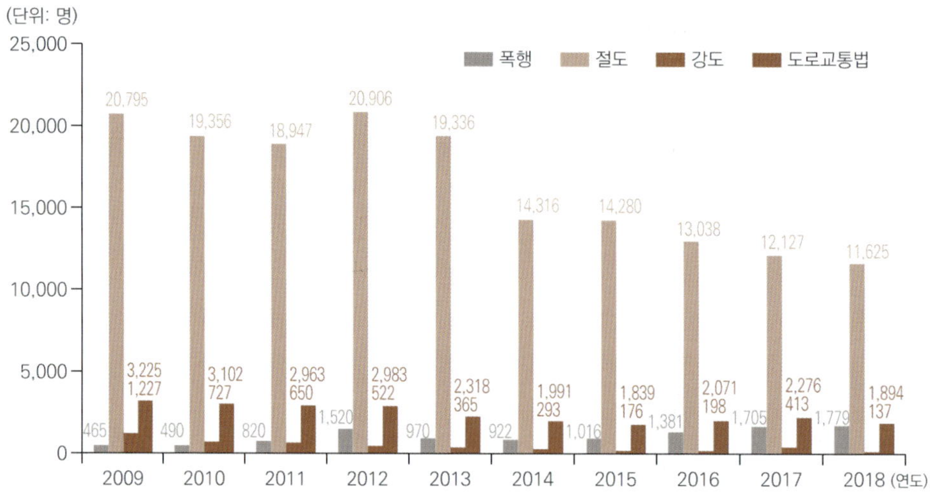

출처: 범죄백서(2018).

[그림 3-1] 소년보호사건 주요죄명별 접수인원 추이(2009~2018년)

2007년 12월 21일 「소년법」 개정으로 인해 7가지 처분에서 10가지 처분으로 나뉘었으며, 보호관찰에 병합하도록 되어 있는 수강명령 · 사회봉사명령을 독립된 보호처분(2,3호)으로 하여 활용을 확대하고, 1개월 이내의 소년원 송치처분(8호)을 신설하였으며, 단기 보호관찰기간을 6개월에서 1년으로 연장하였다. 보호관찰처분에 따른 부가처분 등으로 소년원 대안교육, 청소년단체 상담 · 교육, 보호자교육, 외출제한명령 등을 도입하여 보호처분 등의 다양화 및 내실화를 도모하였다.

표 3-6은 지난 10년간 법원에 소년보호사건 처분현황을 나타낸 것이다. 법원에 접수된 소년보호사건은 1~10호에까지의 보호처분 이외에도 불처분, 심리불개시, 형사법원 송치 등의 처분을 내릴 수 있다. 보호처분 현황

을 살펴보면, 2009년 법원에 접수된 소년보호사건의 74.8%가 보호처분을 받았으나, 그 후 증감을 반복하다가 2018년에는 71.5%로 나타났다. 불처분의 비율은 2009년에는 6.4%였으나 점차 증가하여 2018년에는 8.2%를 나타냈다. 심리불개시의 비율도 2009년 15.4%를 기록한 후 2018년에는 16.3%로 10년 전에 비해 소폭 증가하였다. 전체적으로 소년보호사건에 대해 법원이 보호처분을 내리는 비율은 감소하는 대신에 불처분을 내리는 비율이 증가함을 알 수 있다.

〈표 3-6〉 소년보호사건의 처분현황(2009~2018년) (단위: 명(%))

연도 \ 구분	계	보호처분	불처분	심리불개시	기타
2009	47,865(100)	35,819(74.8)	3,041(6.4)	7,377(15.4)	1,628(3.4)
2010	45,090(100)	32,416(71.9)	3,105(6.9)	7,338(16.3)	2,231(4.9)
2011	48,713(100)	35,072(72.0)	2,579(5.3)	7,905(16.2)	3,157(6.5)
2012	50,771(100)	36,150(71.2)	2,278(4.5)	9,209(18.1)	3,134(6.2)
2013	45,393(100)	31,952(70.4)	2,663(5.9)	8,065(17.8)	2,713(6.0)
2014	34,600(100)	24,529(70.9)	2,543(7.3)	5,669(16.4)	1,859(5.4)
2015	35,920(100)	25,911(72.1)	2,763(7.7)	5,703(15.9)	1,543(4.3)
2016	33,142(100)	23,526(71.0)	2,650(8.0)	5,547(16.7)	1,419(4.3)
2017	34,474(100)	24,383(70.7)	2,986(8.7)	5,676(16.5)	1,429(4.1)
2018	34,276(100)	24,494(71.5)	2,805(8.2)	5,590(16.3)	1,387(4.0)

주: 대법원. 「사법연감」, 각년도.
출처: 범죄백서(2018).

3 소년보호사건 진행절차

소년보호사건에 대한 형사사건처리절차는 다음과 같다(이완희 외, 2016: 404-406). 소년사건에 대한 형사사건처리절차는 범죄소년이 금고 이상에 해당하는 범죄 사실이 발견된 경우에 적용된다. 즉, 범죄소년이 연령에 속한다고 하더라도 금고 미만의 형에 해당하는 범죄를 범한 경우와 보호처분이 보다 적합하다고 판단되는 경우에는 소년보호사건처리절차에 따라 처리한다. 보호처분이 보다 적합하다고 판단되는 경우란 범죄 사실과 경중에 관계없이 보호처분이 필요하다고 판단되는 때를 의미하는 것으로 금고 이상에 해당하더라도 보호처분이 적합하다고 판단되는 경우에는 보호처분처리절차에 따라야 하고 해당 사건은 가정법원이나 지방법원 소년부로 송치해야 한다.

범죄소년이 행한 금고 이상의 범죄 사실을 인지한 경찰이 할 수 있는 처분은 해당 사건의 경중에 따라 훈방, 통고처분, 즉결심판청구, 검찰송치로 구분된다. 훈방은 경미한 사안에 대해 형사 입건을 하지 않고 경찰이 자체적으로 선고 후 귀가시키는 조치를 의미한다. 통고처분은 범죄소년, 촉법소년, 우범소년을 발견한 보호자, 학교장, 사회복리시설의 장, 보호관찰소장이 수사기관을 거치지 않고 직접 법원에 사건을 접수시키는 절차로 공공기관 또는 사인의 공법상 행정행위이다. 비행청소년을 발견한 경우에 검찰을 거치지 않고 바로 법원에 통고할 수 있는 권한을 일반인에게 부여하고 있는 것으로 「소년법」의 중요한 특징이다. 통고사건에 대해서는 해당 사건이 범죄에 해당되더라도 검찰이 개입할 수 있는 여지가 없다(한영선 외, 2020: 156).

검찰은 경찰에 의해 송치되거나 직접 인지한 사건에 대해 기소, 불기소, 선도조건부 기소유예, 약식명령, 보호처분이 적합하다고 판단하는 경우 관할 가정법원이나 지방법원의 소년법원으로의 송치 처분을 할 수 있다. 조사 후 혐의 없음 · 죄가 안 됨 · 공소권없음으로 판단되는 때에는 불기소 처분을 하고, 기소 필요성이 없는 경우에는 기소유예 처분을 한다(형사소송법 제247조). 「소년법」에 의한 소년범에 대한 일종의 특칙으로 재범 가능성이 희박하고 선도보호의 필요성이 있는 때에는 선도조건부 기소유예처분을 하고, 보호처분에 대한 필요성이 인정될 때에는 소년법원이 송치한다(소년법 제49조 제1항). 아울러 벌금·과료 또는 몰수에 해당하는 사건일 때에는 약식명령을 청구할 수 있으며(형사소송법 제448조), 소추의 필요성이 있는 때에는 공소를 제기할 수 있다(형사소송법 제246조).

법원은 검찰에 의해 기소된 소년 중 변호인이 없는 소년에 대해서는 직권으로 국선변호인을 선정해야 한다(형사소송법 제33조). 형사법원에 기소된 소년은 일반적인 형사사건 절차에 따라 심리한다. 그러나 소년은 성인에 비해 미성숙하고 개선의 여지가 풍부하다는 점에 근거하여 절차상, 처분상의 특칙을 두고 심리한다. 주요 특칙에는 사형 및 무기징역의 완화, 상대적 부정기형, 환형처분(노역장 유치 등)의 금지 등이 있으며 관련 특칙 등이 있다. 한편 소년에 대한 심리 결과 보호처분에 해당할 사유가 있다고 인정되면 사건을 관할 소년부에 송치할 수 있다(소년법 제509조).

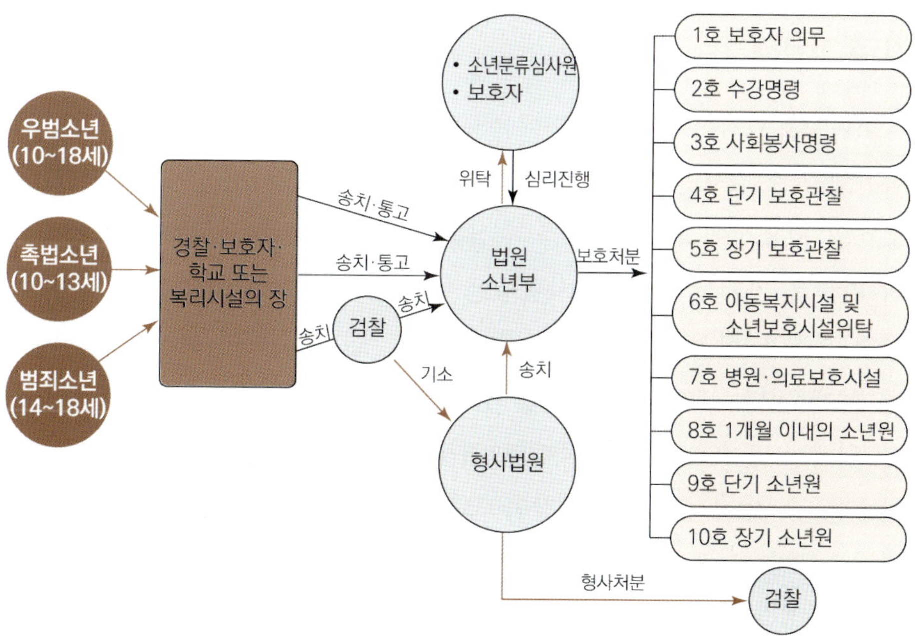

[그림 3-2] 소년보호사건처리 과정

소년보호사건으로 법원 이후 진행되는 절차를 살펴보면 다음과 같다.

1) 사건접수

소년보호사건은 가정법원소년부 또는 지방법원소년부에 속하여 있다. 소년보호사건의 심리와 처분 결정은 소년부 단독판사가 한다. 소년보호사건의 관할은 소년의 행위지, 현재 거주지로 한다. 소년보호사건의 심리대상은 범죄소년, 촉법소년, 우범소년이다. 소년보호사건을 법원 소년부에 송치하는 경우에는 경찰서장의 송치, 검사의 송치, 법원의 송치의 3가지가 있다. 이 중에 촉법소년과 우범소년에 해당하는 소년이 있을 때에는 경찰서장은 직접 관할 소년부에 송치하여야 하며, 범죄소년, 촉법소년, 우범소년에 해당하는 소년을 발견한 보호자 또는 학교, 사회복리시설의 장은 이를 관할 소년부에 통고할 수 있다(소년법 제4조 제3항).

2) 조사단계

소년보호사건이 접수된 후에는 조사단계로 넘어간다. 소년보호사건의 심판절차는 조사단계와 심리단계로 나뉘는 데, 조사란 주로 소년에 대한 보호의 필요성에 관한 자료를 수집하고 분석하는 것으로서 생활환경조사의 기능을 가지고 있다. 조사활동은 소년부 판사가 관장하는 것이지만 조사의 특성을 살리기 위하여 조사는 전문가인 조사관이 판사의 지시를 받아 하게 된다. 또한 보호사건을 송치 받은 소년부는 보호의 적정을 기하기 위하여 필요하다고 인정하면 결정으로써 사건을 다른 관할 소년부에 이송할 수 있다. 그러나 사건이 그 관할에 속하지 아니한다고 인정하면 결정으로써 그 사건을 관할 소년부에 이송하여야 한다. 소년부는 조사 또는 심리한 결과 금고 이상의 형에 해당하는 범죄사실이 발견된 경우 그 동기와 죄질이 형사처분을 할 필요가 있다고 인정하면 결정으로써 사건을 관할 지방법원에 대응한 검찰청 검사에게 송치하여야 하며, 소년부는 조사 또는 심리한 결과 사건의 본인이 19세 이상인 것으로 밝혀진 경우에는 결정으로써 사건을 관할 지방법원에 대응하는 검찰청 검사에게 송치하여야 한다.

3) 법원단계(소년심판단계)

법원단계에서 담당기관은 법원소년부, 소년부, 소년분류심사원이 있다. 소년분류심사원은 비행성을 진단하며, 법원소년부는 경찰, 검찰, 법원에서 보내온 소년사건에 대한 비행원인을 조사심리하여 보호처분을 결정한다. 이때 소년부 판사는 심리 결과 보호처분을 할 수 없거나 할 필요가 없다고 인정하면 그 취지의 결정을 하고, 이를 사건 본인과 보호자에게 알려야 하지만 심리 결과 보호처분을 할 필요가 있다고 인정하면 결정으로써 보호처분을 명한다. 법원단계에서 2007년 12월 개정된 「소년법」에 의해서 소년범에 대한 화해권고가 신설되어(제25조의3) 피해자와 가해자의 조정을 실시하여 조정이 성립하고 그 합의사항이 이행되거나 또는 확실히 이행된다는 것이 보장되는 경우에 이러한 사실을 처분에 있어서 참작사유로 하는 것을 고려할 수 있다.

4) 처분단계(처분의 효력)

보호처분을 받은 소년에 대하여는 그 심리가 결정된 사건은 다시 공소를 제기하거나 소년부에 송치할 수 없다. 다만 보호처분이 계속 진행될 때에 사건 본인이 처분 당시 19세 이상인 것으로 밝혀진 경우에는 소년부 판사는 결정으로써 그 보호처분을 취소하고 검사 · 경찰서장의 송치 또는 통고에 의한 사건인 경우에는 관할 지방법원에 대응하는 검찰청 검사에게 송치하여 공소를 제기할 수 있다. 보호처분을 받게 되면 보호처분에 따라

소년원, 보호관찰소, 6호 처분 아동복지시설 등이 보호처분을 집행하게 되고, 만약에 형사처분을 받아 실형이 확정되면 소년 교도소장이 형을 집행한다.

〈표 3-7〉 소년범의 보호처분 내용

구분	보호처분의 종류	기간	대상연령	위탁자/위탁기관
1호	보호자[3] 또는 보호자를 대신하여 소년을 보호할 수 있는 사람에게 감호 위탁	6개월[1]	10세 이상	보호자, 민간시설, 개인(자원보호자)[4]
2호	수강명령	100시간 이내	12세 이상	민간단체, 시설 범죄예방위원회
3호	사회봉사명령	200시간 이내	14세 이상	
4호	보호관찰관의 단기보호관찰	1년	10세 이상	보호관찰소 범죄예방위원[4]
5호	보호관찰관의 장기보호관찰	2년[2]	10세 이상	보호관찰소 범죄예방위원
6호	아동복지법에 따른 복지시설이나 그 밖의 소년보호시설에 감호위탁	6개월[1]	10세 이상	아동복지시설
7호	병원, 요양소 또는 보호소년 등의 처우에 관한 법률에 따른 소년의료보호시설에 위탁	6개월[1]	10세 이상	의료보호시설
8호	1개월 이내의 소년원 송치	1개월 이내	10세 이상	소년원
9호	단기 소년원 송치	6개월 이내	10세 이상	소년원
10호	장기 소년원 송치	2년 이내	12세 이상	소년원

주: 1) 6개월 연장가능, 2) 1년 연장가능, 3) 보호자란 법률상 감호교육을 할 의무가 있는 자 또는 현재 감호하는 자(소년법 제2조), 4) 자원보호자는 1호 처분에 따른 단독활동이며 범죄예방위원은 보호관찰관의 업무를 보호하는 것임.

출처: 「소년법」 참고.

현재 소년범의 보호처분 내용을 표 3-7과 같이 살펴볼 수 있는데, 보호자 또는 대리자에게 위탁(1호 처분), 수강명령(2호 처분), 사회봉사명령(3호 처분), 보호관찰관의 단기보호관찰(4호 처분), 보호관찰관의 장기보호관찰(5호 처분), 「아동복지법」에 따른 아동복지시설이나 그 밖의 소년보호시설에 감호 위탁(6호 처분), 병원, 요양소 또는 소년의료보호시설 위탁(7호 처분), 1개월 이내 소년원 송치(8호 처분), 단기 소년원 송치(9호 처분), 장기 소년원 송치(10호

처분)로 구분된다. 보호처분의 기간은 보호처분의 종류에 따라 다르다. 이 중 6호 처분에 대해 자세히 살펴보면, 6호 처분은 「아동복지법」상의 아동복지시설이나 기타 소년을 보호하는 데 필요한 환경과 시설을 구비하고 있는 소년보호시설에 감호를 위탁하는 것을 말한다. 위탁기간은 6개월이며, 6개월의 범위 안에서 1차에 한하여 그 기간을 연장할 수 있다.

4 소년보호처분기관

소년보호처분은 민간기관, 국가기관 처분으로 구분된다. 민간기관은 1호 처분기관, 보호관찰소를 제외한 2호, 3호 기관, 6호 처분기관과 대전의료소년원을 제외한 7호 처분기관이 있다. 국가기관으로는 보호관찰소(준법지원센터), 소년원, 청소년비행예방센터가 있다(한영선 외, 2020: 248-277).

1) 1호 처분기관

소년을 보호자를 대신하여 보호할 수 있는 자에게 소년의 감호를 위탁하는 것을 말하며, 소년을 보호할 수 있는 자는 위탁보호위원으로 위촉된 자이어야 한다. 위탁보호위원은 소년에 대한 보호와 지도를 책임을 지고, 소년에 대한 각종 정보를 열람할 수 있을 뿐만 아니라 지도에 대한 보고서를 작성하는 등의 의무를 진다.

현재 1호 처분기관은 첫째, 위탁보호위원으로 위탁된 경우이다. 위탁보호위원은 정신과 의사, 심리학자, 사회사업가, 청소년회복지원시설의 종사자 중 시설장 자격기준을 충족하는 사람 또는 학식과 덕망이 있는 사람 중에서 위촉하도록 되어 있다.

둘째, 「청소년복지 지원법」상의 시설장이 위탁보호위원으로 위촉되는 경우이다. 이러한 시설에는 가출청소년을 위한 쉼터, 미혼모 쉼터, 성매매 여성을 위한 쉼터, 공동생활가정 등 다양한 시설이 해당된다.

셋째, 사법형 그룹홈(청소년회복센터)의 위탁을 받는 경우이다. 사법형 그룹홈이란 2010년 11월 창원지방법원에서 보호소년을 위한 그룹홈이 법원 주도로 운영되고 있기 때문에 붙인 명칭이며, 현재 대외적 명칭은 '청소년회복센터'이다. 현재 사법형 그룹홈은 전국에 14개소가 있으며 정부 예산의 지원을 받는 기관이 되었다.

2) 수강 및 사회봉사명령 기관(2·3호 처분기관)

2007년 「소년법」 개정으로 수강명령과 사회봉사명령이 단독처분이 되면서 보호관찰소 외의 전문기관도 법원의 위탁을 받아 그 집행을 할 수 있게 되었다.

첫째, 법원장이 직접 지정하는 수강명령 민간기관은 '청소년상담복지센터', '학교 밖 청소년지원센터', '성비행 관련 센터' 등이 있다. 사회봉사명령을 위탁집행할 장소나 시설은 법원장이 따로 지정하지 않고 있어, 보호관찰이 병과되지 않은 사회봉사명령의 경우에도 보호관찰소가 집행을 담당하고 있다.

둘째, 보호관찰소에 소속된 보호관찰관이 집행하는 수강명령, 사회봉사명령이 있다. 수강명령은 정신적·심리적 원인, 잘못된 문제인식 또는 행동습관으로 인해 비행을 반복할 우려가 높은 소년에 대해 일정 시간 동안 교육과 치료를 받게 함으로써 심리적인 교화와 성행을 개선하기 위한 것으로, 바람직한 가치관과 자아 탐색을 통한 긍정적인 자아상의 확립과 미래를 준비하는 비전을 획득하도록 도와주는 데 목표를 두고 있다. 12세 이상의 소년에 대해 100시간 이내의 범위에서 법원에서 정한 시간과 기한에 따라 집행된다.

사회봉사명령은 일정 시간 동안 무보수로 공익적 봉사활동을 할 것을 명하는 것으로, 대상자에게는 근로의식을 함양시키면서 범죄피해에 대한 배상과 반성의 기회를 제공하고, 이타적 활동을 통한 보람과 만족감 제고 및 자긍심 회복으로 재비행 방지 및 건전한 사회복귀를 지원하기 위해 만들어진 제도이다. 14세 이상의 소년에 대해 200시간의 범위 내에서 법원이 정한 시간과 기한에 집행한다.

3) 보호관찰소(준법지원센터, 4·5호 처분기관)

보호관찰소는 보호관찰, 사회봉사, 수강 및 갱생보호에 관한 사무를 관장하기 위해 법무부장관 소속기관으로, 2019년 현재 전국에 57개 기관이 설치되어 있다. 그 외 관련 기관으로 2개의 위치추적관제센터, 5개의 보호관찰심사위원회가 있다.

보호관찰은 범죄인을 수용시설에 구금하지 않고 가정과 학교 및 직장에서 정상적인 생활을 하도록 하되, 보호관찰관의 지도·감독을 통해 준수사항을 지키도록 하고 사회봉사명령이나 수강명령을 이행하도록 하는 대안적 보안처분이다.

보호관찰에서 지도·감독하는 소년보호관찰 대상자는 대부분 「소년법」상 4호 또는 5호 처분을 받은 자들과 검사가 보호관찰소의 선도를 조건으로 기소유예 처분을 한 성인과 동일한 형사절차에 놓였다가 형의 선고유예 또는 집행유예를 받은 소년, 가석방된 소년 등도 포함된다.

대상자별 보호관찰 기간을 살펴보면, 4호 처분을 받은 소년은 1년, 5호 처분을 받은 소년은 2년간 보호관찰을 받아야 한다. 아동복지시설을 임시퇴원한 소년은 6월에서 2년의 기간 동안 보호관찰을 받게 된다. 보호관찰 대상자는 주거지에 상주하고 생업에 종사하여야 하며, 범죄로 이어지기 쉬운 나쁜 습관을 버리고 선행을 하며 범죄를 저지를 염려가 있는 사람들과 교제하거나 어울리지 않아야 한다. 보호관찰관의 지도·감독에 따르고 방문하면 응대해야 하며, 주거를 이전하거나 1개월 이상 국내외 여행을 할 때에는 미리 보호관찰관에게 신고하여야 한다. 보호소년의 경우 소년부 판사 또는 보호관찰심사위원회는 특별준수사항을 부과할 수 있다. 특별준수사항은 야간 등 특정 시간대 외출 금지, 특정 지역이나 장소 출입 금지, 검정고시 준비나 학교수업 참석, 피해자 접근 금지, 유해화학물질 등 중독성 있는 물질 사용 금지 등이 있다.

4) 아동복지시설(6호 처분기관)

6호 처분기관은 공직 시설이 아닌 민간기관(아동복지법에 따른 복지시설이나 소년보호시설)에 보호소년의 보호를 위탁하는 것으로 순수한 사회 내 처우와 소년원 송치 처분의 중간쯤에 위치하고 있다고 볼 수 있다. 6호 처분은 단독 보호처분을 받는 경우는 드물며, 4, 6호 병과처분, 5, 6호 병과처분 등으로 병과처분의 경우가 대부분이다.

아동복지시설에는 아동보호치료시설, 아동양육시설, 공동생활가정이 있으며, 6호 처분기관은 아동보호치료시설에 해당된다. 주로 종교단체에서 설치, 운영하고 있으며, 전국에 남자시설 3개, 남녀공용시설 1개, 여자시설 3개로 총 7개가 운영되고 있으며, 평균 정원은 약 60명으로 대규모 시설로 볼 수 있다.

법원은 소년의 보호상황에 대한 확인 등 일부분에 대해서 관여할 뿐이고, 소관부서인 보건복지부나 여성가족부에서 운영기준에 의해 관리되고 있다. 법원은 보호상황이 부적절할 경우 수탁기관 지정을 취소할 수 있다.

〈표 3-8〉 소년보호 6호 기관 현황

	시설명	운영단체	위치	위탁법원	수용성별
1	효광원	천주교 대전교구	대전	서울, 대전, 대구, 부산, 광주, 의정부, 인천, 수원, 춘천, 청주, 전주	남자
2	나사로 청소년의 집	기독교 복지재단	경기도 양주	서울, 의정부, 인천, 수원, 춘천, 청주	여자
3	살레시오 청소년센터	천주교 살레시오회	서울 영등포구	서울, 의정부, 인천, 수원, 춘천	남자
4	로뎀 청소년학교	기독교 그루터기	충북 제천	서울, 인천, 수원, 춘천, 청주	남자
5	마자렐로센터	천주교 살레시오회	서울 영등포구	서울, 인천, 수원, 춘천, 청주	여자
6	늘사랑 청소년센터	대한사회복지회	대구	대구	여자
7	희망샘학교	(사)희망샘학교	광주, 전주, 춘천	광주, 전주, 춘천	남, 여

5) 의료처우시설(7호 처분기관)

법원소년부 판사가 10세 이상의 의료적 처우가 필요한 소년을 병원이나 요양원에 위탁하거나 소년의료보호시설에 위탁하는 처분이다. 기간은 6개월이고 1회 연장이 가능하다. 정신질환이 있거나 약물남용과 같이 의학적인 치료와 요양이 필요한 경우에 해당된다.

국가에서 운영하는 시설은 대전의료소년원 1개에 불과하고, 대부분 의료처우시설은 민간시설에 위탁되어 있다.

6) 소년원(8, 9, 10호 처분 및 임시조치 기관)

(1) 소년원(8호, 9호, 10호 기관)

소년원은 사법의 기능보다 교육적, 복지적 기능을 중시하여, 비행에 대한 책임을 추궁하는 것이 아니라 국가가 소년들의 보호자가 되어 인성교육 등 생활지도와 교과교육 및 직업능력개발훈련, 의료재활교육 등을 실시함으로써 이들의 왜곡된 성격과 행동을 교정하고 건전한 청소년으로서 인격을 형성하도록 돕는다는 점에서 형사처분을 집행하는 소년교도소와는 그 성격이 다르다.

〈표 3-9〉 전국 소년원 현황

구분	기관(학교명)	대상	교육과정
수도권	서울소년원 (고봉중 · 고등학교)	보호소년 (9 · 10호)	• 중 · 고등학교 교과교육 • 직업능력개발훈련(제과제빵 · 한식조리 · 헤어디자인) • 인성교육, 컴퓨터, 검정고시, 보호자교육
	안양소년원 (정심여자중고등학교)	보호소년 (9 · 10호) (여성)	• 중 · 고등학교 교과교육 • 직업능력개발훈련(피부미용 · 제과제빵) • 인성교육, 컴퓨터, 검정고시, 보호자교육
중부권	대전소년원 (대산학교)	보호소년 (7 · 8 · 9 · 10호) 위탁소년	• 의료 · 개활교육(7 · 9 · 10호), 8호 처분자 교육 • 분류심사 • 인성교육, 컴퓨터, 검정고시, 보호자교육
	청주소년원 (미평여자학교)	보호소년 (8 · 9 · 10호) (여성)	• 8호 처분자 교육 • 직업능력개발훈련(제과제빵, 헤어디자인, 예술분장, 커피바리스타) • 인성교육, 컴퓨터, 검정고시, 보호자교육
호남권	전주소년원 (송천중고등학교)	보호소년 (9 · 10호)	• 중 · 고등학교 교과교육 • 직업능력개발훈련(헤어디자인) • 인성교육, 컴퓨터, 검정고시, 보호자교육
	광주소년원 (고룡정보산업학교)	보호소년 (9 · 10호) 위탁소년	• 직업능력개발훈련(자동차정비 · 에너지설비 · 소형건설기계조종사면허 · 자동차외장관리) • 분류심사 • 인성교육, 컴퓨터, 검정고시, 보호자교육
영남권	대구소년원 (읍내정보통신학교)	보호소년 (9 · 10호) 위탁소년	• 직업능력개발훈련(제과제빵 · 커피바리스타 · 케이크디자인) • 분류심사 • 인성교육, 컴퓨터, 검정고시, 보호자교육
	부산소년원 (오륜정보산업학교)	보호소년 (10호) 위탁소년	• 직업능력개발훈련(용접 · 제과제빵 · 헤어디자인) • 분류심사 • 인성교육, 컴퓨터, 검정고시, 보호자교육
강원권	춘천소년원 (신촌정보통신학교)	보호소년 (9 · 10호) 위탁소년	• 직업능력개발훈련(헤어디자인 · 그래픽디자인 · 디저트) • 분류심사 • 인성교육, 컴퓨터, 검정고시, 보호자교육
제주권	제주소년원 (한길정보통신학교)	보호소년 (8 · 9 · 10호) 위탁소년	• 직업능력개발훈련(제과제빵 · 골프매니지먼트) • 8호 처분자(제주지역男) 교육 • 분류심사 • 인성교육, 컴퓨터, 검정고시, 보호자교육

(2) 소년분류심사원

소년분류심사원은 보호처분을 집행하는 기관이 아니라 법원 소년부 판사가 심리를 위하여 임시조치를 할 경우 소년을 수용하여 진단하는 것을 주된 업무로 한다. 현재 1개의 소년분류심사원(서울소년분류심사원)과 6개의 소년분류심사 기능 대행 소년원을 두고 있다.

소년분류심사원의 기능은 첫째, 위탁 또는 유치된 소년의 신병을 보호하는 '수용 및 보호기능', 둘째, 위탁 및 유치된 소년에 대한 인성교육과 보호자에 대한 교육 및 상담 프로그램을 운영하는 '교육기능', 셋째, 비행의 원인을 규명하고 재비행을 예측하는 '진단기능'을 수행한다.

7) 청소년비행예방센터

청소년비행예방센터는 법무부 소속으로 부적응학생, 기소유예자 등 위기청소년 및 비행조기단계의 청소년을 대상으로 비행원인을 진단하고 대안교육 등을 실시하여 범죄를 예방하는 것을 주요 기능으로 운영되는 기관이다.

청소년비행예방센터는 초기 단계에서의 비행예방 기능을 강화하고 청소년의 건전한 성장과 발달을 도모하고자 비행예방교육과 비행원인 진단에 중점을 두고 있다. 이를 위해 일반 학생을 대상으로 폭력예방교육과 법교육, 자유학기제 진로체험 등을 시행하여 학교폭력을 비롯한 초기비행의 예방을 강화하고, 비행예방 프로그램의 개발 및 보급과 유관기관과의 협업을 통해 지역사회의 비해예방정책 중심기관으로서의 역할을 수행해 나가고 있다.

2013년부터 대외명칭으로 '청소년꿈키움센터'를 사용하고 있으며, 대전, 부산 청소년비행예방센터는 대국민 법교육 전문기관인 '솔로몬로파크'를 별도로 운영하고 있다.

생각해보기

사회봉사 해 본 소년범들 “나도 필요한 사람”

1991년 2월 6일 소년범 사회봉사명령 “긍정의 1년”…90%가 “나도 필요한 사람”

‘낙인이론’이라는 학술 용어가 있습니다. 주변에서 범죄자라고 인식하면, 자신에 대한 부정적 관점을 낙인처럼 지니고 계속 범죄를 저지른다는 개념입니다. 낙인이론은 굉장히 폭넓은 이론이지만, 범죄와 연관지어 자주 거론됩니다. 학교에서 한 아이에게 ‘문제아’라는 딱지를 붙이면 그 학생이 자포자기하고 더욱 비뚤어지게 되는 것도 그 예 중 하나입니다.

범죄의 처벌만큼이나 ‘갱생’도 중요합니다. 특히 범죄를 저지른 이가 ‘앞으로 달라질 가능성이 큰’ 나이라면 더욱 그렇겠죠. 30년 전 이날 경향신문에는 사회봉사명령을 받은 소년범들이 봉사활동을 하며 긍정적인 영향을 받고 있다는 연구결과가 실렸습니다.

기사는 이춘화 한국청소년연구원이 사회봉사명령을 수료한 소년범들을 대상으로 조사한 ‘사회봉사명령제도의 효율성 분석연구’를 전하고 있습니다. 사회봉사명령은 죄질이 가벼운 16세 이상 소년범에게 내려지는 보호관찰처분 중 하나입니다. 공공시설 등에서 주어진 시간 동안 봉사활동을 하게 됩니다. 이 연구원은 서울보호관찰소에서 사회봉사명령을 수료한 111명을 인터뷰했습니다.

연구 결과 사회봉사를 경험한 소년범 90.1%가 “남을 위해 봉사하는 것이 보람있는 일임을 알았다”고 답했습니다. “기회가 주어지면 앞으로도 계속 봉사하고 싶다”는 응답도 53.2%에 달했습니다.

사회 진출을 앞둔 나이인 소년범들이 사회에 대해 긍정적인 감정을 갖게 된 것이 주요한 효과입니다. 90.1%가 “나도 우리 사회를 위해 필요한 사람임을 알았다”고 답했고, 86.5%가 “사회봉사를 통해 자신감이 생겼다”고 했습니다. 사회 적응력도 기를 수 있었는데요. 책임감과 인내심, 협동심에 관한 의식 변화를 물어보니 ‘책임감’은 97.3%가, ‘인내심’은 96.4%가, ‘협동심’은 89.2%가 긍정적으로 응답했다고 합니다.

노동에 대한 자신감도 얻었습니다. 80.2%는 사회봉사를 통해 “땀 흘려 일하는 것이 값진 것임을 알았다”고 했습니다. 53.2%는 “열심히 일하면 그만큼 내게 돌아온다”고 답했습니다.

사회의 편견에 힘들어하는 모습도 눈에 띄었습니다. 가장 선호하는 봉사 장소로는 서울시립양로원(83.8%)이 꼽혔는데요. 가장 싫은 봉사 장소는 한강 시민공원(18.2%)과 정독도서관(13.6%)으로 나타났습니다. 연구는 "다른 장소에 비해 사람들의 시선이 의식되기 때문"이라고 분석했습니다.

연구를 진행한 이 연구원은 사회봉사 적격자를 제대로 선정해야 하고, 전담 기관을 설치해야 하며, 봉사 장소와 작업 내용의 개별화 등이 필요하다고 지적했습니다. 이 연구원은 "무엇보다 일반 국민들의 이해와 사회 협조가 있어야 한다"며 "법의 보완과 재정의 확보, 전문직원 양성 등의 문제해결이 선행돼야 한다"고 했습니다.

충격적인 소년범죄가 일어날 때마다 '엄벌주의'를 만능열쇠처럼 꺼내 드는 요즘, 새겨들어볼 만한 이야기 아닐까요.

조해람 기자. 경향신문(2021.02.06.)

원문 https://www.khan.co.kr/national/national-general/article/202102060000001

CHAPTER

04

회복적 사법정의와 소년범죄

본 장에서는 최근 범죄에 대한 새로운 관점으로 주목받고 있는 회복적 사법정의에 관한 개념과 청소년범죄 및 비행에 관한 시사점을 소개하고자 한다.

범죄 및 비행 발생 이후 나타나는 피해자, 가해자의 영향은 무엇인지 알아보고, 국내 소년범죄 사건에 적용되어 실행되어온 화해권고제도의 절차를 습득함으로써 소년범죄에 대한 새로운 이해와 적용 방안을 생각해 보고자 한다.

학습목표

1. 회복적 사법정의의 개념과 특징을 이해하고 응보적 정의와의 차이점을 설명할 수 있다.
2. 범죄 발생 이후 범죄피해자, 가해자에게 미친 영향들을 이해할 수 있다.
3. 회복적 사법정의를 기반으로 한 화해권고제도를 이해함으로써 소년범죄자의 재활과 회복을 이해할 수 있다.

Keywords

회복적 사법정의, 범죄피해자, 범죄가해자, 화해권고제도

1 회복적 사법정의와 소년범죄

1) 회복적 사법정의의 개념[1)]

회복적 사법정의는 제어(Howard Zehr, 1995)가 언급한 것처럼 독특한 관점을 지니며 예전과는 다른 독특한 가치체계들로부터 출발하여 사법정의를 달성해가고자 하는 노력들이라고 하겠다. 여기서 말하는 독특한 관심 가운데 하나는 '범죄가 무엇이냐'라고 하는 것이다. 범죄와 교정의 문제를 해결하기 위하여 가장 기본적이면서도 가장 중요한 이해의 출발점이 다르다. 곧 범죄라고 하는 것은 단지 국가의 법을 위반한 범법행위라고 보는 대신, 범죄란 다른 사람과의 관계를 깨고 그에게 손상(harm)을 입혔다고 보기 때문에(Zehr, 1990), 사실상 기존의 법에 의한 구금형의 처벌에만 의존할 것이 아니라, 깨어진 다른 사람과의 관계를 위해 무엇인가를 해야 하고, 나아가 다른 사람에게 끼친 해에 대하여 그 무엇을 해야 할 필요가 발생하였고, 범죄자가 이행해야 하는 의무가 생긴 것이다. 바로 범죄가 발생되면서 생긴 '필요'와 '의무(obligations)'가 범죄피해자와 범죄자, 그리고 지역사회의 적극적인 참여로 이뤄지는 과정을 통하여 채워지고 이행될 때, 사법정의가 이루어진다고 보는 것이다(Umbreit, 1996; Zehr, 1989). 범죄사건은 독특한 성격의 관계를 만들어 낸다. 피해자와 범죄자 사이에는 물론이고 주변의 많은 사람들과의 관계에 영향을 미친다. 역시 지역사회와 국가에 거역한 행위이지만, 무엇보다도 가장 큰 영향을 받은 것은 개인이기 때문에 범죄란 우선적으로 개인에 반(against)한 것으로 간주한다.

전통적인 사법정의의 관행은 보복적인 입장에서 구금을 실행함으로써 범죄자를 개선시키기보다는 오히려 악화시킨다고 간주할 수 있다. 그러나

1) 회복적 사법정의의 역사 및 개념에 관해서는 배임호(2007). 선진교정복지와 회복적 사법정의. 숭실대학교 개교110주년기념 국제학술세미나 자료집 pp. 9-33의 내용을 정리함.

회복적 정의는 범죄로 인한 피해자가 받은 상처를 회복하도록 돕는 일과 범죄자로 하여금 자신의 행위로 인한 파괴된 상태를 수선(reparations)하도록 하는 규정 사이에 균형을 유지하려고 한다(Wright, 1992).

회복적 정의는 그에 따르는 사법 절차를 거치는 전체 과정에서 범죄피해자와 범죄자와 같이 그 범죄사건으로 피해를 입은 모든 사람이나 주체의 상처를 아물게 하는 데에 그 목적을 두고 있다. 다시 말하면, 범죄와 관련된 주요 당사자들을 보면 범죄피해자, 범죄자, 그리고 지역사회이다. 회복적 정의라고 하는 것은 이러한 관련자들이 범죄로 인한 잘못된 결과를 바로 잡고, 화해하고 정상적 관계를 재확인시켜 주는 해결책을 강구하는 과정에 참여시킨다. 단지 참여뿐만 아니라 범죄로 인한 잘못된 결과를 올바르게 정정하도록 의무를 갖게 한다.

2) 응보적 사법정의와 회복적 사법정의 비교[2)]

그렇다면 기존의 전통적인 사법정의인 응보적 사법정의와 회복적 사법정의는 어떠한 차이가 있는가? 응보적 사법정의와 회복적 사법정의의 구체적인 비교를 통해 새로운 소년사법 대응전략을 고찰하고자 한다.

표 4-1은 기존의 응보적 사법정의와 회복적 사법정의를 대비하여 보여주고 있다. 범죄에 대한 전통적 입장과 회복적 사법정의에서는 범죄행위를 어떻게 처리할 것인가 또는 형사처벌의 목적과 방법에서 차이가 크다. 범죄를 국가에 대항한 위법행위로 이해할 때에는 범죄사건의 처리가 국가에 완전히 위임되며, 국가 즉 국가의 대리인이 범죄자에게 응당의 반대급부를 부과한다.

2) 회복적 사법정의의 역사 및 개념에 관해서는 배임호(2007). 선진교정복지와 회복적 사법정의. 숭실대학교 개교110주년기념 국제학술세미나 자료집 pp. 9-33의 내용을 정리함.

〈표 4-1〉 응보 중심의 사법정의와 회복적 사법정의의 개념

	응보주의	회복적 사법정의
범죄에 대한 이해	• 범죄는 위법행위로써 국가(State)를 거역한 것임 • 위법행위가 법 규정을 따라 기술적(technical) 용어로 한정됨	• 범죄는 개인을 거역한 것이며, 또한 관계를 파괴시킨 것 • 위법행위는 윤리적, 사회적, 경제적, 정치적인 전체 맥락에서 이해됨
정의에 대한 개념	• 범죄자와 국가 사이의 상호 경쟁적 관계에서 법에 의하여 죄를 결정하여 이에 따르는 고통을 부과하는 것	• 이러한 범죄는 범죄피해자, 범죄자, 그리고 지역사회가 범죄로 인한 상처를 고치고 화해를 가져올 수 있는 해결책을 강구하는 데 참여케 함
정의(Justice)에 대한 여러 측면들	• 죄의 대가를 치르는 것이 중심 • 과거에 초점을 둠 • 범죄에 관계된 사람들의 욕구는 부차적임 • 서로 간에 적대적으로 싸우는 모델 • 서로 간에 차이점들이 강조됨 • 범죄자가 저지른 해(harm)를 정정하도록 규정 • 범죄자에 초점, 피해자는 무시됨 • 국가와 범죄자가 핵심 • 손해배상이 거의 이뤄지지 않음 • 국가가 범죄자에게 조치를 취함 • 범죄자는 피동적임 • 국가가 독립적으로 사건처리 • 범죄자는 문제를 해결할 책임 없음 • 범죄자와 지역사회의 관계가 악화됨 • 반성과 용서를 못 하게 함 • 경쟁적이고 개인주의적인 가치가 격려됨	• 문제해결이 중심 • 미래에 초점을 둠 • 욕구가 우선적임 • 대화하는 모델 • 서로 간의 공유점을 추구함 • 상응하는 해를 부과 • 피해자의 욕구가 중요시됨 • 피해자와 범죄자가 핵심 • 손해배상이 이뤄지는 것이 정상적임 • 범죄자가 문제해결에 일익담당 • 피해자, 범죄자, 지역사회가 문제해결에 참여할 수 있는 역할 인정 • 범죄자는 문제를 해결해야 할 책임 있음 • 지역사회로의 범죄자 통합이 증가됨 • 반성과 용서가 격려됨 • 상호성(mutuality)과 협력이 격려됨

출처: Zehr(1990), 배임호(1995).

앞에서 언급한 내용들을 다른 차원에서 요약하자면 다음과 같이 응보적 사법정의와 회복적 사법정의를 각 개념의 특징들을 중심으로 비교할 수 있다.

〈표 4-2〉 응보적 사법정의와 회복적 사법정의의 특징 비교

응보적 사법정의 (Retributive Justice)	구분	회복적 사법정의 (Restorative Justice)
범죄는 국가에 대한 위법 행위	범죄 개념	범죄는 인간관계에 대한 파괴행위
"누가 범인인가?" "어떤 법에 저촉되는 범죄인가?" "어떻게 처벌할 것인가?"	주요 관점	"누가 피해를 입었는가?" "어떤 피해를 입혔는가?" "어떻게 회복할 것인가?"
전문 대리인에 의한 법정공방	해결 과정	피해자와 가해자 간의 직접적 합의
쌍방의 만족도보다는 판결을 중시 구금형, 벌금형 등 법이 허용하는 범위 내의 판결 Win-Lose 결과	결과	쌍방의 만족도 중시 다양한 합의가 가능 Win-Win 결과

출처: 아청교원 회복적 사법정의 연구회 역 · Howard Zehr(2002: 42).

회복적 사법정의를 구현하는 과정에서 지역사회구성원들은 자신들이 범죄로 인하여 겪게 된 갈등을 해소하고 '손상을 수선'하기 위해서 문제해결을 위한 '대화(dialogue)'를 하게 되는데, 이러한 과정을 통하여 지역사회가 굳건해지고 성장된 지역사회는 범죄를 예방하기도 한다(Van Ness & Strong, 2006). 범죄사건이 야기한 손상을 수선하여, 그 손상이 피해자와 지역사회에 지속적으로 잔존하는 것을 막고 미래에는 이러한 손상이 다시 일어나지 않도록 하는 데 주안점을 둔다. 이렇게 될 수 있도록 가해자에게 책임을 지우고 이를 감당해내도록 독려한다. 이 독려의 과정에 피해자와 지역사회가 참여한다고 하는 것은 매우 깊은 의미가 있다. 단지 가해자의 의무들을 이행하는지 관리 감독한다는 의미를 넘어서서, 범죄가 일어나고 그로 인해 부정적 영향을 입은 전체 상황에서 나타나는 문제들에 대한 의식의 대전환을 의미한다. 환언하면 범죄발생과 관련되는 상황과 문제에 대해 공동 이해를 갖게 함으로 문제 자체를 공유하는 가치를 만들어 가게 된다.

3) 회복적 사법정의의 관점에서 본 소년사법정책의 문제점[3)]

기존의 소년사법정책은 가해자에 대한 형벌과 가해자를 위한 치료 중에서 어느 쪽에 비중을 더 둘지에 대하여 양분된 경향이 있었다. 다시 말해, 범행을 저지른 가해 소년에게 범죄행위에 대해 처벌을 강조하는 응보주의에 입각할 것인지, 아니면 사회복귀모델의 관점에서 비행소년의 행동 및 정서적인 치료를 강조하는 갱생위주로 갈 것인가로 나뉘었다. 우리의 소년사법정책은 1980년대까지는 사회복귀모델을 부정하고 응보주의 노선에서 범행소년에 대해 처벌을 엄하게 해야 한다는 엄벌화 경향이 계속되어 왔다(윤희중, 2004).

이후 이러한 응보주의적 성격으로 진행되어온 기존 소년사법정책에 대한 다양한 문제들이 제기되었는데 그 내용을 정리해 보면 다음과 같다. 첫째, 기존의 수용시설 내의 구금형 위주의 교정 정책을 추진한 결과 범죄의 문제가 나아지기보다는 오히려 심각해지고 있으므로 그 효과성을 기대할 수 없다.

둘째, 기존의 처벌 위주의 정책은 비행소년에게 범죄자라는 낙인효과를 가져오게 된다. 비행소년에게는 소년이라는 특수성으로 인해 성인범들과 달리 보호처분을 내리고 있지만 아직도 「소년법」상의 보호처분 또한 응보의 성격에서 완전히 벗어났다고 보기는 어렵다. 비행소년 및 주변 환경에 대한 충분한 조사가 이루어지지 않고 비행소년이 저지른 범죄 구성요건과 행위양태를 주로 고려하여 보호처분이 내려지기 때문이다. 이러한 응보적 처분은 결국 사회적인 낙인효과를 통해 재범을 방지하고자 하는 것이지만, 비행소년에게는 사법처리 과정을 통해 범죄소년이라는 공식적인 낙인뿐만 아니라 친구, 학교, 이웃으로부터의 비공식적인 낙인을 통해 사회적

3) 본 내용은 배임호, 강웅수, 하태선(2011)의 소년범죄자를 위한 교정프로그램에 관한 연구-회복적 사법정의 관점-의 내용을 일부 발췌함.

지지를 받지 못하게 되는 경우가 생기게 된다(남미애, 2007).

셋째, 비행소년의 시설수용에 따른 수감경험은 그가 속했던 지역공동체와의 유대관계를 저하시키는 요인이 된다. 그리고 피해자에 대한 사과보다는 보호시설에 수용된 자신에 대한 수치감을 높이게 되어 피해자나 사회에 대한 반발심이 높아지게 된다. 이러한 소년사법시스템에서 비행소년은 또 다른 범죄행위를 반복할 가능성이 높아지게 될 뿐만 아니라, 비행소년 스스로 자신의 잘못을 뉘우치고 다시 지역공동체로 자연스럽게 적응하게 되는 과정은 더욱 어려워진다.

넷째, 기존의 소년사법정책에서는 비행소년이 저지른 범죄에 대한 자신의 책임 의식이 약화되고 있다. 소년의 범죄행위로 인해 피해자 및 지역사회에 대해 커다란 손해를 입혔음에도 불구하고 단순히 형벌로 교정시설에 수감되거나 보호처분을 받은 것으로 자기 책임을 회피하게 된다. 죄책감과 자기 책임의식에서 변화가 이루어지지 못한 상태에서 출소하게 됨으로써 수용시설 경험이 새로운 범죄기술을 습득하는 장으로 작용하게 된다(신연희, 2005). 왜냐하면 기존의 처벌 자체가 피해자가 배제되고 피해자와 무관하게 형벌이 주어지기 때문이다. 오히려 가해 소년은 피해자를 의식할 필요성을 전혀 못 느끼게 한다. 이러한 처벌은 가해 소년에게 육체적 고통만을 유발시킬 뿐 범행에 대한 만성적으로 무감각하게 만들어 재범률을 높이게 된다. 또한 비행소년의 사회복귀를 위한 처우모델을 활용한다고 하더라도, 가해자의 범죄문제를 단순화시키는 것은 마찬가지이다. 응보주의 모델과 같이 사회복귀의 관점에서 보더라도 가해자만을 처우대상으로 하는 닫힌 시스템이기 때문이다. 가해 소년의 범죄행위는 피해자 및 지역사회에 대한 가해 소년의 개인적 책임을 인식할 수 있도록 함으로써 피해자 회복에 대한 가해 소년의 노력이 수반될 수 있어야 한다(배임호, 1999).

다섯째, 소년이라는 이유로 가해 소년 또한 사회의 피해자로 취급하는 경향이 있다. 소년범죄의 경우 어린 시절의 학대 경험, 결손 가정으로 인해 적절한 도덕적 훈련 기회의 부족, 극빈의 삶, 학습 장애 등의 이유로 범죄를 저지르게 되었다는 식으로 변호하여 범죄행위자의 책임을 모면하려는 경향이 있다. 사람은 환경의 수동적 산물이기 때문에 가해자 또한 사회의 피해자로 취급하여 개인의 도덕적 책임 의식을 무너지게 할 수 있다(Zehr, 2002).

여섯째, 기존 사법정책은 범죄로 인해 나타나는 부정적 영향(consequence)에 대하여 충분한 관심을 가지지 못했다. 형벌은 가해자가 저지른 범죄에 대한 보복의 의미가 강하게 부여되고 있어서 범죄자가 형벌을 치르는 동안 겪게 되는 생각과 가치 변화, 형벌로 인해 발생하는 변화들이 많다는 것을 간과하고 있다. 소년의 범죄행위로 인해 학업을 중단하게 되고, 학업 중단에 따른 또래 간의 변화가 나타날 수 있다. 또한 가족 관계의 변화, 처벌 과정에서 발생하는 경제적인 어려움, 진로의 변화 등 다양한 영향들이 나타나게 된다는 것을 주목해야 한다. 이것은 단순히 범죄행위를 한 소년에 대해 처벌만 하면 모든 것이 종결된다고 보아서는 안 되는 이유이다.

일곱째, 기존의 소년사법정책에서는 교화에 영향을 주는 지역사회자원의 영향력을 간과하고 있다. 소년범죄의 경우 대부분 지역사회 내에서 발생하는 경우가 많다. 따라서 피해자 또한 같은 동네에서 살고 있는 경우가 많다. 또한 보호처분이 끝난 소년은 다시 자신이 살던 지역사회로 되돌아가게 된다. 범죄의 발생과 해결에 있어 지역사회의 영향력을 주목해야 한다. 지역사회는 예방차원에서 비행소년에 대한 책임이 있으며, 비행소년이 다시 우리 지역사회에 적응할 수 있는 환경을 만들어 주어야 할 책임도 있는 것이다. 보호처분을 관장하는 기관 위주의 관리보다는 교육기관, 사회복지기관, 지역 기반 사회단체 등이 하나의 팀워크를 이루어 관계자들이 직접 참여할 수 있는 장치가 마련되어야 한다(문선화, 1997). 또한 비행소년의 교정에 관심을 가지고 있는 사람을 발굴하고 조직화하여 비행소년의 사회적응에 기여할 수 있도록 노력하여야 한다(이성식, 2002).

소년범죄의 재범을 방지하기 위한 대응전략을 모색하려는 시도는 우리나라뿐만 아니라 대부분의 나라들이 지니고 있는 과제다. 일부 비행소년들이 만성적 상습범죄자로 발전하는 양상이 심화되면서 국가별로 다양한 대응전략을 개발하여 소년범죄의 상습화에 대처하고자 하는 노력들이 나타났다.

미국에서는 1970년에 연방정부 차원에서 소년사법 및 비행예방처(Office of Juvenile Justice and Delinquency Prevention, OJJDP)를 발족하여 소년범죄예방을 위한 연구를 진행하였다. 이후 소년사법정책은 응보적 성격과 사회복귀 성격도 아닌 균형적·회복적 사법 정의를 강조하게 되었다.

회복적 사법정의 프로그램은 피해자의 피해 회복과 권리보장을 위한 수단이기도 하지만, 가해자인 비행소년에게 있어서도 조기에 합의 과정을 통해 가해자와 피해자의 갈등을 해소하고 사법 절차에서 벗어날 수 있도록 함으로써 낙인의 가능성을 배제할 수 있다. 「소년법」상 회복적 사법정의 프로그램은 보호처분과 형벌이 소년범죄에 적절한 대안이 되지 못하고 있는 상황에서 대안적 제재로서 의미가 크다. 비행소년이 스스로의 행위에 반성하고 자신의 책임을 수용하며, 법관의 관여 없이 상호 간의 분쟁을 해결할 수 있도록 한다. 또한 회복적 사법정의는 소년이 자신의 범죄행위에 대하여 반성함으로써 재범을 줄이고 지역사회로의 재사회화를 추구한다는 점에서 소년보호 이념을 실현할 수 있는 하나의 수단이 된다.

그동안은 범죄를 저지른 소년들이 주어진 처벌을 받음으로써 소년범죄자는 범죄에 대한 책임성 이행을 다한 것으로 여겨졌다. 소년범죄자들이 자신이 저지른 범죄행위에 대한 책임감이 낮고 자신의 범행으로 인해 피해를 입은 사람, 이웃, 지역사회에 입힌 손해에 대해 아무런 죄책감을 못 느끼고 있다. 단지 사회에서 소외되어 범죄행위를 저지른 불운한 아이로 치부하여 책임감 있는 성인으로 성장할 수 있는 기회를 놓치는 셈이다.

자신의 행동에 대한 책임 있는 자세를 배우지 못하면 성인이 되어서도 자기 탓보다는 남 탓만 하며 자기 행동을 제어하지 못하는 경우가 발생할 수 있다. 또한 범죄로 인한 피해는 무엇보다도 파괴된 관계(broken relations)로 인한 손상이 크다. 범죄로 인한 손상을 치유하며, 관계를 회복시킬 수 있는 근거를 제시해 주는 사법정의가 요구된다. 따라서 회복적 사법정의에 기반한 교정 프로그램을 통해 자신의 범행에 대해 인식하고 본인이 저지른 행동과 손해에 대하여 뉘우치고 회복시키기 위한 과정들을 경험할 수 있는 프로그램들이 개발될 필요가 있다.

2 범죄피해자와 가해자에 대한 이해[4)]

1) 범죄피해자

(1) 범죄피해자의 개념

범죄사건으로 인해 범죄피해자가 겪게 되는 경험은 범죄의 종류, 정도, 가해자와의 관계 등에 따라 매우 다양하게 나타날 수 있지만, 점차 범죄피해자들이 범죄사건을 경험한 이후와 사건 해결 과정에서 겪게 되는 피해 경험의 공통적인 요소에 관심이 높아지게 되었다(심영희 · 김준호 · 최인섭 · 조정희 · 박정선, 1991; 최인섭 · 박순진, 1993; 최인섭 · 이순래 · 조균석, 2006). 범죄현상은 가해자와 피해자의 상호관계에 의해 발생하는 것인데도 피해자를 소극적 · 수동적 요인으로만 파악하는 것에 대해 문제의식을 갖기 시작하면서 피해자의 권리와 욕구의 중요성을 발견하게 되었다(안황권 · 김상돈, 2003; Van,

4) 위 내용은 하태선의 박사논문 "소년범죄피해자 및 가해자의 경험에 관한 다중 사례연구"의 일부분을 발췌 정리함.

2007).

범죄피해자란 첫째, 타인의 범죄행위로 인하여 생명을 잃거나 직접 정신적, 신체적, 재산적 피해를 입은 사람과 그 배우자(사실상 혼인관계를 포함), 직계친족 및 형제자매, 둘째, 범죄피해방지 및 범죄피해구조 활동으로 인하여, 생명을 잃거나 정신적, 신체적, 재산적 피해를 입은 사람을 말한다(범죄피해자보호법 제3조). 피해자학에서는 범죄피해자를 범죄로 인하여 육체적·정신적 상처, 감정적 고통, 재산상 손실을 입거나 기본권을 중대하게 침해당한 개인 또는 집단으로 보고 있다(박상식 · 이창호, 2008). 본 연구에서는 범죄피해자란 범죄행위로 손해를 당한 직접적인 대상자에 국한하지 않고 가족까지 포함하며, 형사절차에 참여하면서 파생된 부차적 피해를 입게 되는 것까지 포함하고자 한다.

(2) 범죄가 피해자에게 미치는 영향

범죄피해자는 범죄로 인해 신체적, 물질적, 정신적 피해 등의 직접적인 피해를 경험하게 된다. 하지만 직접적인 피해보다는 잊혀지지 않는 범죄의 기억, 자신의 인생관에 미친 영향 등 '보이지 않는 피해'가 더 크게 영향을 미치게 되고(김용세 · 류병관, 2002; 박종렬 · 노상욱, 2009), 범죄 발생 이후 시간이 지날수록 심각한 정서적 상처가 깊어져서 심각한 문제를 겪을 수 있다(Hayes, 2006). 이러한 범죄피해를 아동기 때 경험한 후 제대로 극복하지 못하게 되면 청소년 및 성인이 되었을 때 다양하고 심각한 문제행동들을 촉발할 위험이 매우 높을 수 있다(Finkelhor, 2008; Kaufman, 2003).

학교폭력 피해자의 경우 자기 방어를 잘 못하며 쉽게 울고 자신의 자원을 쉽게 포기하는 경향이 있으며(이상균, 1999), 교우관계의 스트레스와 가해자의 위협이나 조롱으로 인해 쉽게 위축되고, 교우관계의 스트레스로 인해 학교생활을 기피하고 부적응하는 태도를 보일 수 있다(Lawson, 1994). 특히 학교폭력 피해 정도가 심할수록 감정적, 사회적 고립감을 많이 느끼고 있으며(이희영, 1997), 올베우스(Olweus, 1991)의 연구에 의하면 또래 폭력을 경험한 아이들이 성인이 되었을 때 우울 증상이 높아지고 부정적인 자아상을 가지게 되었다고 보고하고 있다. 왕따를 경험한 피해자의 경우 불안, 우울증, 공격성, 대인 예민성, 강박 증상과 같은 정신병적 증상이 발병할 위험이 높게 나타날 수 있다(신성웅 · 권석우 · 신민섭 · 조수철, 2000).

범죄피해자의 피해자화 과정을 단계적으로 살펴보면(김용세 · 류병관, 2002) 범죄로 인한 직접적인 피해를 1차 피해라고 한다면, 2차 피해란 범죄사건의 처리 과정에서 피해자가 겪게 되는 정신적, 사회적인 상처를 말한다. 예를 들어 피해자가 원하는 대로 재판 결과가 나오지 않고 형량이 지나치게 가볍거나, 심지어 무혐의 처리가 된다면 법원 결정에 대한 분노와 실망을 하게 된다(Orth, 2002). 이러한 피해자의 심리적, 정서적 손상은 신체적, 정신적인 피해보다 더 심각한 것으로 나타나고 있다(Newburn, 1993). 3차 피해란 피해자에게 사회적으로 적절한 보호와 대책이 이루어지지 않아 심적 갈등과 정신적 고통, 세상에 대한 원망과 복수심, 자책감, 우울증으로 정상적인 사회생활을 못하는 경우를 말한다. 하지만 범죄피해자의 경험은 정형화되어 있지 않고 범죄피해자의 평소 기능, 피해 속성, 가해자와의 관계, 보상, 치료 효과, 사법처리 과정에 대한 인지 등의 영향을 받고 있다(Goldney, 1998).

범죄 발생 직후 범죄피해자들의 감정 상태를 보면 분노, 불안, 침울, 불안정, 고독감 등의 감정을 경험하며(최인섭 외, 2006), 사건처리 과정에서 정신적 외상을 겪을 수 있다(Renck & Svensson, 1997). 하지만 피해자 스스로 모든 것을 감수하면서 억울한 심정이 있어도 제대로 말도 못하고 잊혀진 존재로 비참한 삶을 사는 경우가 있다(최병호, 2006).

범죄피해 청소년의 경우는 대인관계의 불신과 두려움, 수치심과 죄책감, 주위에 알려지는 것과 악의적 소문에 대한 불안과 두려움, 심리적 불안과 보복에 대한 두려움, 해결방법을 알지 못하는 것, 피해기억에서 벗어나지 못하는 것, 부모의 마음을 아프게 하고 부모의 고통스러워하는 모습을 보면서 자책감을 느낄 뿐만 아니라, 사건 해결 과정에서도 경찰관의 불친절, 경찰서의 험악한 분위기, 수사진행 상황을 알려주지 않아서 생기는 궁금함, 경찰의 합의 종용, 피해자와 가족 정보를 가해자에게 넘겨줌, 반복된 진술, 주위의 시선 등의 어려움을 겪고 있다(홍영오 · 이수정, 2006). 범죄피해 청소년들이 겪게 되는 부정적인 경험은 증오, 복수심, 자책감, 대인기피 등의 부정적인 감정을 초래하게 되어 범죄피해 청소년들이 향후 가해자로 전락할 수 있는 동기가 될 수 있다(최은하 · 김광병, 2009).

범죄피해 청소년들은 사건 해결 이후에 가해자로부터 보복을 당할지 않을까에 대한 두려움으로 불안해하고 있으며(송기오 · 강경래, 2005), 특히 학교폭력의 경우 또래 간의 폭행은 일종의 성장기 경험으로 간주하여 학교나 국가로부터 피해회복을 지원받는 것이 아니라 오히려 혹독한 외면을 당해 정신적 충격과 학교생활 부적응으로 자살을 하거나 심각한 사회적 장애에 시달리게 될 수 있다. 또한 청소년기 때 경찰, 검찰 등과의 접촉과정에서 사법당국의 불친절과 권위주의 경험은 성인이 되어서도 사법시스템에 대한 불신이 높아지는 계기가 될 수 있다(최인섭 · 황지태, 2005). 범죄피해 청소년의 부모들도 고통을 경험하는데, 피해자의 보호와 교육을 위해 직업을 포기하면서까지 피해자의 사회적응을 위해 노력해 보지만 사회적 지원이 부족하여 이중, 삼중의 고통을 경험하고 있다(조정실, 2003).

우리나라 「형법」은 피해자의 사적 복수를 금지하고 국가만이 형벌권을 갖도록 하기 때문에 범죄피해자는 형사절차에서도 사건의 실체를 발견하기 위해 주도적으로 나설 수도 없으며, 범죄 발생에 있어 가해자는 의도적으로 범죄를 저지르지만 피해자는 피해를 의도하지 않은 무방비 상태에서 피해를 경험하기 때문에 자기 자신의 통제력 상실에 따른 무능함을 느끼게 된다. 특히 소년범죄의 경우 일반적으로 비공개 심리로 진행되기 때문에(소년법 제24조 제2항) 피해자는 사건 자체에 대한 사실과 가해자에 대한 정보 등을 얻을 수가 없어 피해자의 알 권리가 배제되고 있는 상황이다(이승현, 2009). 따라서 범죄피해자가 사건 처리 절차에 주체적으로 참여함으로써 피해자의 자율성을 회복하고 자신감 고취와 임파워먼트를 경험할 수 있는 노력들이 이루어져야 한다(Gal & Moyal, 2011; Parsons & Bergin, 2010).

(3) 형사사법 절차에서의 범죄피해자의 욕구

대부분의 경우에 범죄피해자들이 자신의 범죄피해를 형사사법기관에 신고하면서 형사사법 절차가 시작된다. 그렇다면 범죄피해자는 형사사법기관에 신고하는 이유는 무엇이며, 무엇을 바라고, 무엇이 이루어지기를 원하는가? 대부분 범죄피해자들은 가해자에 대한 처벌, 처우, 손해배상의 목표를 추구한다고 하지만 가장 두드러진 범죄피해자의 목표는 가해자의 처벌이라고 생각할 수 있다(이윤호, 2007). 가해자에게 처벌의 고통을 경험하게 함으로써 더 이상의 범행을 억제시킬 수 있고, 피해자의 복수심을 충족시켜줄 수 있다고 볼 수 있다.

하지만 범죄피해자와 가해자 그리고 사회는 '범죄'라는 틀 안에서 이해관계인으로 엮어져 있고(장규원, 2008), 범죄피해자들은 가해자에 대한 증오와 복수심을 가지고 있으나 가해자의 재활이 필요하다고 인식하는 비율도 높게 나타나는데, 이것은 범죄피해자들이 가해자를 인식하는 형태가 복잡하다는 것을 알 수 있다. 왜냐하면 어떤 범죄는 피해자가 전혀 책임이 없고 순전히 가해자의 잘못인 경우도 있지만, 말다툼으로 일어난 폭력 또는 어느 쪽이 먼저 시작했는지 알 수 없는 상태에서 폭력 사건이 일어난 경우는 일부 피해자의 책임도 인정할 수 있기 때문에 가해자와 피해자를 구분하기 어려울 수도 있다.

범죄피해자가 형사사법 절차에서 충족 받고자 하는 첫 번째 욕구는 사법처리절차가 피해자를 배려하는 과정으로 이루어지기를 원한다. 범죄피해자는 대부분의 공식적인 사법처리 절차에서 가해자를 기소하기 위해 증거수집에 사용되는 도구로 다루어진다고 느낄 수 있다. 따라서 자신들의 의사가 표현되고 존중받을 수 있는 형사사법 절차가 이루어지기를 원하고 있다(Shapland, 1986). 하지만 우리나라 소년사법 절차에서는 국친사상과 보호주의 이념에 따라 어느 정도 보호를 받고 있으나 범죄피해 소년을 위한 배려가 부족하고, 피해자를 위한 법적 지위나 권리 보장 등이 고려될 필요가 있다(이승현, 2009).

둘째, 범죄피해자들은 전반적인 사법처리 절차에서 많은 정보를 얻기를 원한다. 사건의 결과를 비롯해 가해자가 어떤 처벌을 받게 되었는지를 알기 원하고, 사건 처리 전 과정에 대해 자세한 진행 사항을 알고자 한다(Strang, 2002).

셋째, 범죄피해자들은 자신들의 사건에 직접적으로 참여하기를 원한다. 범죄피해자들은 사건 해결의 결과를 단지 통보받는 것보다는 사건처리 과정의 의사결정에 참여하기를 원하며(Thibaut & Walker, 1975), 경우에 따라서는 범죄피해자의 적극적인 참여는 피해자의 회복에 도움이 될 뿐만 아니라 자신이 피해자로서 통제력 상실을 회복할 수 있고, 범죄로 인한 심리적인 상처와 외상 후 스트레스 증상이 줄어드는 기회가 될 수 있다(Angel, 2005).

범죄피해자들은 가해자를 직접 만나 왜 범죄가 일어났는지, 왜 나인지, 또 다시 그럴 것인지, 어떻게 하면 피해를 입지 않을 수 있었는지 등을 직접 물어보고 싶고 가해자로부터 그 답을 듣고 싶어 한다(Amstutz, 2009; Zehr, 2010). 범죄피해자는 가해자를 직접 대면하여 자신의 진실을 전달하고, 범죄행위에 대한 비난과 책임을 호소함으로써 심리적 만족감과 형사사법의 정의가 충족되었다는 믿음 등을 얻을 수 있다(이용식, 2006). 해리스, 월그레이브와 브레이스웨이트(Harris, Walgrave & Braithwaite, 2004)는 가해자와 피해자와의 대면 접촉은 상호 간의 감정 교류와 역동의 기회를 제공한다고 말하고 있다. 가해자에게 공감이란 자신의 행위에 대한 후회와 손해배상을 할 수 있게 하는 중요한 출구가 되고, 피해자는 상대방에 대한 공감을 통해 가해자를 용서하고 화해를 할 수 있게 하는 데 중요한 역할을 한다고 보고하고 있다.

넷째, 범죄피해자들은 사법처리 절차가 피해자 입장에서 공정하다고 느끼기를 원한다(조균석, 2010). 사건의 마무리가 긍정적이라 할지라도 사건해결 절차가 범죄피해자 입장에서 정의롭지 못할 때, 범죄피해자들은 분노를 느끼며 불만족을 경험하게 될 수 있다(Greenberg, 1987).

다섯째, 범죄피해자들은 물질적인 손해배상을 받기 원한다. 대부분의 범죄피해자들은 가해자가 잘못된 것을 바로잡는 책임 있는 행위로 피해에 대한 적절한 손해배상이 이루어지기를 기대한다(Walgrave et al., 1999). 가해자로부터 손해배상을 받음으로써 범죄가 부당한 행위였다는 인식을 공감받고, 도덕성과 사법정의가 회복된다고 느낄 수 있으며(Zehr, 2002), 실제로 범죄피해자는 국가의 배상보다는 가해자로부터 직접적인 배상을 받을 때 높은 만족감을 보이고 있다(Erez & Tontodonato, 1990). 응보적 사법정의에서는 국가의 형벌권 독점으로 인해 피해자와 무관하게 벌금을 부과함으로써 피해자가 보장받아야 할 도덕적 권리가 무시되고 있기 때문이다(Christie, 1977).

마지막으로 범죄피해자들은 손해 배상과 더불어 가해자로부터 사과를 들음으로써 가해자와의 관계가 회복되기를 원한다(Bazemore, 1998; Strang, 2002; Wright, 2004). 즉, 사과를 듣는다는 것 자체가 범죄피해자의 정서적 회복 또는 상징적 회복을 의미하기 때문이다(Shapland et al., 2006).

그러므로 범죄로 인해 피해자에게 미친 영향들을 단지 형벌을 통해 가해자를 처벌하는 것으로 해결하기보다는 가해자와 피해자가 주체적인 만남과 화해를 성립하여 손해배상이 이루어지고, 범죄로 인해 단절된 서로 간의 관계 회복과 지역사회의 통합을 이루는 것이 범죄피해자가 겪게 되는 부정적 영향에서 벗어날 수 있는 것이다(박상식, 2005b). 김재중(2004)은 청주

지역 화해중재위원회에서의 피해자-가해자 화해 사례연구에서도 피해자는 민사소송 절차를 하지 않고 피해보상을 받을 수 있는 것과 가해자의 진심 어린 사과를 받게 되었을 때 정신적인 안정을 얻게 되었다고 보고하고 있다. 가해자에게는 직접 피해자를 만나 피해자의 이야기를 들으면서 피해자의 고통을 알게 되었고, 일정액을 배상하게 됨으로써 떳떳한 마음으로 사회에 복귀할 수 있는 계기가 되었다고 보고하고 있다.

2) 범죄가해자

(1) 범죄가해자의 재통합적 수치심과 손해배상

대부분의 범죄가해자들은 사법처리 과정에서 수치심을 경험하고 있으며(Benson et al., 2011), 일부 가해자들의 교도소 수감경험은 가해자들의 낮은 자존감과 자율성을 더욱 강화시켜 범죄성향을 높이게 되고, 가해자의 가족 또한 재소자의 가족이라는 수치심을 느끼게 하여 가족과의 단절을 초래할 수 있다(Van & Strong, 2006).

소년범죄자의 경우 사법처리 과정에서 부모 낙인보다 주변 사람들의 낙인으로 인해 힘들어하고 있으며(남미애, 2006), 이러한 범죄자라는 낙인을 통해 범죄적 하위문화에 빠지는 경우가 있다. 한편 범죄자라는 낙인과 수치심은 인간의 자율적인 내적 제재시스템 기능의 발전을 저해하고 역기능적이고 부정적이 결과를 초래하며, 수치심의 내면화가 분노로 표출될 수도 있다. 소년사범에게는 낙인화의 부정적 영향을 방지하기 위해 보호처분을 실시하지만 보호처분과 형사처분의 뚜렷한 차이가 보이지 않고 있어 낙인의 부정적 효과를 막지 못하고 있다(김은경, 2007).

이러한 가해자들이 느끼는 낙인적 수치심은 일탈행동을 유발할 수 있다. 하지만 자신의 행동은 잘못된 것이고 처벌받아야 하지만, 동시에 합당한 처벌과 반성을 통해 사회로 통합될 수 있게 하는 재통합적 수치심은 교정 · 교화 프로그램에 활용될 수 있다(Braithwaite, 1989). 가해자는 피해자를 직접 만나 피해자의 이야기를 들으면서 자신의 행동으로 야기된 피해자가 당한 고통을 충분히 듣고(Harris, Walgrave, & Braithwaite, 2004), 피해자가 당한 고통을 직접 확인함으로써 재통합적 수치심을 느끼게 된다. 가해자가 재통합적 수치심을 느끼게 되면서 '그 정도 피해는 아무런 의미가 없을 것'이라던가, '피해자가 그다지 큰 고통을 받지는 않았을 것'이라는 식으로 자신의 죄책감을 떨쳐버리고 자기 행위의 책임을 중화시키는 것을 막을 수 있다. 가해자가 재통합적 수치심을 느끼게 됨으로써 피해자에게 진정으로 사과하고 용서를 구하고자 하는 태도와 자발적 교정의지가 생겨날 수 있다(김은주, 2004).

많은 가해자들은 자신의 행동이 피해자에게 어떠한 영향을 미쳤는지 이해하지 못하고 있고(Bazemore, 1996), 피해자의 고통뿐만 아니라 지역사회에 미친 손실을 모르기 때문에 피해자와의 직접 대면은 자기 범행의 의미를 보다 정확하게 파악하고 그에 대한 책임을 진심으로 수용할 수 있는 중요한 기회가 된다. 이렇게 가해자와 피해자의 대면 접촉은 가해자의 재범률을 줄이는 데 효과적이라고 보고하고 있다(Schneider, 1986; Umbreit, Coates, & Vos, 2001).

가해자는 피해자와의 대면 접촉을 통해 피해자의 고통을 들을 뿐만 아니라 자신의 행동에 대해 참회와 후회의 감정을 피해자에게 표출하도록 하며(탁희성 · 강우예, 2008; Poulson, 2003) 피해자가 원하는 가해자의 행동 요청을 진지하게 고려하고 가해자의 양면적 감정과 책임, 슬픔, 수치심 등의 감정 표현과 진지한 사과를 전달할 수 있다(정현미, 2010).

가해자는 자신의 죄를 인정하고 사과하는 구체적인 방법으로 피해자에게 미친 손해를 배상하기를 원한다. 가해자의 손해배상은 직접적인 피해에 대한 손해 배상뿐만 아니라 정신적, 사회적 손상에 대한 배상을 말하며, 손해배상을 함으로써 범죄자에게 부과된 낙인에서 조금이나마 벗어날 수 있다(박상식, 2005a). 손해배상은 피해자에게는 원상회복에 따른 만족감을 주고, 가해자와 관계 회복에 도움이 될 수 있다(Hudson & Galaway, 1974). 또한 가해자의 사건 진행 절차와 회복 과정의 주체적 참여는 가해자의 재범률을 줄이는 데도 큰 영향을 줄 수 있다(Forgays & DeMilio, 2005; Robinson & Shapland, 2008).

(2) 범죄가 범죄가해자에게 미치는 영향

범죄를 저지른 가해자는 형사사법기관의 조사와 재판을 거치면서 자신의 행동에 대한 대가를 치르게 된다. 소년범죄자들은 성인과 달리 보호처분을 받게 함으로써 처벌보다는 보호위주 처우를 실시하고 있지만, 범죄를 저지른 가해자는 처벌해야 하고 피해자는 보호를 받아야 한다는 이분법적인 시각으로 인해 가해자와 피해자 간의 갈등을 더욱 심화시키고 있다(박순진, 2009; 이춘화, 1999).

범죄 발생 이후 가해자와 피해자는 서로 적대적 관계가 형성되어 갈등관계를 처리하지 않고 방치하여 사건 종결 이후에도 갈등관계가 계속되거나 더욱 악화되기도 한다(강경래, 2009). 가해자와 피해자와의 관계를 고려하지 않고 무조건 가해자는 처벌을 받는 것만이 범죄로 인해 발생한 결과들을 해결할 수 있다는 시각은 가해자를 한 인간으로 바라보지 못하게 만들 뿐만 아니라 사법처리 과정에서 고려되어야 할 가해자의 욕구는 무시되고 지역사회와의 단절로 인해 사회재통합을 더욱 어렵게 만들 수 있다. 가해자는 사법 절차 과정에서 자신의 이야기를 할 기회를 얻지 못하고 경찰 심문 조서나 전문가의 보고서에 의해서만 말할 뿐이며(Hudson, 2003), 사건 관련 정보를 제대로 얻지 못하는 경우가 많다.

가해자들은 자신의 범행으로 인해 자아 이미지와 자존감에 위협과 불안을 느끼기 때문에 자신을 보호하기 위해 방어기제를 사용한다. 가해자들이 사용하는 방어기제는 부정, 축소화, 투사, 합리화로서 가해자들의 부정이란 "나는 그런 일을 하지 않았어요"처럼 범죄 사실을 받아들이지 않고 책임지려 하지 않으며, 축소화란 "그렇게 크게 하지는 않았어요"처럼 범행의 심각성을 줄이려 하고, 투사란 "나는 그 일을 하고 싶지 않았어요. 제 친구가 한 거구요. 걔가 나를 도와달라고 했어요"라며 자신의 책임을 다른 사람에게 돌리려고 한다. 합리화란 "저한테 그것이 필요했을 뿐이에요. 그들은 충분히 부자거든요"처럼 자신의 범행을 정당화하기 위해 납득시킬만한 이유를 대며 방어기제를 사용한다(Bradshaw, Roseborough, & Umbreit, 2006).

학교폭력 가해자의 경우 충동적, 공격적, 반사회적인 성향이 있으며(Craig, 1998; 박지도 외, 2001), 공감 능력이 부족하고 폭력에 대한 긍정적 태도를 가지고 있어 폭력적인 해결방법을 선호하는 환경에 노출된 경우가 많다(박재황 외, 1996). 김진호(2009)의 학교폭력 가해자의 인간관계 특성에 대한 질적연구에 의하면 가해자들은 대인관계 능력이 매우 부족하기 때문에 또래, 가족, 교사와의 대인관계 증진을 위한 개입이 필요함을 말하고 있다. 가해자들은 자신에게 닥친 갈등 상황을 해결하기 위해 주변 사람의 도움을 청하기보다 현재 놓여 있는 여러 가지 상황에서 벗어나기 위한 하나의 방편으로 폭력이라는 공격행위를 사용하고 있다(이웅혁, 2006).

주영신과 이민창(2008)은 재범 청소년 29명을 대상으로 근거이론을 활용한 연구에서 비행청소년들은 주위의 낙인으로부터 부정적인 자아정체감을 가질 수 있으며, 부정적인 자아정체감에서 탈출하고자 노력을 하고 있으나 재범 후 일상생활 속의 갈등과 무관심으로 인해 소외감을 느끼고 미래에 대한 불안을 경험하고 있었다. 이동원(2003)의 소년교정시설 수용된 소년 대상 연구를 보면 수용시설의 경험, 법과 사회에 대한 태도, 낙인의 인지 등이 매우 중요한 것으로 나타났다. 낙인이라는 부정적 효과로 인해 재범 가능성을 높여주고 있다.

이수정, 고선영과 이춘근(2004)은 소년원 수감 156명을 대상으로 설문조사한 결과, 전과가 있는 소년들의 정서자극에 대한 민감성이 그렇지 않은 소년들보다 더 떨어지고 정서표현력도 부족하다고 조사되었다. 이것은 타인에 대한 인식영역에서 정서적 민감성이 부족하다는 것으로 자신의 범죄 행위가 피해자들에게 어떤 피해와 상처를 주었는지를 민감하게 인식하지 못한다는 것을 보여준다.

김갑석, 김성욱과 김동규(2011)의 연구에서는 청소년의 비행 과정에서 청소년들이 겪는 다양한 심리 상태를 현상학적 연구를 통해 밝히고자 했는데, 비행청소년들은 자존감과 의욕상실, 낙담, 무관심, 비통함 억눌림, 복수심, 과거방식의 혼란, 미래에 불확신, 자신의 존재감에 혼란, 삶의 무의미 저항력 상실을 느끼는 것으로 드러났다. 홍봉선, 남승규와 남미애(2002)는 가해 청소년들은 사법처리 과정에서 분노, 불안, 죄책감 등 정서적 불안정을 크게 느낀다. 이것은 자신의 범법행위가 공식적으로 다루어지면서 자신의 비행문제가 가족은 물론 친구, 교사들에게 알려지는 것에 대해 수치심과 죄책감을 느끼게 되고, 학업문제, 학교의 처벌, 향후 진로에 대한 문제 등 많은 심리적 갈등을 경험하게 된다.

박순진(2009)은 청소년 폭력에 있어서 피해자와 가해자는 엄격히 구분되는 별개의 행위자라고 볼 수 없는 경우가 많다고 보고하고 있다. 가해 소년의 44%가 피해 경험이 있으며, 피해자의 54%는 가해 경험을 가지고 있고, 특히 학교폭력의 경우 가해자와 피해자가 서로 알고 지내던 사이에서 발생하는 비율이 높고, 이들의 인구학적 특성과 사회경제적 배경이 상당히 유사한 것으로 나타나고 있다(기광도, 2004; 노성호 · 이성식, 2003). 마찬가지로 소년 교정시설에 수감 중인 가해 소년들도 피해자와 가까운 사이인 경우가 많으며, 퇴원 후에도 피해자와 다시 만날 확률이 높음에도 불구하고 처벌 과정에서 피해자에 대한 상황 인식이 없이 사법 처리가 이루어지고 있다고 말하고 있다(김웅수 · 배임호, 2012).

가해자의 경우 자신의 행위에 후회를 하고 사건 진행 절차에 주체적으로 참여했을 때 재범률이 줄었다고 보고되고 있지만(Morris & Maxwell, 2001), 가해 소년들은 피해자를 만나고 싶은 마음이 있고, 만나서 사과를 하고 싶음에도 그럴 기회가 부족하다. 배임호(2000)는 58명의 보호관찰 대상 청소년들을 대상으로 면접조사를 한 결과 55%가 가해자가 피해자를 만나고 싶다고 응답하였으며, 이들을 만나면 '죄송하다'라는 표현을 하고 싶다는 응답이 76%로 나타났다. 이것은 자신들의 행위가 사회적으로 떳떳하지 못하였고, 자신의 행동에 대한 부담이 지속적으로 남아 있음을 간접적으로 표현하는 것으로 볼 수 있다.

그러므로 우리 사회는 가해자가 범죄행위에 빠지게 했던 환경의 개선을 위한 원조와 더불어 범죄로 인해 가해자에게 발생한 신체적, 감정적, 정신적 손해에 대한 회복과 재사회화에 관심을 가져야 한다.

3 소년범죄와 화해권고제도

1) 소년범죄의 화해권고제도 도입

우리나라의 소년사법제도는 피해자보다는 가해자에 대한 교정과 치료 중에 어느 쪽에 비중을 더 둘 것인가에 대해 논의가 주로 이루어졌다. 범행을 저지른 가해자에게 범죄행위에 대해 처벌을 강조하는 응보주의와 사회복귀모델의 관점에서 비행소년의 행동 및 정서적인 치료를 강조하는 갱생위주로 갈 것인가로 나누어졌으며(윤희중, 2004), 가해자가 나이가 어리지만 자신의 행위에 책임을 질 만큼 충분히 이성적이어서 법률상 책임을 지고 처벌해야 한다는 사법모델과 처벌보다는 치료에 중점을 두는 보호위주의 복지모델로 나누어져 왔다(이명숙, 2009).

소년범죄자는 아직 미성년자라는 이유로 성인범들과 달리 범죄를 저지른 소년의 비행성과 처우가능성에 기초하여 복지적 요소를 통합하여 접근하고 있으며, 처벌 위주가 아닌 처벌과 처우라는 연속적인 관점을 중요시하고 있다. 소년사법제도는 범죄 발생 당사자인 소년에게 자신의 잘못에 대한 반성의 기회를 제공하고 보호처분을 통해 원활하게 사회복귀를 하는 것을 목표로 하고 있다.

소년범죄자들은 계획적인 범죄보다는 청소년 시기의 민감한 감수성과 충동적 행동양식의 영향으로 우연히 범죄를 저지르는 경우가 많다(법무부, 2010). 따라서 소년범죄자에게는 엄격한 처벌보다는 사회 적응을 위한 복지적 접근을 통해 재범을 줄여야 한다. 가해자는 피해 당사자와의 만남과 대화를 통해 서로를 이해하고, 손해배상을 실천함으로써 당사자들 간의 관계 회복을 이룰 때 가해자의 사회적응도 수월해질 수 있다.

이러한 당사자들 간의 관계회복이라는 회복적 사법정의의 가치를 반영하기 위해 2007년 12월 「소년법」 개정을 통해 '화해권고제도'가 국내에서 신설되게 되었다(소년법 제25조 제3항). 화해권고제도란 피해자와 가해자 그리고 보호자들이 함께 만날 수 있도록 함으로써 피해자는 자신의 피해 경험을 가해자에게 말하고, 가해자는 자신의 행동에 대한 반성과 사과의 기회를 제공할 뿐만 아니라 손해배상에 대한 합의를 통해 깨어진 관계의 회복과 화해를 이루고자 하는 제도이다(소년법 제25조 2항).

서울가정법원은 국내에서 처음으로 2009년부터 판사와 조사관 등 10여 명을 중심으로 소년보호재판 제도 개선을 위한 TF팀이 만들어졌고, 준비작업을 시작하여 2010년 5월 변호사 5명, 조정전문가 10명 총 15명을 화해권고위원으로 위촉하여 화해권고제도를 실시하게 되었다. 2011년에는 변호사 20명, 조정전문가 26명 총 46명으로 확대 실시하게 되었다(서울가정법원, 2010). 화해권고제도는 가해자와 피해자 그리고 보호자들이 함께 만날 수 있도록 함으로써 피해자는 자신의 피해 경험을 가해자에게 말하고, 가해자는 자신의 행동에 대한 반성과 사과의 기회를 제공할 뿐만 아니라 손해배상에 대한 합의를 통해 깨어진 관계의 회복과 화해를 이루고자 하는 제도이다(소년법 제25조 제2항).

화해권고에 적합한 사건으로는 가해 소년이 범죄소년 또는 촉법소년일 것(우범소년이 아닐 것), 사실관계가 분명하고, 가해 소년이 범죄사실을 시인할 것, 피해자의 동의가 있을 것, 가해 소년의 명시적인 반대의사가 없을 때 화해권고 절차에 임할 수 있다. 화해권고위원은 심리학, 교육학, 정신의학, 보건간호학, 사회복지학, 가족치료학, 상담학, 가족관계학 그 밖에 소년보호사건과 연관된 분야에서 전문적인 지식과 경험이 있는 사람 중 적정한 인원을 화해권고위원으로 위촉하고(소년법 제2조 제1항), 임기는 1년으로 하며 1사건당 화해권고 위원 중 3인 1조로 구성되며, 그 중 2인은 상담 전문가 등으로, 1인은 변호사로 구성된다.

화해권고 사건의 성과를 살펴보면 2010년 7월 이후부터 11월 말까지 5개월간 화해권고 사건은 총 25건이었는데, 그 중 화해가 성립된 사건은 20건이고, 불성립된 사건은 5건으로 80%의 화해성립율을 보이고 있다(서울가정법원, 2010).

2) 회복적 사법정의와 화해권고제도

화해권고제도의 역사적 배경이 된 회복적 사법정의는 12세기경부터 범죄통제와 사법시스템의 국가 독점에 문제제기를 하면서 시작되었다(Braithwaite, 1989; Van & Strong, 2002). 전통적으로 범죄란 국가 규범의 위반이며, 형사사법이란 범죄자를 체포하고 형벌을 가하는 것이라 이해하였으나(Johnstone, 2002), 기존의 형벌제도가 범죄자를 재활시키지 못하고(Beck, Kropf, & Leonard, 2011), 무엇보다도 범죄 발생 이후 사건처리 과정에서 피해자가 소외되고 있다는 것을 깨닫기 시작했다(Christie, 1977). 범죄피해자가 진정으로 원하는 것에 대해 관심을 갖게 되고(Strang, 2002), 피해자 관점에서 범죄를 조명하고 피해자를 위한 다양한 형태의 배상과 보상이 필요함을 깨닫게 되었다(Braithwaite, 2003). 그러면서 회복적 사법정의는 서구 사법제도에서 기존의 전형적인 응보적 사법제도의 대안으로 주목받기 시작했다(배임호, 1995; Umbreit, Coates, & Vos, 2004).

소년사법에 적용된 회복적 사법정의 프로그램은 뉴질랜드 사법제도에서 공식적으로 시작된 '가족집단대화'가 대표적인 프로그램이다. 가족집단대화는 청소년과 부모는 범죄로 인해 영향을 받은 당사자로서 그들에게 영향을 미치는 결정에 충분한 권리와 책임을 가지고 참여해야 한다는 것을 중요하게 생각하며(Hudson, Morris, Maxwell, & Galaway, 1996), 범죄 해결 과정에 가족들뿐만 아니라 친척, 사회복지사, 지역주민, 공무원, 경찰, 보호관찰관 등이 참여하는 것이 특징이다.

회복적 사법정의의 소년사법 적용에 따른 가장 큰 의의는 가해자에게 있어서 피해자와의 대면과 대화를 통해 조기에 합의 과정을 이뤄 가해자와 피해자의 갈등을 해소하고 사법 절차에서 벗어날 있도록 함으로써 낙인의 가능성을 배제시킬 수 있고, 가해 소년 스스로 자신의 행위에 반성하고 자신의 책임을 수용함으로써 재범을 줄이고 지역사회에서의 재사회화를 추구한다는 점에서 큰 의의가 있다(배임호 · 김웅수 · 하태선, 2011). 가해소년은 자신의 행위로 고통을 겪는 피해자와 지역사회를 향해 최선의 행동을 함으로써 자신의 범행에 대한 책임을 상쇄하고 다시는 범죄를 저지르지 않겠다는 다짐을 하는 기회가 될 수 있다.

인디애나폴리스(Indianapolis)의 가족집단대화의 참가자들의 평가를 보면 대부분 높은 만족도를 보이고 있고, 가해자의 재범율이 낮게 나타나고 있으며, 참가자의 95% 이상이 다른 사람에게 참가를 권유하고 있다고 한다(McGarrell, & Hipple, 2007). 로버트(Robert, 1998)의 1996년부터 1997년 사이의 소년범죄 사건 196건을 대상으로 한 평가 연구에서 피해자와 가해자의 90%가 대화과정에 참여하는 것이 도움이 되었으며, 79%가 1년 이내 재범을 하지 않았다고 보고하고 있다.

우리나라의 화해권고제도는 회복적 사법정의 프로그램 중 가해자와 그 가족들이 직접 대화과정에 참여하는 호주와 뉴질랜드의 가족집단대화의 모델을 모방하여 적용하였다. 하지만 화해권고제도의 실시가 사법처리과정의 전 과정이 아닌 재판받기 전에 판사의 권고로만 진행된다는 점과 피해자와 가해자 및 지역사회 관련자들이 참여하여 충분화 대화가 이루어지지 않는 점 등으로 볼 때 해외 회복적 사법정의 프로그램과 비교하여 아직도 부족한 점이 많다.

3) 화해권고제도의 절차

서울가정법원 화해권고 진행 매뉴얼(2011)에 따른 화해권고 절차를 살펴보면 첫 번째 단계는 화해권고를 위한 조사명령 및 피해자 동의 확보 단계로서 사건 담당 소년부 판사가 화해권고 절차에 회부함이 상당하다고 판단되는 경우, 필요에 따라 조사관의 조사를 바탕으로 피해자와 가해자의 참가 동의를 받아 당사자들의 참여 가능 시간을 고려하여 화해권고기일을 정한다.

두 번째 단계는 화해권고위원 배정 및 자료 송부 단계로 해당 사건 담당 재판부는 3명의 화해권고위원을 선정하여 관련 피해자와 가해자의 인적사항, 범죄사실 등의 자료를 우편이나 팩스 등의 적절한 방법으로 송부한다. 화해권고위위원은 변호사 1인을 포함하여 3인이 한 팀이 되어 사건 관련 논의와 세부 역할분담을 결정한다.

세 번째 단계는 예비조정 단계로 화해권고기일 전에 각각 당사자와 보호자를 따로 만나 사건 관련한 입장과 감정, 해결방법 등에 대하여 정보를 얻고 화해권고기일을 준비할 수 있도록 예비조정을 진행한다.

네 번째 단계는 화해권고기일 단계로 가해자와 피해자 및 보호자들이 한

자리에 모여 소개와 규칙을 정하고 사건 관련 각각의 입장을 나누면서 핵심 쟁점 및 책임 범위를 찾는다. 해결을 위한 대안 탐색을 통해 합의사항을 도출한다. 합의안을 작성하고 최종 진술을 한 후 화해권고기일을 종료한다.

다섯 번째 단계는 결과보고 및 사후관리 단계로 화해위원들은 화해권고기일이 종료된 후 합의 여부와 상관없이 결과보고서를 작성하여 담당 재판부에 송부한다. 담당조사관은 합의사항의 이행이 완료될 때까지 그 이행 여부를 점검하고, 그 결과를 토대로 가해자에 대한 적절한 처분의견을 개진하게 된다. 합의가 이루어지지 않은 경우 즉시 심리기일을 지정하여 나머지 절차를 진행하고 보호처분을 하게 된다. 화해권고의 전체적인 절차는 다음과 같다.

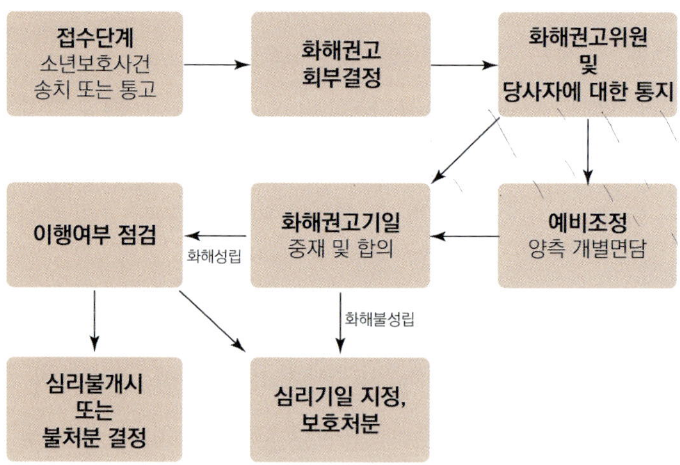

출처: 선의종(2010). 소년법상 화해권고제도의 실질적 운영방안. p. 113.

[그림 4-1] 화해권고제도의 흐름도

화해권고기일의 진행 단계를 구체적으로 살펴보면(박수선, 2011) 첫 번째는 준비단계로 둥근 원의 형태로 좌석을 배치하여 피해자 측과 가해자 측이 마주 볼 수 있게 하고, 참석자들이 도착하면 반갑게 환영받고 존중받고 있음을 느끼게 한다.

두 번째 단계는 화해권고기일 도입(개시) 단계로 사건 담당 판사에 의해 참석자를 확인하고 사건의 사실관계를 확인하고 이후 진행을 화해권고위원이 진행할 것을 알리고 퇴장한다.

세 번째 단계는 진행과정 소개 및 규칙 정하기 단계로 화해위원은 화해권고기일의 목적과 진행 절차에 대해 설명하고 기본 규칙을 소개하고 동의를 구한다.

네 번째 단계는 입장 나누기 단계로 진술 순서는 일반적으로 피해자, 피해자의 부모 및 지원자, 가해자, 가해자의 부모 순으로 진행한다. 먼저 피해자는 범죄로 인해 받은 신체적, 정신적, 정서적 피해와 피해로 인한 후유증, 부정적 영향 등에 관해 이야기한다. 피해자의 부모 및 지원자는 부모가 받은 심리적 충격, 추가 피해에 대한 두려움, 자녀의 피해가 부모에게 미친 영향 등에 관해 진술한다. 다음으로 가해자는 자신이 저지른 사건에서 어떤 일이 발생했으며, 그에 대해서 어떻게 생각하는지, 그 일로 누가 영향을 받았는지, 그 사람들이 어떤 영향을 받았는지 등에 관해 진술하여 자신으로 인해 발생한 손해에 대해 인정하도록 하는 것이 필요하다. 가해자의 부모 및 지원자도 자녀의 사건으로 부모가 받은 심리적 충격, 자녀의 행동에 대한 부모의 실망감, 자녀에 대한 사랑의 표현 등을 이야기하도록 기회를 부여하여 나쁜 행동에 대해서는 비난하지만 부모로서 자녀에 대한 사랑을 표현함으로써 가해 소년의 재통합을 유도해야 한다.

다섯 번째 단계는 탐색 및 쟁점 규명 단계로 전 단계에서 충분하지 못했던 부분을 참석자들의 자유로운 토론을 통해 분명하게 이해하고 공감대를 형성한다.

여섯 번째 단계는 전환 단계로 토론의 초점을 과거에서 현재로 이동하여 가해자와 피해자가 사건에 대해서 가지는 인식의 변화, 상대방에 대해서 가지는 인식의 변화를 드러내서 표현하도록 한다.

일곱 번째 단계는 대안 탐색 단계로 가해자에 의해서 발생된 손상을 복구하기 위해 참석자들의 요구에 충족할 수 있는 실행가능하고 공정한 합의사항을 만드는 것이다. 피해자 및 피해자 부모의 제안을 받아 가해자 및 부모들과 함께 손상 회복을 위한 아이디어를 교환한다.

여덟 번째 단계는 합의사항에 대해 참석자들 간의 토론과 합의 단계로 충분한 토론을 통해 상호 간의 만족할 수 있는 현실적이고 적정한 합의사항을 도출해 낸다. 합의사항에는 오해의 소지가 없게 구체적인 행동, 시간, 날짜, 기간, 종료날짜 등이 포함되어야 한다. 합의서에 서명하기 전에 합의서를 함께 읽고 내용에 동의하면 합의서에 서명한다.

마지막 단계는 최종 진술 단계로 모든 참석자들에게 더 하고 싶은 말이 있으면 발언의 기회를 모두에게 제공하여 화해권고기일에 대한 코멘트를 교환하고 화해권고기일의 종료를 알린다.

우리나라 화해권고제도 관련 선행연구를 살펴보면 실제적 운영방안의 소개(선의종, 2010)와 화해권고 진행매뉴얼(박수선, 2011)이 있으며, 화해권고제도의 문제점과 개선방안의 연구(김은경, 2009; 이승현, 2009)가 있다. 화해권고제도의 문제점은 재판단계에서 판사의 권고로만 실행될 수 있기 때문에 소년사건처리의 모든 단계에서 비권력적인 형태로 수행되지 못하는 점을 지적하였으며(이승현, 2009), 대화과정이 보통 1회 정도의 대면 접촉만 이루어지고 충분히 검증된 중재자의 진행으로 이루어지지 못한다는 점을 지적하고 있다(김은경, 2009).

〈표 4-3〉 화해권고기일의 절차

단계	초점	과업
1. 준비		참석자 좌석 배열, 이름표 배치
2. 도입		담당판사에 의해 개회 알림 참석자 소개, 사건 관련 사실관계 확인 후 퇴장
3. 진행과정 및 규칙 소개		화해권고위원은 목적 및 진행절차 설명 기본규칙 설명 예정시간 확인
4. 입장나누기	과거	**피해자 및 피해자 보호자** - 범죄로 인해 받은 신체적, 정신적, 정서적 피해와 부정적 영향력 진술 **가해자 및 가해자 보호자** - 사건 설명, 사건에 대한 생각, 받은 영향들 진술
5. 탐색 및 쟁점 규명		사건에 대한 상충된 견해 확인, 공감대 형성 참석자 간 자유로운 토론으로 상호간의 이해 증진
6. 전환	현재	본 대화를 통해 상대방에 대한 변화된 인식 표현 새롭게 깨달은 점 또는 하고 싶은 말 표현
7. 대안 탐색	미래	손상 회복을 위한 실행 가능한 합의사항 조정 피해자가 제안하는 손상회복 방법 제안 및 논의
8. 합의단계		합의사항에 대한 충분한 토론 및 수정 최종합의사항을 양식에 맞게 구체적으로 작성하여 참석자들의 확인을 거쳐 서명
9. 최종진술		모든 참석자들에게 추가 발언 기회 제공 화해권고위원의 이후절차 소개 및 소감
10. 보고		법원 실무관에게 보고서 및 승인된 서류 작성 제출

출처: 박수선(2011). 서울가정법원 화해권고 진행 매뉴얼. p. 2.

생각해보기

범죄 가해자·피해자 만나 반성·화해… 경찰청 '회복적 정의' 프로그램 확대

경찰청이 피해자 보호 등 경찰활동에 '회복적 정의(restorative justice)' 프로그램을 도입해 전국 청에서 확대 시행하기로 했다. 현행 형사 사법 시스템에서 소외돼 있는 피해자들의 인권 및 권익을 보호하기 위해서다.

7일 경찰청에 따르면 민갑룡 경찰청장은 최근 회복적 정의 프로그램을 확대 시행하는 방안을 마련해 적극 추진하라고 내부 지시를 내렸다. 이와 관련해 경찰청은 지난달 말 회복적 정의 전문가 등을 불러 간담회를 열고 구체적인 방안 등 대책 마련 작업에 착수한 상태다.

경찰청은 학교폭력 등 청소년들이 연루된 사건뿐만 아니라 일반 성인을 대상으로까지 회복적 정의 프로그램을 폭넓게 시행하는 방안을 검토하고 있는 것으로 전해졌다. 우선적으로는 서울, 인천, 경기지방청에서 시범 실시한 뒤 전국 청에서 확대 시행할 것으로 보인다.

회복적 정의는 가해자와 피해자, 지역공동체 등이 안전한 공간에서 만나 피해자를 '범죄 이전의 상태'로 회복할 수 있도록 함께 노력하는 프로그램이다. 가해자는 피해자의 고통을 들으면서 잘못을 깨닫고 진정한 반성을 한다. 피해자도 가해자와 만남을 통해 정신적·신체적 상처를 진정으로 회복할 수 있는 방법을 찾는다.

경찰 관계자는 "최근 세계일보가 보도한 '회복적 정의' 시리즈 기사가 이번 확대 시행 방침에 영향을 미친 것으로 알고 있다"고 언급했다. 〈세계일보 2018년 10월 8일자 1면 등 참조〉

민 청장은 이날 열린 기자간담회에서도 "범죄피해자가 일상에서 정상적인 생활을 할 수 있도록 회복시켜 줘야 한다"며 "예방과 수사, 피해자 보호, 피해자의 회복을 종합적·체계적으로 대응해야 한다"고 설명했다.

염유섭·남정훈 기자
한국일보(2018.11.07)
원문 https://m.segye.com/view/20181107004454

CHAPTER

05

청소년 가출

본 장에서는 청소년 가출과 가출팸의 개념을 소개한다.

청소년 가출이 발생하는 원인은 무엇이며, 청소년 가출의 유형을 살펴보고자 한다. 국내 청소년 가출의 현황과 통계 수치를 알아보고, 가출청소년을 위한 기관과 대처방안을 살펴보고자 한다.

학습목표

1. 청소년 가출과 가출팸의 개념을 설명할 수 있다.
2. 청소년 가출의 원인을 파악할 수 있다.
3. 청소년 가출의 유형을 파악할 수 있다.
4. 청소년 가출의 현황을 이해할 수 있다.
5. 가출청소년을 위한 기관과 대처방안을 파악할 수 있다.

Keywords

가출청소년, 가출팸, 청소년쉼터

1 청소년 가출의 개념

성인의 가출은 전혀 문제가 되지 않지만, 청소년의 가출은 일종의 비행 행동으로 여겨진다. 이것은 청소년이라는 지위로 인해 비행으로 취급받을 수밖에 없는 지위비행에 속하기 때문이다. 가출은 가출 자체의 문제보다 가출로 인해 또 다른 문제들이 발생할 수 있다는 것이 더 심각한 문제로 볼 수 있다. 예를 들어, 청소년이 가출을 하게 되면 가정의 보호를 받을 수 없으며, 학업이 중단되고, 기본적인 의식주를 스스로 해결하기 위해 일을 하게 될 수 있다. 때로는 주거지 마련을 위해 가출한 또래들과 집단생활을 할 수도 있으며, 심한 경우 범죄에 빠질 수 있다. 심리적으로 불안감과 고독감, 우울감 등을 많이 겪게 되고 자살로 이어지는 경우도 나타날 수 있다.

청소년 가출이 왜 사회문제로 다루어야 하는지를 최성재(2000)가 제시한 기준을 통해 적용해 보면 다음과 같다. 첫째, 가출은 부모나 보호자의 감독을 받아야 할 청소년이 허락 없이 집을 떠나는 것은 사회적 가치에서 벗어난 행동이다. 둘째, 가출청소년이 거리에서 살아남기 위해 비행과 범죄를 저지르는 경향이 있고, 동시에 스스로를 지킬 능력이 부족하여 범죄 피해의 대상이 됨으로써 많은 사람들이 청소년 가출로 인하여 부정적인 영향을 받게 된다. 셋째, 청소년 가출은 가정과 학교에서의 부적응이 주된 원인이어서 그 원인이 사회적인 것이다. 넷째, 다수의 사람들이 청소년 가출을 사회문제로 판단하고 있다. 다섯째, 가출 문제의 개선을 위해서는 집단적, 사회적 행동이 요청된다(연성진, 2004: 48).

가출(runaways)의 개념은 학자마다, 국가마다 정의하는 것에 차이가 있다. 가출청소년(runaway)은 '노숙 청소년(homeless youth)', '유기된 청소년(thrown away youth)', '길거리 청소년(street youth)'과 혼용되어 사용되고 있다(한상철 외, 2003: 209). '노숙 청소년'은 성인의 보호 및 감독이 필요함에도 불구하고 이러한 보호를 받지 못하여 갈 곳이 없는 청소년을 말하며, '유기된 청소년'은 부모나 보호자로부터 집을 나가라고 강요받거나 유기되어 있을 뿐만 아니라 보호자가 그들을 찾으려는 노력을 하지 않는 청소년을 말한다. 개념상으로 노숙 청소년과 유기된 청소년은 구분될 수 있지만, 현실상으로 보면 가출청소년이 노숙 청소년이나 유기된 청소년으로 전락될 가능성이 높으며, 모두가 집을 떠나 있다는 점에서 큰 차이가 없다고 볼 수 있다. '길거리 청소년'은 장기간 가출했거나, 집이 없거나 집에서 버려져서 이젠 거리에서 스스로 먹을 것을 해결하며 살아가는 데 익숙해져 있는 청소년을 말한다. 나아가 보호체계 청소년(systerm youth)은 아동기나 청소년기의 어느 기간에 아동학대, 방임, 기타 여러 형태의 심각한 가정 문제가 인정되어 정부의 보호권리하에 있는 청소년을 말한다. 따라서 가출청소년 보호정책은 청소년의 가출상황에 따라 대상자를 구분하여 청소년의 욕구에 따른 적절한 서비스 제공에 정책의 초점이 맞추어야 하고, 대상별로 세분화하여 접근하는 것이 바람직하다고 볼 수 있다(한국청소년개발원, 1996).

여성가족부의 가출의 정의는 '부모나 보호자의 동의 없이 하루 이상 무단으로 집에 들어가지 않은 행위'로 정의하고 있다(여성가족부, 2012: 143). 김향초(1998)는 "가출청소년은 부모나 보호자의 동의 없이 집을 떠나서 24시간 이상 귀가하지 않는 19세 미만의 청소년"으로 정의하고 있으며, 홍봉선과 남미애(2009)는 '가출청소년이란 자신과 자신을 둘러싼 환경의 문제를 해결하기 위해 집에 들어가지 않아 도움이 필요한 청소년'이라고 정의했다. 정리하면 가출청소년은 '자신과 자신을 둘러싼 환경의 문제를 해결하기 위해 의도적 또는 비의도적으로 가정이나 보호시설에서 나온 후 24시간 이상 귀가하지 않고 상당한 기간 동안 일정한 주거가 없거나, 주거로부터 적절성이 낮은 곳에서 생활하는 도움이 필요한 9~24세 이하의 청소년'이라고 정의할 수 있다(김도영 외, 2020: 97).

볼피(Volpi, 2002)의 가출청소년의 정의는 '거리가 보금자리 혹은 생활수단임과 동시에 보호자의 지도와 감독을 받지 못하는 아동 · 청소년'으로 정의하고 있다. 가출청소년들을 단지 사회적 위험에 노출된 피해자로만 취급할 것이 아니라 자원으로 접근할 필요가 있다고 강조하였다. 가출청소년 가운데 상당수는 돌아갈 가정이 없거나, 주거하기에는 적절하지 않은 곳에서 숙식하거나 생활을 하는 경우, 쉼터와 같은 보호시설에서 생활하는 홈리스에 해당한다고 보았다. 또한 이들 중 일부는 학업중단 청소년이거나, 생존을 위해 값싼 노동력을 공급하며 불법적이고 착취에 가까운 근로 환경에 처하는 경우가 있으므로 복합적인 어려움이 있다는 것을 전제해야 한다고 주장했다(김지연 외, 2014: 16 재인용).

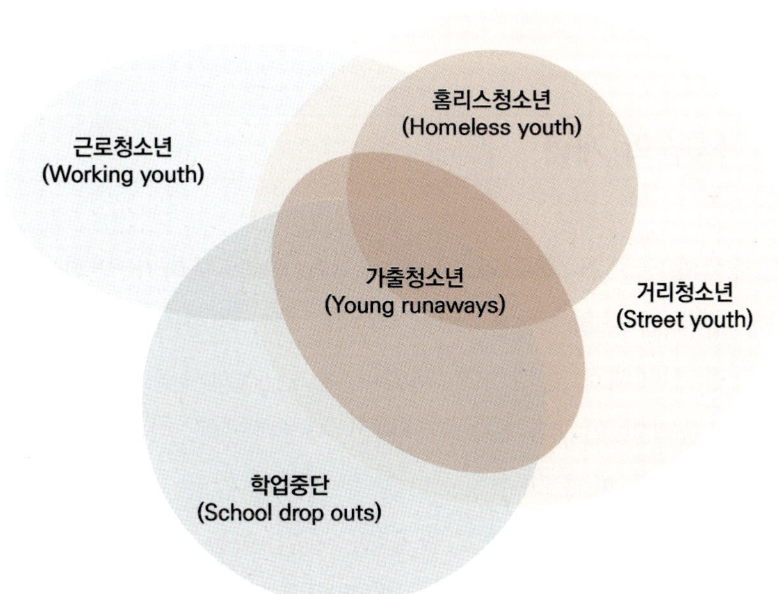

출처: Volpi(2002). p.3; 김지연 외, 2014. 재인용

[그림 5-1] 가출청소년의 개념적 특성

최근에는 가출청소년 정책 수립에 있어 '가출'이라는 행위에 초점에 맞추게 되면, 모든 정책의 방향이 가출 예방과 원가족 복귀로 정해질 수 있고, 그렇게 되면 가출청소년이 처한 상황에 맞는 충분한 보호와 지원이 이루어지기 어려울 수 있기 때문에 「청소년복지지원법」 내의 '가출청소년'의 명칭을 '가정 밖 청소년'으로 변경할 것을 제안하고 있다.

본 장에서는 가출청소년을 '보호자의 동의 없이 하루 이상 무단 귀가하지 않거나, 상당한 기간 동안 일정한 주거가 없거나 주거지로서의 적절성이 낮은 곳에서 생활하는 24세 이하 청소년'으로 정의(김지연 외, 2014: 17)하는 것이 '가정 밖 청소년'의 의미를 담고 있다고 생각된다. 이러한 관점이 가출 행위에 초점을 두는 것이 아니라 가출청소년의 여러 상황을 포함하는 보다 포괄적인 관점에서 접근하는 것이 바람직하다고 생각한다.

2 가출팸의 개념

현대 사회의 급속한 변화와 함께 청소년 가출 문화가 변화되고 있다. 1980년대 후반 이후 청소년은 소비 지향적, 개인 지향적, 탈권위 지향적인 성격을 가진 신세대로 등장하게 되었다. 또한 정보사회가 등장함에 따라 느슨하고 자율적인 인간관계가 확산되기 시작하였다. 이러한 청소년의 특성 및 사회변화에 따라 가출청소년은 부모와의 갈등, 가족의 빈곤 문제, 부모의 양육기능 상실로 인해 가출을 한 이후, 아는 친구, 선후배의 소개, 온라인과 거리, 쉼터에서 즉석으로 만난 친구들과 함께 관계망을 형성해 나갈 수 있다. 가출청소년이 맺는 관계망의 특징은 다른 지역으로 이동하거나 일자리가 바뀔 경우 쉽게 헤어질 수 있는 단기간의 관계, 즉 유효기간이 있는 관계로 볼 수 있다. 또한 가출청소년들은 기존의 관계가 깨지거나 헤어져도 새로운 관계를 즉석에서 쉽게 만들 수 있는 특징이 있다.

가출팸은 가출과 fam(family의 약자)의 합성어로, '청소년이 가출을 하기 전이나 후에 가출 관련 카페나 실시간 채팅, 그리고 가출청소년이 밀집한 지역에서의 만남을 통해 가족(팸)을 구성한 후 원룸, 모텔 등과 같은 주거 시설에서 생활하는 것'으로 정의할 수 있다. 가출청소년들은 채팅 사이트나 가출 관련 카페 등을 통해 가출팸을 형성하며, 3~5명이 모여 원룸, 고시원이나 모텔에서 생활하는 것으로 나타났다.

가출팸 경험 청소년들은 살 집 구한 후 일종의 가족 형태를 구성하는 경우도 있다. 가출청소년들 자체적으로 엄마, 아빠, 고모, 삼촌, 자녀 등을 정하고, 설거지, 청소, 빨래 등의 생활 규칙을 만들며, 아르바이트 등으로 돈을 모아 생활비를 마련하며 지내게 된다. 가출팸 경험 청소년들은 비행이나 범죄에 노출되는 경우도 있는데, 음주, 흡연, 본드 흡입과 같은 약물을 섭취하거나, 돈이 떨어지는 경우 앵벌이, 퍽치기, 삥 뜯기, 아리랑치기, 소매치기, 절도, 차털이 등의 범죄를 경험하는 경우도 있다. 또한 여자청소년의 경우 성폭행이나 성매매와 같은 피해에 노출되거나, 남자청소년의 경우 범죄 보조자 내지는 주동자가 되는 경우도 있다.

가출청소년의 가출팸 경험률에 대해서는 정확한 실태를 파악하기는 어려우며, 청소년쉼터 이용청소년의 가출팸 경험률은 보고되고 있다. 한국청소년쉼터협의회에서 2011년에 조사한 결과에 의하면, 단기·중장기청소년쉼터 이용청소년 중 17.6%가 가출팸 경험이 있는 것으로 나타났으며, 2012년 조사에서는 일시 청소년쉼터를 이용하는 가출청소년의 42.4%, 단기·중장기청소년쉼터 입소 청소년 중 약 16% 정도가 가출팸을 경험하고 있는 것으로 조사되었다(한국청소년쉼터협의회, 2013).

가출팸의 문제는 가출팸 구성원으로부터 비행 행동을 배우거나 학습하게 될 수 있기 때문에 더욱 위험한 상황으로 볼 수 있다. 가출팸 청소년들은 생활 유지를 위해 범죄, 비행 속으로 자연스럽게 흡수되며, 일반 가정과는 달리 규칙이 없기 때문에 서로의 역할 수행도 즉흥적으로 이루어지며, 비행과 범죄의 악순환으로 이어지고, 이것이 가출팸을 강화시키는 매개적 조건이 될 수 있다(서보람 · 김윤나, 2013). 가출팸 생활을 하면서 청소년들은 가정이나 학교에서 경험하지 못했던 재미, 외로움과 쓸쓸함의 해소, 안전감과 동료의식 등을 느끼게 되기 때문에 지역사회로 복귀가 쉽지 않다고 밝혀지고 있다(이시연, 2018).

3 청소년 가출의 원인

청소년들이 가출을 하게 된 요인은 시대와 상황에 따라 매우 다양하게 나타난다. 1960년대 이후 산업화 시기에는 가난을 벗어나기 위해서 혹은 집안을 돕기 위해 도시로 모여드는 '탈출형 가출'과 '동경형 가출'이 대부분이었다. 그러나 1980년 이후부터는 본인의 성격 결함 또는 욕구 불만, 또래 집단의 충동, 가정 파탄 등의 요인에 의해 가출이 증가하게 되었다. 하지만 청소년 가출의 원인은 단순히 청소년이 집을 나가는 것이 아니라, 집 밖으로 내쫓는 방출요인(가정, 학교 요인)과 집 밖으로 끌어내는 유인요인(사회환경적 요인), 가출 행위를 실제로 유발시키는 촉발요인(따분함, 충동, 친구들의 유인)의 상호복합적이고 역동적인 작용에 기인된다는 관점이 일반적이다(정운숙 · 박신애, 2001: 108-110). 청소년 가출의 원인을 살펴보면 다음과 같다.

1) 개인적인 요인

청소년 가출의 요인을 개인적 원인으로 생각하는 관점은 첫째, 가출청소년들은 일반 청소년들에 비해서 심리적, 정신적 이상 혹은 부정적인 태도를 보인다는 관점이 있다. 가출의 원인이 정신 병리적 현상에 있다고 전제하는 것으로, 비슷한 상황에서 어떤 사람은 가출을 하고, 다른 사람은 가출을 하지 않는 이유는 개인적 특성의 차이가 영향을 주고 있다고 생각하는 것이다. 가출청소년들은 정서적으로 불안하고, 우울하거나 충동적이며, 화를 잘 내는 등의 신경증 또는 정신적 장애, 해소되지 않는 오이디푸스 콤플렉스와 같은 특징을 보인다는 것이다. 일반 청소년에 비해 가출청소년들은 낮은 자아개념을 소유하고 있으며, 자신감이 결여되어 있으며, 대인관계가 원만하지 못하고, 자기 의심이 많고 방어적이라고 여기는 관점을 지녔다.

두 번째 관점은 발달심리학 관점에서 청소년 가출은 발달 단계상의 욕구가 만족되지 않는데서 나타나는 현상으로 보는 것이다. 자아정체감의 성취 등 청소년기의 정상적인 성장 발달을 위해 자아실현의 욕구와 애정에 대한 욕구를 가지는데, 이들 중 어느 한 가지라도 만족되지 않을 때 이를 극복하기 위한 시도로 가출을 한다고 생각한다. 청소년 스스로 직면하기 어려운 불안을 감추기 위해 과격한 행동을 하거나, 욕구를 좌절시킨 부모에 대한 분노 때문에 부모에 대해 복수를 하기 위해 가출을 한다고 보는 관점이다.

2) 동료 요인(또래 요인)

청소년기에는 인간관계가 가족 중심에서 친구 중심으로 변화한다. 청소년들은 특정 또래들과 특별한 교우관계를 형성할 때 특별한 사회적 압력 없이 자발성에 기초를 두고 있기 때문에, 청소년 자신이 원하는 또래들과 선택적인 또래관계를 유지하려는 경향이 있다. 친구 관계는 동반 그 자체에서 얻는 즐거움이 교우관계의 핵심이 되며, 또래들을 통해서 자신의 가치를 확인하게 된다. 친구들과의 우의, 가치 확인, 친밀감 등의 욕구를 충족시키기 위하여 부모보다는 친구들에게 더 의존하게 된다. 또래 집단이 가출의 원인이 되는 이유는 가족이나 학교에 의해 부과된 사회적 표준에 대한 반발이 가출의 방출요인이 되며, 또래 집단은 이를 수용하는 유인요인으로서의 성격을 갖기 때문에 집단 가출로 나타나기도 한다.

3) 가족 요인

가족 요인 중 가족의 구조적, 기능적 결손 가정일 때 가출의 요인이 될 수 있다. 부모 중 한 사람이 사망하거나 이혼, 유기로 인하여 장시간 출타 등으로 자녀들이 보호받지 못하는 가정이 이에 해당이 된다. 이러한 결손 가정은 가정불화, 애정결핍, 방임, 무관심 등 심리적인 갈등으로 인해 가족 간의 유대가 단절될 수 있으며, 가족원 각자의 역할을 적절히 수행하지 못하는 가정의 분위기, 가족구성원 간의 갈등이 초래될 수 있다. 청소년이 느끼는 가정의 안정도가 가출에 영향을 미친다고 볼 수 있는데, 부모에게 방임적, 거부적, 비판적인 특성이 나타나고, 자녀들의 욕구가 무시되어 부모-자녀 간의 친밀성이 부족할 경우 자녀들이 외부로부터 지지와 친밀감을 얻기 위해 가출하게 될 수 있다.

최근 가출의 가족 요인으로는 '빈곤과 학대'의 문제가 대두되고 있다. 빈곤이란 물질적 빈곤만을 말하는 것이 아니라 상대적인 사회적 가치에 있어서의 빈곤을 의미한다. 상대적인 사회적 가치란 개인의 성취동기, 열망 수준과 자아실현 등의 심리적 차원에 있어서의 박탈과 문화적인 가치로부터의 소외 등을 의미한다. 빈곤이 가출에 미치는 영향은 부모의 장기적인 빈곤한 생활로 인해서 그들 스스로 무기력, 음주벽, 무질서한 생활상 등으로 인해서 2차적으로 파생되는 가족구성원 간의 방임과 갈등이 청소년 자녀의 가출로 유도될 수 있다.

학대란 자녀에게 신체적, 정신적 피해나 고통을 가할 목적으로 의도적으로 행해지는 부모에 의한 폭력을 말하며, 신체적, 정신적, 성적 학대 등을 포함한다. 이러한 부모의 학대로 인해 청소년의 부정적인 심리적 반응을 불러일으키고, 이후 공격성이나 반사회적인 행동으로 진행될 수 있는 매개요인이 될 수 있다. 부모의 학대를 견디다 못해 가출을 선택하는 자녀들이 발생할 수 있다. 이러한 청소년의 경우 청소년쉼터와 같은 시설에 입소한 이후에도 가정복귀를 선택하지 않고 계속 쉼터에서 생활하고자 하는 경우가 많을 수 있다.

4) 학교 요인

학교란 단순히 지적 학습만이 이루어지는 장소가 아니라, 새로운 사회의 규율과 규범을 배우고 익히는 제2의 사회화의 장으로 볼 수 있다. 청소년들은 학교생활을 통해 사회가 원하는 태도, 신념, 윤리, 도덕에 관한 다양한 경험을 학교 생활을 통해 배우게 된다. 오늘날 우리나라 청소년들은 대부분 하루를 학교에서 지내고 있기 때문에, 학교는 가정, 지역사회 못지않게 매우 중요한 영향을 미치는 장소이다. 그러나 우리나라 학교는 입시위주의 주입식 교육으로 인해 전인적인 인성 개발이 부족한 형편이어서 청소년들에게 부정적인 자아개념의 형성과 비행 가능성을 높이게 되는 결과를 야기할 수도 있다. 교과 성적 이외에 또래들과의 집단따돌림, 학교폭력 등의 위험 상황으로 인해 학교 부적응 현상이 가출의 원인이 될 수 있다.

5) 사회환경적 요인

청소년들은 직·간접적으로 청소년이 거주하는 지역사회로부터 많은 영향을 받게 된다. 만약 청소년들이 거주하는 지역사회 내에 퇴폐적, 향락적, 소비 지향적 유해환경이 많이 있다면, 청소년들이 유해업소들을 자주 보고, 때로는 이용하면서 문제행동에 빠지게 되는 경우도 있다. 가출청소년들은 가출 이후 주변 지역을 배회하게 되는데, 유해환경과 불량집단과

접촉함으로써 무의식적으로 퇴폐문화를 흡수할 수 있다. 불건전한 사회환경에 대한 모방성 및 유해환경의 광범위한 유포는 청소년들에게 직접적으로 충동적 비행의 계기를 제공하기도 하며, 비행의 희생자가 되기도 한다.

4 청소년 가출의 유형

가출청소년의 분류는 가출의 이유, 동기가 다양하기 때문에 획일적으로 분류하기가 쉽지 않다. 가출의 원인을 확인하기 위해 가출을 몇 가지로 분류하여 살펴보고자 한다(한상철 외, 2003: 304-305).

첫째, 탈출형(running from)과 쾌락 추구형(running to)으로 분류할 수 있다(Robert, 1982; 한상철 외, 2003 재인용). 탈출형은 가출청소년이 그들의 참을 수 없는 가정 상황이나 부모 압력 및 학대로부터 벗어나기 위해 가출을 시도한 경우를 말하며, 쾌락 추구형은 폭넓고 다양한 경험을 제공하는 장소나 사람을 향해 가출하는 것이다. 쾌락 추구형은 대부분 감각적이고 쾌락적인 경험을 추구한다.

둘째, 여자 청소년의 가출 유형을 구분한 것으로 '이유 없는 가출자(rootless runaway)', '불안한 가출자(anxious runaway)', '무서워 놀란 가출자(terrified runaway)'로 구분할 수 있다(Greene & Esselstyn, 1972; 한상철 외, 2003 재인용). 이유 없는 가출자란 흔히 순간적인 즐거움을 추구하는 쾌락 추구자이다. 학교에서 중퇴한 경우가 많고, 직업도 포기한 상태가 많으며, 약물을 사용 경험이 높고, 적극적 성생활을 하는 유형이다. 이들의 부모는 충분한 애정과 헌신적 태도를 보였지만 자녀들을 감시하거나 통제하는 데 소홀히 하여 가족 간의 갈등이 유발되고, 결국 반항적 행동과 더불어 가출을 선택하게 되는 경우를 말한다. 불안한 가출자는 복합적인 문제를 지닌 가족에서 발생한다. 집에서 종종 집안일을 해야 하며, 부의 알코올 문제가 있으며, 음주 상태에서 자녀들에게 신체적 · 언어적 학대를 가하기도 한다. 이러한 상태에서 여자 청소년들은 불안감을 느껴 가까운 친구 집으로 가출하지만 몇 시간 뒤에 스스로 되돌아오게 된다. 무서워 놀란 가출자란 친아버지나 의붓아버지로부터 성적 학대와 유혹으로부터 벗어나기 위해 가출하는 경우를 말한다.

국내 연구에서도 가출청소년 유형을 다양하게 구분하고 있지만, 홍봉선과 남미애(2001)은 가출의 목적에 따라 구분한 유형을 살펴보고자 한다. 첫째 시위성 가출은 가출 자체보다 가출로 인한 효과를 위해 가출한 유형이다. 가출로 인해 가족이나 주위 환경을 변화시키기 위해 또는 관심을 끌기 위해 가출을 한 경우를 말한다. 둘째, 유희성 가출은 부모의 간섭없이 며칠 동안 또래 등과 어울려 놀다가 되돌아올 것을 생각하고 가출하는 경우를 말한다. 셋째, 방랑형 가출은 집 밖에서 생활하는 것이 좋아서 가출을 하는 경우이다. 넷째, 추방형 가출은 가족이나 주위 환경으로부터 가출을 하도록 압력을 받아 가출을 하는 경우이다. 다섯째, 생존형 가출은 가족으로부터 신체적 · 심리적 · 정신적 학대를 받아 생존을 위해 도망나온 경우를 말한다(홍봉선 외, 2010).

5 청소년 가출의 현황

2005년 12월 1일「실종아동의 보호 및 지원에 관한 법률」이 시행된 이후 14세 미만 아동은 실종아동으로 분류하고,「청소년 보호법」을 근거로 14세 이상 19세 이하는 가출청소년, 20세 이상은 성인 가출로 분류하고 있다. 이후 2013년 6월「실종아동법」의 개정으로 아동 연령이 18세 미만으로 상향조정되면서, 2014년 7월부터 18세 미만 가출청소년은 실종아동 통계를, 18세 이상 가출청소년은 성인 가출인 통계에 포함하게 되었다. 18세 미만 가출청소년은 발견 즉시 실종아동에 준하여 경찰신고와 보호자 인계 등의 귀가조치가 이루어져야 함을 의미한다. 본 장에서는 경찰청에 신고 접수된 가출청소년(14~19세) 발생 현황을 근거로 정리하고자 한다(김지연 외, 2014).

표 5-1에 의하면 2009년 이후 18세 미만 실종아동의 미귀가 인원이 계속 증가하는 현상을 보이고 있다. 불의의 사고를 당한 이후 발견 또는 가정 복귀가 이루어지지 않는 사례가 증가하고, 자발적인 가출 등으로 발견 이후에도 귀가가 이루어지지 않는 사례가 증가하고 있음을 알 수 있다.

〈표 5-1〉 실종아동 귀가 현황 (단위: 명(%))

연도	실종아동(14~18세 미만)		
	발생	귀가[1]	미귀가
2009년	13,210	13,143	67(0.50)
2010년	16,386	16,300	86(0.52)
2011년	16,678	16,570	108(0.64)
2012년	16,647	16,457	190(1.14)
2013년	11,279	11,153	126(1.11)

주: 1) 귀가의 경우는, 가출청소년 발견 당시 바로 귀가하지 않고 추후에 귀가한 사례 등이 누적되어 있는 것임.
출처: 경찰청(2014). 내부자료(2014년 3월 6일 정보공개 청구)

우리나라 청소년의 생애 가출 경험률은 약 10% 이상을 유지하고 있다고 보고 있다. 여성가족부(2012)에 의하면 한 번이라도 가출을 경험한 적이 있는 청소년이 10명 중 1명에 달한다고 보고 하고 있으며, 초등학교 5~6학년의 가출 경험률은 6.1%, 위기청소년(소년원생)의 가출 경험률은 72.8%로 나타나 연령이 증가할수록 가출 행동이 증가하는 경향이 나타났고, 학교 밖 청소년의 가출 경험률이 재학생에 비해 높은 것을 알 수 있었다. 여기서 주목해야 할 점은 학년이 높아질수록 가출 경험률도 동시에 증가하고, 위기청소년의 경우 10명 중 7명이 가출을 경험함을 알 수 있었다.

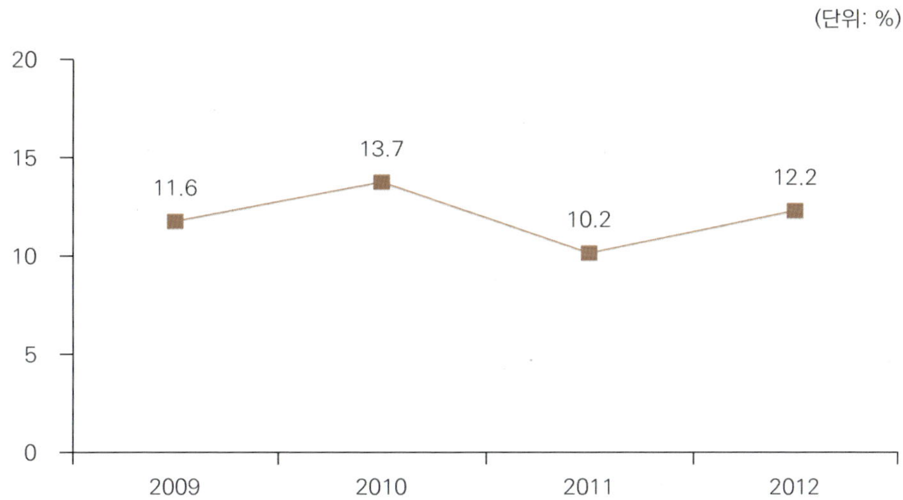

주: 가출: 부모나 보호자의 동의 없이 하루 이상 무단으로 집에 들어가지 않은 행위

출처: 여성가족부(2012). p.144

[그림 5-2] 생애가출경험률(2009~2012)

여성가족부(2012) 자료에 의하면 최근 가출 경험을 기준으로 가출기간을 조사한 결과 '하루'라는 응답이 절반을 넘었으나, '10일 이상' 가출한 경우도 가출청소년 10명 중 1명(13.7%)로 나타났다. 위기청소년의 경우 한 달 이상 장기간 가출자의 비율이 63.9%에 달하여 위기 여부에 따라 가출의 빈도와 기간 등 가출형태가 뚜렷하게 구분되는 특성이 나타났다.

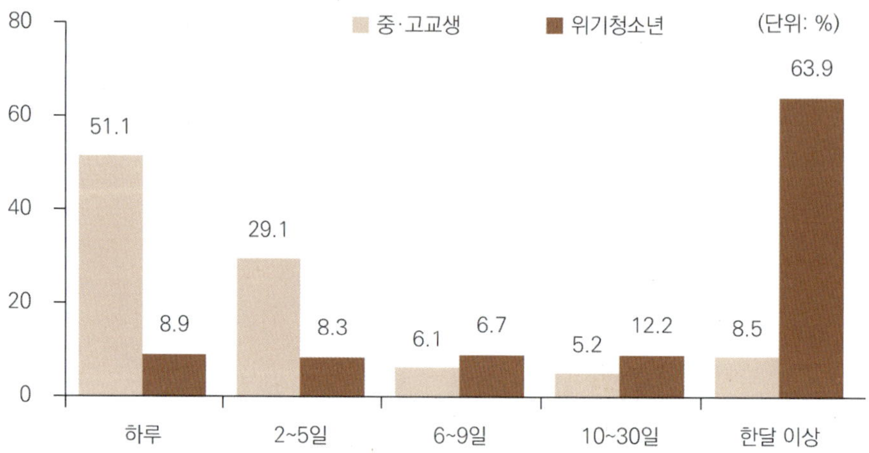

[그림 5-3] 가출청소년의 가출기간

가출청소년의 연령별 쉼터 이용현황을 살펴보면 가출청소년 연령이 낮아지고 있음을 알 수 있다. 청소년쉼터 이용 청소년 현황을 보면, 2007년에는 16세 이하가 41.7%, 17세 이상이 58.3%였으나, 2010년에는 16세 이하가 57.3%, 17세 이상이 42.6%로 저연령화 추세가 뚜렷하게 나타나고 있었다.

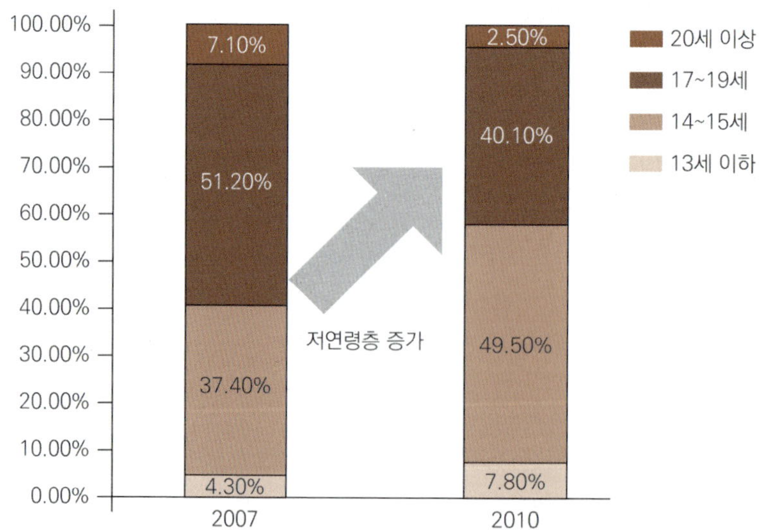

[그림 5-4] 연령별 청소년쉼터 이용현황

가출청소년의 가출 후 주거실태를 살펴보면, 「2011년도 청소년 유해환경 종합 실태조사」에 따르면, 58.0%가 주로 '친구 집'에서 잠을 잔 것으로 파악되었으며, 청소년 보호시설에서 잠을 잔 경우는 0.2%에 불과하였다. 특히, 길거리, 빈집, 계단, 역 등에서 노숙을 하는 청소년이 12.0%나 되며, 찜질방, 비디오방 등 주거시설이 아니며 안정적이지 못한 곳에서 숙식을 해결하는 청소년들도 약 10% 내외를 차지하고 있었다.

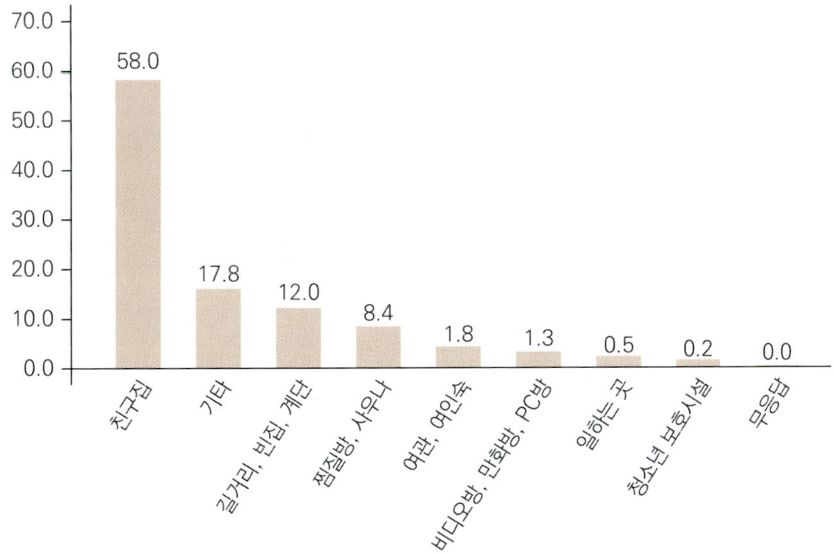

[그림 5-5] **가출청소년 숙박 실태**

여성가족부(2013)에서 발행한 보고서에 의하면 가출청소년의 가출 이유는 첫째, 부모 요인이 가장 큰 영향을 미치는 것으로 보고되었다. 부모와의 갈등, 지나친 간섭, 차별 등 가족 관계가 가장 큰 심리적 요인으로 나타났으며, 가정폭력, 이혼, 방임 등의 가족해체와 같은 환경적 요인도 가출을 하게 한 요인이 되었다. 둘째, 가출의 유형을 기준으로 보면 일회성 및 반복 가출자의 경우 가정의 문제가 제1요인으로 드러났으나 일시적인

해방감을 위해서 가출하는 경우도 상당수 나타났으며, 장기 및 만성가출자의 경우 생존을 위해 가정으로부터 '탈출'한 경우가 다른 가출 유형에 비해 많으며, 이는 가족 내의 폭행 및 성폭행, 가정형편 등이 가출의 주요 요인으로 나타났다.

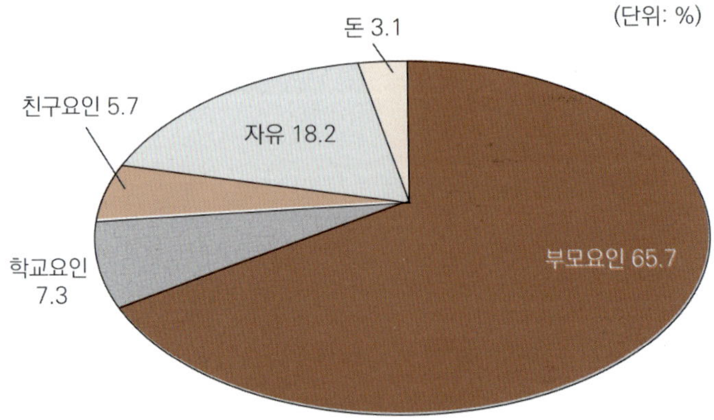

출처: 여성가족부(2013).

[그림 5-6] 가출을 하게 된 이유

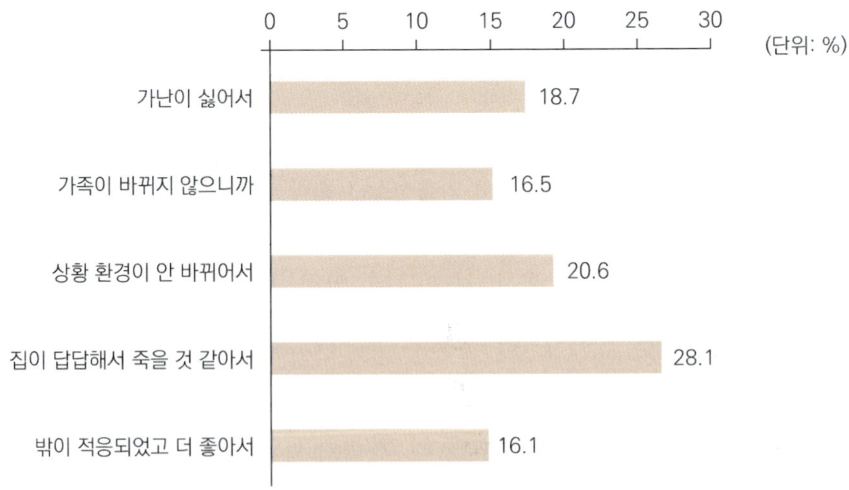

출처: 여성가족부(2013).

[그림 5-7] 집 혹은 학교로 돌아가지 않으려는 이유

가출청소년이 가출 후 일을 하는 경우는 주로 단순 노동 아르바이트를 하였으며, 상당수가 청소년에게 유해한 업소에서 일하고 있었다. 일을 해 본 경험이 있는 가출청소년 중 40% 이상이 음식점, PC방, 편의점 등 단순 노동을 통해 돈을 벌 수 있는 곳에서 아르바이트를 했으며, 호프집, 소주방, 티켓 다방, 안마 시술소, 단란주점 등 청소년에게 유해하거나 성매매의 위험에 노출되어 있는 곳에서 일해 본 경험이 있는 가출청소년들도 상당수 존재하였다.

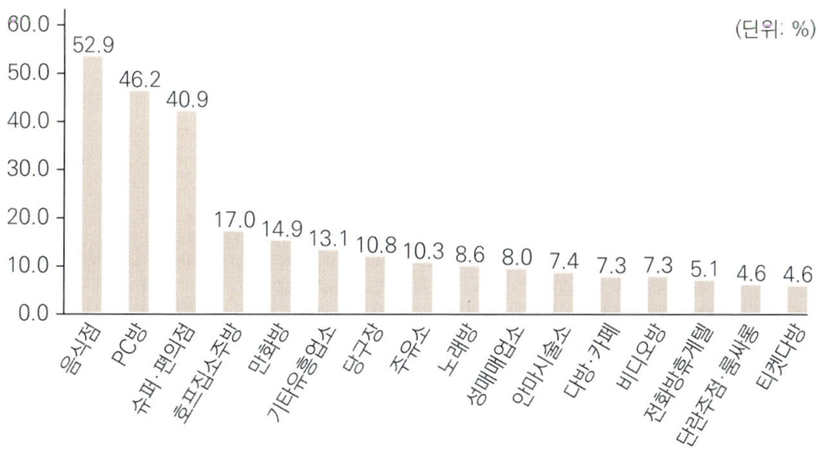

출처: 여성가족부 (2013).

[그림 5-8] 가출 시 일한 곳

6 가출청소년을 위한 기관과 대처방안

현재 우리나라에서 가출청소년을 위한 복지시설은 청소년 쉼터와 청소년자립지원관이 있다. 각 기관의 세부 내용은 다음과 같다.

1) 청소년 쉼터

가출청소년의 일시적인 생활지원과 선도, 가정·사회로의 복귀를 지원하기 위해 국가 및 지방자치단체는 청소년쉼터를 설치·운영하도록 되어 있다. 청소년쉼터의 주요기능은 가출청소년의 일시보호 및 숙식제공, 가출청소년의 상담·선도·수련활동·가출청소년의 학업 및 직업훈련 지원활동, 청소년의 가출 예방을 위한 거리상담 지원활동, 그 밖에 청소년복지 지원에 관한 활동 등이 있다.

청소년쉼터는 9~24세의 청소년들을 입소대상으로 하고 있으며, 보호기간은 쉼터유형에 따라 일시 7일 이내, 단기 3개월(최장 9개월) 이내, 중장기 3년(1년 단위 연장) 이내를 원칙으로 하고 있다.

〈표 5-2〉 청소년쉼터 종류 및 기능

구분	일시쉼터(31개소)	단기쉼터(63개소)	중장기쉼터(40개소)
기간	24시간 이내 일시보호 (최장 7일까지 연장 가능)	3개월 이내 단기보호 (최장 9개월까지 연장 가능)	3년 이내 중장기보호 (필요시 1년 연장 가능)
이용대상	가출·거리배회·노숙 청소년	가출청소년	가출청소년
주요기능	• 가출청소년 조기구조·발견, 단기·중장기 청소년 쉼터와 연결 • 위기개입상담, 진로지도, 적성검사 등 상담서비스 제공 • 먹거리, 음료수 등 기본적인 서비스 제공 등	• 가출청소년 문제해결을 위한 상담·치료 서비스 및 예방활동 • 의식주 및 의료 등 보호 서비스 제공 • 가정 및 사회복귀 대상 청소년 분류, 전문기관 연계·의뢰 서비스 제공 등	• 가정복귀가 어렵거나 특별히 보호가 필요한 위기청소년을 대상으로 장기간 안정적인 보호서비스 제공
위치	이동형(차량), 고정형(청소년유동지역)	주요 도심별	주택가
지향점	가출예방, 조기발견, 초기개입	보호, 가정 및 사회복귀	자립지원

출처: 여성가족부(2019).

〈표 5-3〉 연도별 청소년쉼터 입소 현황 (단위: 명)

구분	2010년	2011년	2012년	2013년	2014년	2015년	2016년	2017년	2018년	2019년
입소청소년	9,350	11,657	11,764	15,242	24,079	25,012	30,329	31,197	32,109	32,300

출처: 여성가족부(2019).

1992년 최초로 서울 YMCA에 청소년쉼터를 설치 · 지원하였으며, 1996년 이후 광역시 중심으로 늘어나기 시작하였다. 2019년 국가와 지방자치단체의 지원을 통해 총 134개소의 쉼터를 운영 중이며, 가출청소년의 조기 발굴 · 긴급구조 및 초기개입으로 신속한 가정 및 사회복귀를 돕는 거리상담 전문인력 및 야간 시간대 청소년의 연계의뢰 및 자해 등 응급상황에 신속히 대처하기 위한 야간보호상담원을 배치 · 지원하고 있다. 2019년 기준으로 일시쉼터는 31개소, 단기쉼터는 63개소, 중장기쉼터는 40개소가 운영되고 있다(여성가족부, 2020).

2) 청소년자립지원관

청소년자립지원관은 일정기간 청소년쉼터 또는 회복지원시설에서 생활하여 지원을 받았음에도 자립 역량이 갖추어지지 않은 19~24세의 후기청소년에게 자립하여 생활할 수 있는 능력과 여건을 갖추도록 지원하는 시설로서, 2012년도 「청소년복지 지원법」 전부개정에 따라 청소년복지 시설의 한 유형으로 법적 근거가 마련되었다. 2018년부터 서울, 인천, 경기 총 4개소에 국비 및 지방비를 지원하였으며, 2019년 경기에 2개소가 추가 개소하여 총 6개소가 운영되고 있다(여성가족부, 2020).

〈표 5-4〉 **청소년쉼터 및 청소년자립지원관 현황**

구분	청소년쉼터			청소년 자립지원관 (6개소)	청소년 회복지원시설 (19개소)
	일시쉼터 (31개소)	단기쉼터 (63개소)	중장기쉼터 (40개소)		
주요기능	거리상담, 가출예방, 일시보호 및 단기쉼터 연계 등	신속한 가정복귀 및 유관시설 연계 등	사회복귀를 위한 학업 및 자립 지원	주거안정 기반의 자립 사례관리	훈육, 생활지원 및 자립지원
입소기간	일시	3개월 이내	3년 이내	1년 이내	6개월(법원결정)

* 시설 이용 문의: 청소년전화 1388, 문자상담 #1388, 청소년사이버상담센터(cyber1388.kr)

출처: 여성가족부(2013).

3) 가출청소년 지원 체계의 개선방안

최근 급격한 산업화, 현대화의 과정을 거치면서 최근 청소년들은 과거 청소년에 비해 소비지향적, 탈권위적 특성이 있으며, 부모의 권위 약화와 인터넷의 발달로 자율적인 인간관계를 추구하는 경향이 확산되면서 청소년들의 가출 양상은 복잡해지고, 그 빈도도 증가할 뿐 아니라, 가출이 비행 및 범죄행위로 전락되는 경로가 될 수 있다. 가출청소년 문제는 단순히 가정을 벗어나는 측면이 아니라, 가출청소년의 학업 중단, 취약한 근로 환경 노출, 건강상의 문제, 가출팸, 범죄피해자화로의 문제까지 고려해야 한다. 가정복귀만을 목표로 하기보다는 가출한 상태에서도 청소년들이 건강하게 성장할 수 있는 환경을 제공해야 할 책임이 사회에 있는 것이다. 이에 따라 가출청소년의 지원을 위한 몇 가지 개선 방안을 제시하고자 한다.

첫째, 가출 전, 후 위기관리지원 체계가 확립되어야 한다. 가정 내의 위기상황으로 가출충동을 느끼게 되는 청소년들과 이미 가출한 청소년들, 가출청소년을 둔 부모들이 위기상황에 대처할 수 있는 방법을 알려주고 도움을 줄 수 있는 체계가 구축되어야 한다(한국형사정책연구원, 2004: 118). 가출상황에서 청소년들이 어떻게 대처할지에 관한 정보와 상담, 가출청소년을 찾을 수 있는 전국적 시스템이 갖춰질 필요가 있다. 예를 들어, 24시간 운영되는 긴급직통전화가 있어 가출청소년이나 보호자들이 도움을 받을 수 있는 긴급보호소, 상담센터, 의료기관, 법률구조기관 등의 지역사회 자원체계와 연결할 수 있는 체계가 있어 위기개입이 이루어질 수 있어야 한다.

둘째, 가출청소년의 일시보호 쉼터 이용 및 자립 지원을 위한 체계적인 대응책 마련이 필요하다. 현재 가출청소년을 발굴하고, 예방할 아웃리치 인력이 부족하고, 관련 기관 간의 연계 및 가출청소년의 쉼터 적응과 자립이 원활하게 이루어지지 않는 상황이다. 가출청소년 쉼터를 통해 보호 및 자립을 도모해야 함에도 불구하고 아직도 쉼터 이용을 거부하고 가출팸을 형성하여 거리 생활을 하는 청소년들이 많기 때문이다. 지자체의 지원으로 운영되는 가출청소년 쉼터의 공간이 협소하고, 상담 인력이 부족한 상황이다. 인력 부족에도 불구하고 아웃리치 활동도 병행해야 된다. 따라서 가출청소년만을 전문적으로 연구하고 지원하는 중앙지원단을 설치 · 운영할 필요가 있다(한국청소년정책연구원, 2013). 가출청소년 중앙지원단의 기능은 청소년 가출 쉼터에 종사하는 전문인력을 양성하고 표준화된 프로그램을 개발하고, 청소년 가출 예방 및 긴급구조 · 보호 · 지원에 관한 조사 · 연구 및 정보의 수집 · 제공을 통해 가출청소년 정책 개선에 도움을 줄 수 있다. 또한 청소년 가출 관련 기관 간 협력체계 및 정보 네트워크를 구축하고 운영함으로써 기존 CYS-NET을 활용하여 사례관리 및 사후관리가 원활히 이루질 수 있도록 하고, 청소년쉼터 및 관련 기관에 대한 운영지원 및 평가를 정기적으로 실시함으로써 서비스의 질을 개선할 수 있도록 할 수 있다.

셋째, 「청소년복지 지원법」 제16조의 청소년 가출 예방 및 보호 · 지원 내용 중 '가출청소년'에 한정된 보호 대상의 개념을 '가정 밖 청소년'으로 확대할 필요성이 있다. 가출청소년 보호의 대상이 '가출' 청소년이란 한정된 범위에서 벗어나, 가정 밖에서 기본적인 생존과 생계유지에 어려움을 겪는 청소년들의 인권과 보호로 확장할 필요가 있다. 가정 복귀가 불가능한 홈리스 청소년들이 존재하고 있고, 관련 법 개정을 통해 보호지원 대상을 넓혀야 한다(김지연 외, 2014: 288).

넷째, 가출청소년의 자립과 자활을 위한 중장기시설이 확대되어야 한다. 가정 밖에서도 최소한 인간다운 삶을 보장받을 수 있도록 지원이 이루어져야 한다. 가출청소년 중 일부는 가정해체 또는 학대로 인해 가정복귀가 불가능한 경우가 있다. 이들을 위해서는 단순히 일시보호쉼터의 주거 제공만으로는 이들의 자립이 보장될 수 있다. 따라서 가정복귀가 불가능한 청소년들을 위해 중장기 쉼터가 마련되어 이들이 자립할 때까지 위탁 보호가 이루어지며, 자활할 수 있는 취업 교육과 훈련이 제공되는 프로그램이 구비된 시설이 마련되어야 한다.

생각해보기

먹여주고 재워줄게…집밖 청소년에 뻗치는 '검은 손길'

부산에 사는 영희(가명 · 13)는 2016년 부모가 이혼한 뒤부터 어머니와 함께 살았다. 홀로 생계를 꾸리는 어머니는 날마다 늦은 밤 귀가했고, 영희를 전남편에게 보내려고 했다. 모녀간 대화는 없었다. 영희는 학교에서도 겉돌았다.

2018년 초등학교 5학년이었던 영희는 어느 날 6학년 선배가 알려준 부산진구 서면의 대형 오락실 ㅅ게임랜드에 갔다. 그곳에는 비슷한 처지의 친구들이 있었다. 영희는 이들과 어울리면서 담배를 피우고, 술을 마셨다. 이후 일주일에 두세차례는 집을 나와 친구들의 자취방이나 모텔을 전전했다. 또래들과 알고 지내며 종종 용돈을 주던 원아무개(20)씨를 알게 된 것도 그즈음이었다.

원씨가 돌변한 것은 1년여 만이었다. 지난해 12월 영희 등과 함께 사하구 장림동의 한 모텔에서 술을 마시던 원씨는 영희를 다른 객실로 불러내더니 성관계를 요구했다. 영희는 거부했지만 "같이 지내는 친구를 죽을 정도로 때리며 괴롭히겠다. 가출도 잦았으니 경찰에 신고하겠다"는 협박에 저항할 수 없었다. 원씨는 이후 "돈을 벌 수 있는 성매매를 하자"고 제안했고, 견딜 수 없었던 영희는 그를 피해 다녀야 했다.

원씨를 피하느라 결석이 잦았던 영희를 학교가 학업중단 위기 학생으로 분류하고 전문기관에 상담을 의뢰했고, 영희는 상담에서 이런 사연을 털어놨다. 지금 한 청소년 보호시설에서 중학교 입학 검정고시를 준비 중인 영희는 네일아트도 배우고 있다. 보호시설 관계자는 "영희는 지금도 길을 가다 20대 남성과 마주치면 몸을 떤다. 겉으로는 씩씩해 보이지만, 여전히 상처가 크다"고 말했다.

중학교 2학년인 초록(가명 · 14)이는 성적 문제 탓에 어머니와 갈등을 겪다 지난 9월 가출했다. 이틀 동안 부산진구 서면의 노래방과 피시방을 전전했다. 돈이 떨어지자 잘 곳이 없었다. 페이스북으로 알게 된 한 언니는 유흥업소에서 일하면 돈도 벌고 잘 곳도 마련된다고 했다. 노래방에서 알게 된 한 오빠는 함께 모텔로 가자고 했다. 두려움에 집으로 돌아갔지만, 부모님 잔소리에서 벗어난 해방감을 잊지 못해 다시 일주일에 2~3일씩은 집에 들어가지 않는 일이 반복됐다.

초록이는 지난 9월 말, 비슷한 처지의 친구와 동래구의 한 골목에서 원씨와 그의 후배를 만났다. 원씨는 이따금 초록이에게 용돈을 주고 술, 담배를 사주던 이였다. 일행은 함께 술을 마셨고, 원씨와 그의 후배는 초록이와 친구를 해운대구 한 모텔로 데려가 성폭행하려 했다. 초록이는 화를 면했지만, 친구는 원씨에게 성폭행을 당하고 말았다.

부산 남부경찰서는 지난 10월 가출청소년들을 성폭행한 혐의(아동·청소년의 성 보호에 관한 법률 위반 등)로 원씨 등 3명을 구속했다. 원씨 등은 지난해부터 숙박업소 등지에서 알고 지내던 가출청소년들을 협박해 성폭행한 혐의를 받고 있다. 경찰은 이들이 가출청소년에게 성매매를 알선한 정황도 파악해 조사하고 있다.

가출청소년, 그루밍 범죄에 쉽게 노출

한국청소년정책연구원은 2018년 기준으로 가출 경험이 있는 청소년이 전체 청소년의 3.5%를 차지한다고 추정했다. 2018년 만 6~17살 사이의 학령인구가 567만여 명인 점을 고려하면, 19만8천여 명이 가출 경험을 지닌 것으로 추산된다.

청소년을 집 밖으로 떠미는 가장 큰 요인은 '부모와의 갈등'이었다. 한국청소년정책연구원이 펴낸 '2019 가정 밖 청소년 실태와 자립지원 방안 연구 보고서'를 보면 부모 혹은 가족과의 갈등이나 다툼 탓에 가출했다는 응답이 49.7%로 나타났다. 부모 등 가족과의 폭력을 피하려고 가출했다는 응답도 24.5%를 차지했다. 중·고·대학생 선교단체인 '에스에프시(SFC) 청소년교육센터'가 부산에서 운영하는 위기학생 학업복귀지원센터 '틴스토리'의 박용성 센터장은 "부모의 관심 부족으로 자식이 가출해도 알아차리지 못하는 사례도 많다"며 "부모-자식의 갈등으로 가정 밖 청소년이 반복적으로 발생한다"고 말했다.

가출한 여성 청소년들은 술, 담배, 용돈 등을 주고 모텔을 잡아주는 이들에게 금세 의존하게 된다. 이들이 사회관계망서비스(SNS) 등을 통해 자신들이 가출했다는 사실을 알고 접근했다는 사실을 잘 모르고, 그루밍 범죄에 쉽게 노출된다. 원씨 같은 이들은 상대가 정신적으로 길들었다고 판단하면 돌변해 성폭행이나 성매매의 가해자가 된다. 이를 거절하면 신체사진을 찍어 협박하는 경우도 있다.

탁희욱 틴스토리 사무국장은 "학교 밖 여성 청소년은 자신을 돌보는 데 취약하다. 형편없는 인간관계도 붙들고 싶어 한다"며 "이런 심리 탓에 거리에서 만난 '오빠'한테 성범죄피해를 보아도 자신을 피해자로 생각하지 않는다. 경찰에 신고조차 하지 않는 경우가 적지 않다"고 말했다. 한 여성 청소년은 〈한겨레〉에 "가출한 뒤 평소 돌봐준 오빠에게 금전 등의 도움을 많이 받았다. 당시에는 오빠들이 해달라는 일(성매매)을 해야 한다고 생각했다"고 말했다.

처벌 강화됐지만…사회안전망 시급

정부는 지난 5월 미성년자를 대상으로 한 성범죄 처벌 기준을 강화했다. 상대방 동의 여부와 상관없이 성관계할 경우 강간죄로 처벌하는 나이 기준을 13살 미만에서 16살 미만으로 넓혔다. 아동, 청소년을 유인해 길들여 성적인 착취를 하는 그루밍 범죄를 염두에 둔 조치였다. 미성년자 성폭행 범죄는 준비나 모의만으로도 처벌하는 예비·음모죄도 신설했다.

하지만 전문가들은 청소년들의 가출 악순환을 막고, 이들이 범죄피해자 또는 가해자가 되지 않도록 하기 위해서는 안전망 강화가 먼저라고 짚었다. 김희진 한국청소년정책연구원 선임연구위원은 "청소년복지지원법 등 관련 법률을 개정해 지원의 법적 기반을 마련하고, 전문적·종합적 자립체계를 만들어 가정 밖 청소년을 건강한 사회구성원으로 이끌어야 한다"고 말했다. 처벌보다, 그런 환경에 노출되지 않는 사회적 환경 구축이 우선이라는 얘기다.

가출청소년을 접하는 일선에서의 적극적인 움직임도 중요하다. 지난해 9월 아버지의 학대로 집을 나와 부산의 한 가출팸(가출청소년의 집단생활체)에서 지내던 지영(가명·18)이는 경찰에 구조돼 보호시설에서 학업에 복귀했다. '위기청소년 맞춤 선도 지원책'을 만들어 시행하고 있는 부산지방경찰청은 전담경찰관을 둬 지영이와 일대일 상담을 진행하고, 지난 3월 난소염으로 병원에 입원하자 지자체 등과 함께 치료비를 지원하기도 했다. 기초생활보장 수급자 등록도 도왔고, 지영이는 내년 2월 고등학교 졸업을 앞두고 있다. 올해 부산에서만 경찰이 이 프로그램에 따라 지자체, 청소년 보호시설 등 기관과 손잡고 청소년 82명에게 도움의 손길을 내밀었다. 이주연 부산진서 여성청소년계 학교전담경찰관은 "'한 아이를 키우려면 온 마을이 돌봐야 한다'는 말처럼 가정 밖 청소년 문제에 지역사회가 지속적인 관심을 가지고 보살핌과 체계적 지원 등에 힘을 모았으면 한다"고 말했다.

김영동기자
한겨레신문(2020.12.09)
원문
http://www.hani.co.kr/arti/area/yeongnam/973374.html#
csidx9b08edd40ba5e268a931dc9e7cf8c83

CHAPTER

06

학교폭력

본 장에서는 학교폭력의 개념과 특징을 살펴보고, 학교폭력의 유형을 소개한다.

학교폭력의 원인을 개인적 요인, 가정환경적 요인, 사회적 요인으로 구분하여 살펴보고 학교폭력의 원인을 살펴보고자 한다. 국내에서 발생하는 학교폭력의 실태를 통해 학교폭력 현황을 파악하고, 대처방안을 모색하고자 한다.

학습목표

1. 학교폭력의 개념과 특징을 파악할 수 있다.
2. 학교폭력의 유형을 살펴보고, 학교폭력의 원인을 설명할 수 있다.
3. 학교폭력실태조사를 통해 학교폭력의 현황을 파악할 수 있다.
4. 학교폭력 해결과 예방을 위한 대처방안을 파악할 수 있다.

Keywords

학교폭력, 집단따돌림, 폭력문화

1 학교폭력의 개념

학교폭력은 학교 내외에서 학생 간에 발생하는 폭력행위로, 겉으로 드러나지 않도록 은근히 괴롭히는 수준에서 중한 법적 처벌을 받을 수준의 폭력까지 포함하는 개념이다. 하지만 학교폭력의 개념에 관해 아직까지 여러 논란이 있는 상황이다. 폭력이 일어나는 장소와 관련해서 학교폭력을 학교 안에서 경험하는 폭력으로 제한할 것인지, 아니면 가정이나 학교 밖에서 경험하는 폭력까지 포함시킬 것인지 논란이다. 또한 학교폭력의 주체가 되는 가해자와 피해자와의 관계에서 가해학생 중심으로 볼 것인지 아니면 피해학생 중심으로 볼 것인지 논란이 있으며, 어떠한 행위까지 학교폭력에 포함시킬지 논란이 있다.

학교폭력 관련 대표적인 학자인 올베우스(Olweus, 1993)는 학교폭력은 가해자와 피해자 간 힘의 불균형이 존재하는 상황에서 한 명 또는 그 이상의 학생들에 의해 행해지는 행위로 신체 폭행, 협박, 언어적 폭력, 정서적 폭력, 성적 폭력 등을 의미한다고 정의하면서, 학교폭력은 공격적이고 계획적으로 특정인을 괴롭히는 행동이며, 반복적이고 지속적인 경향을 가지며, 가해학생보다 피해학생이 신체적으로나 정신적으로 약자라고 인식될 때 행해지는 불가항력에 의한 관계로 보았다. 애스터와 메이어(Astor & Meyer, 2001)는 신체적, 심리적 상해나 재산상의 피해를 초래하는 의도적이고 부주의한 행동으로 보았다. 한편 펄롱과 모리슨(Furlong & Morrison, 2000)은 학습을 방해하거나 학교 환경을 저해하는 모든 범죄적, 공격적 행동을 의미한다고 정의함으로써 학교폭력을 개념을 확장하여 정의한 바 있다(오봉욱 외, 2020: 228 재인용).

「학교폭력예방 및 대책에 관한 법률」(2013.7.30. 일부개정)에서는 학교폭력의 법률적 정의를 하면서, 학교폭력의 장소를 학교 외의 장소까지 포함시키면서 다음과 같이 정의하였다. '학교폭력이란 학교 내외에서 학생을 대상으로 발생한 상해, 폭행, 감금, 협박, 약취·유인, 명예훼손·모욕, 공갈, 강요·강제적인 심부름 및 성폭력, 따돌림, 사이버 따돌림, 정보통신망을 이용한 음란·폭력 정보 등으로 신체·정신 또는 재산상의 피해를 수반하는 행위'를 말한다고 정의내리고 있다(학교폭력예방 및 대책에 관한 법률 제2조 제1호).

따돌림 및 가해학생, 피해학생에 대한 정의는 다음과 같다. 따돌림이란 2명 이상의 학생들이 학교 내외에서 특정인이나 특정집단의 학생들을 대상으로 지속적, 반복적으로 신체적, 심리적 공격을 가하여 상대방이 고통을 느끼게 하는 일체의 행위이며(동 법률 제2조 제1의2), 가해학생이란 가해자 중 학교폭력을 행사하거나 그 폭력행위에 가담한 학생을 말하며(동 법률 제2조 제2항), 피해학생이란 학교폭력으로 인해 피해를 입은 학생을 말한다(동 법률 제2조 제3항).

교육과학부(2012)는 「학교폭력예방 및 대책에 관한 법률」에서 상해, 폭행, 감금, 협박, 약취, 유인, 명예훼손, 모욕, 공갈, 강요, 강제적인 심부름 및 성폭력, 따돌림, 사이버 따돌림, 정보통신망을 이용한 음란, 폭력 정보 등에 의하여 신체, 정신 또는 재산상의 피해를 수반하는 행위로 가해자가 상대방에게 해를 끼치려는 의도를 가진 어떠한 행동도 폭력이라고 간주될 수 있다고 정의하였으며, 청소년폭력예방재단(2012)에서는 학교폭력을 학교 안과 밖에서 학생들 사이에 신체적 폭행, 금품갈취 등 신체적, 재산적 피해와 따돌림, 괴롭힘, 협박과 같은 정신적 폭력 그리고 인터넷에서 욕이나 근거 없는 소문을 퍼뜨리거나 사이버 머니게임 아이템을 뺏는 행동, 그리고 같은 성별이나 다른 성별 간의 성적인 모욕감을 주는 행동, 추행과 같은 성적인 폭력 등의 피해라고 정의하였다. 이렇게 학교폭력의 범위를 단순 폭력을 넘어 확장된 범위까지 포함하고 있음을 알 수 있다.

앞에서 말한 학교폭력의 개념을 종합해 보면, 학교폭력은 학교 안과 밖에서 학생에 의해 발생하는 폭력행위를 말하며, 폭력행위의 종류는 신체적, 정신적, 언어적, 재산상, 성적, 정보통신망 관련 행위 등을 포함하고, 의도적으로 폭력을 행사한 행위라고 정리할 수 있다.

2 학교폭력의 특징

학교폭력이 다른 청소년비행 및 범죄와 다른 양상으로 나타난다. 학교폭력의 특징은 다음과 같이 정리할 수 있다.

첫째, 최근 학교폭력 양상은 단순한 탈선의 차원을 넘어 심각한 범죄의 단계에 이르고 있다. 단순 신체적 폭력에 국한된 것이 아니라 언어적, 정신적 폭력과 사이버상에서의 폭력까지 그 범위가 확장되고 있다. 개인적 폭력에서 집단적 따돌림, 강요, 숙제 및 심부름시키기, 단톡방에서의 따돌림 등의 새로운 형태의 심리적 폭력이 출현하고 있는 특징이 있다.

둘째, 학교폭력은 일부 비행청소년에 의해 자행되는 것이 아니라 보통의 모든 청소년에게서 쉽게 발견될 수 있는 일반화된 비행 유행이 되고 있다. 학교생활에서는 아무 문제가 없는 것처럼 보이는 학생들 사이에서도 학교폭력이 나타나는 경우가 있기 때문에 교사 및 부모들이 쉽게 파악하기 어려운 면이 있다.

셋째, 학교폭력은 피해학생의 상당수가 보복 심리에 의해 가해학생이 되는 특징을 가지고 있다. 학교폭력의 피해를 입은 학생들은 다시 가해학생에 대한 복수를 가함으로써 학교폭력의 가해자가 되는 특징을 가진다. 따라서 가해자가 피해자를 만들고 피해자는 다시 가해자가 되는 악순환이 나타난다는 점이 특징적이다.

넷째, 학교폭력은 지금까지의 단순한 폭력이나 금품갈취와 같은 수준을 넘어 조폭화, 집단화, 저연령화의 특징을 보이고 있다. 언론에 보도되듯 학교폭력 과정을 보면 폭력의 심각성과 잔인함은 일반 상식 수준을 넘어서고 있으며, 가해학생의 경우 폭력행위에 대한 죄의식이 약화되고 있으며, 여학생 사이에서도 빈번하게 학교폭력이 나타나고 있다.

다섯째, 연령에 따른 학교폭력 양상이 다르게 나타나고 있다. 대체로 나이가 어릴수록 때리고 욕하고 힘을 겨루는 등의 물리적 방법으로 단순하게 괴롭히지만, 고학년이 될수록 언어적 정신적인 유형으로 따돌리는 경향을 보이며, 지능화되는 특성을 가진다.

여섯째, 학교폭력의 다수가 교내에서 발생하고 그 중에서도 교실 내외에서 발생한다. 이는 가해자가 같은 학교 학생이거나 같은 반 친구라는 것을 의미하며, 매일 상호 간의 접근성이 용이하다는 측면에서 문제의 심각성이 커질 수 있다. 이는 학교폭력이 일회성을 넘어 1개월 이상 지속되는 장기적 폭력이 증가하고 있다는 점과 맥을 같이 한다.

1) 가해학생의 특성

가해학생의 특성을 종합하여 정리해 보면 4가지 특성이 있다(김현동, 2019: 13; 이완희 외, 2017: 279-201).

(1) 높은 공격성

올베우스(Olweus, 1991)는 학교폭력 가해학생들이 일반학생들보다 공격 성향이 강하며, 폭력에 대해 긍정적인 태도를 가지며, 충동성이 강하고 타인을 지배하려는 강한 욕구를 가진다고 말하였다. 가해학생들은 피해자에 대한 죄책감이나 공감 능력이 떨어지기 때문에 폭력을 행사하면서 즐거움을 느끼고, 다른 청소년들에게 학교폭력을 강요하거나 조장하기도 한다. 자신보다 나약한 학생들을 지배하고, 학생들 간의 공감대를 형성하지 못하는 경향이 있고, 독단적이거나 충동적인 성격으로 인해 자기통제력이 결여된 경우가 많다.

공격성은 낮은 자아존중감, 자기통제감과 직접적인 관계를 맺고 있다. 낮은 자아존감과 자기통제감으로 인해 자신을 잘 통제하지 못하는 경우, 타인에 대한 공격행위로 나타나기 때문에 공격성에 대한 관심과 주의가 필요하다.

(2) 비행 문화

학교폭력 가해학생들은 비행문화를 경험하는 하위문화이론을 수용함으로써 폭력행위에 대해 허용하는 경향이 강하다. 가정 안에서도 폭력에 노출되는 경향이 있으며, 일반 가정에서 이루어지는 훈육이 제대로 이루어지지 못하는 경우가 있다. 가정 내 불화로 인한 감정을 표출할 수 있는 통로로 피해학생들에게 폭력을 행사할 수 있으며, 가정에서 올바른 훈육을 받지 못한 학생들은 또래와의 정서적 유대감이 부족하고 부정적인 인간관계에 영향을 주게 된다.

(3) 심리적 부적응

학교폭력 가해학생들은 일반 학생들에 비해 분노, 우울, 불안, 열등감, 피해의식, 충동성 등과 같은 심리적 부적응 성향을 보이는 경우가 많다. 우울감을 해소하기 위해 공격성과 충동성이 증가하게 되고, 집단따돌림의 원인이 되기도 한다. 특히 집단따돌림 가해학생의 경우 자신의 행동에 대한 인식도가 낮고, 무계획적 충동성이 높아 자제력이 부족하고 반항적 성향이 있어서 폭력행위를 통해 쾌감과 우월감을 경험하려는 경향이 있다.

가해 행동 이후 부모 또는 교사들의 훈육 조치들로 인해 정서적 스트레스가 누적되어 있으며, 심리적 불안 증세를 보이는 학생들이 많다. 이는 자신이 경험한 가해 행동의 결과가 자신의 미래에 부정적인 영향을 줄 것이라는 것을 예측하고 있기 때문이다.

(4) 강한 합리화 성향

학교폭력 가해학생들은 자신의 비행이나 범죄를 정당화하거나 합리화하는 경향이 강하다. 자신이 행사한 폭력을 정당화하기 위해 피해자 탓을 하고, 상대방이 폭력의 원인이 되었다는 식으로 정당화하게 된다. 가해학생들에게 나타나는 합리화 성향은 첫째, "네가 좋아서 장난삼아 때린 거야, 아프지 않잖아"(책임의 부인; denial of responsibility). 둘째 "별로 다치지도 않았는데 엄살 피우지 마"(가해의 부인; denial of injury), 셋째, "어른들도 화나면 다들 폭력을 행사해"(비난자에 대한 비난; condemining the cindemnes), 넷째, "네가 나를 화나게 만들었기 때문에 때린 거야" 또는 "네가 맞을 짓을 먼저 했잖아"(피해자의 부인; denial of victim), 다섯째, "집에서 아빠한테 맞아 너무 화났는데, 재수 없게 네가 분풀이 대상이 된 거야, 너에게 안 좋은 감정은 없어"(상위의 충성심에 호소; appealing to higher loyalties)로 구분될 수 있다.

(5) 폭력에 대한 수용적 태도

학교폭력 가해학생들은 폭력에 대해 관대하거나 수용성이 강하게 나타난다. 가정이나 학교에서 폭력에 대한 피해경험이 많은 경우가 있다. 부모나 교사로부터 언어적 · 신체적 폭력을 통한 훈육을 경험한 청소년은 자신의 요구를 신체적, 물리적 공격과 강압을 통해 관철하려는 것을 학습으로써 폭력문화에 보다 수용적인 태도를 형성할 수 있기 때문이다.

〈표 6-1〉 학교폭력 가해학생의 특성

구분	내용
일반적인 특성	• 타인에게 불쾌감을 주고 괴롭히는 것에 대해 별로 개의치 않는다. • 피해학생에 대한 죄책감이나 동정심 등이 없는 편이다. • 또래친구들에게 인기는 있지만, 점차 시간이 지남에 따라 줄어든다. • 성인이 되어서도 사회 규정에 위반되는 반사회적 행동을 할 가능성이 높다. • 여학생의 경우 폭력성을 나타내는 행동들을 보이는 경향이 있다.
성격특성	• 집에서 보내는 시간이 줄어들고, 가족들과의 긍정적인 상호작용이 적다. • 자신감이 넘치는 의사소통 능력을 갖고 있다. • 남성우월주의에 빠지는 경향이 있다. • 불안하거나 초조해 하는 모습을 보이지 않고, 자신감이 넘치며 외향적 · 활동적이다. • 임기응변 능력이 있다. • 피해학생이 괴롭힘을 받을 만하다고 믿는다.
학교생활에서의 특징	• 학교에 대한 부정적인 생각을 갖는다. • 피해학생에 비해 어느 정도 인기가 있는 편이고, 리더의 자질을 가지고 있다. • 피해학생보다 더 많은 또래의 지시를 받는다. • 평균 정도의 지적 능력을 가지고는 있지만, 학업 성취도는 낮다. • 폭력에 긍정적인 사고와 또래친구들에게 강한 이미지를 심어주려고 한다. • 사람에 대한 배려심과 이해심이 부족하며, 공격적인 행동에 대한 통제력이 부족하고 죄책감이 없다.
가정의 특징	• 부모의 관리감독이 부재하다. • 부모의 사랑과 관심 등의 결여로 부모 및 가족구성원에 대한 반감이 높다. • 부모의 통제와 훈육에 일관성이 없으며, 지나친 방임적이거나 처벌적이다. • 가정 내 폭력적인 행동이 묵인되어, 가정폭력으로 이어질 수 있다. • 부모의 불화로 가정이 불안정하다.
신체적 특징	• 또래친구집단에 비해 건장하고, 공격행동에 자신감을 가지고 있다. • 체육활동을 잘 하고 활발한 성격이다. • 피해학생보다 선배이거나 물리적인 힘이 강하다. • 평균적인 외모와 매력을 갖고 있다.

출처: 이순례 외(2013). 현대사회와 범죄; 김현동, 2019; 14 재인용.

2) 피해학생의 특성

학교폭력 피해학생의 특성을 종합해 보면 다음과 같다(김현동, 2019; 15).

첫째, 피해학생들은 피해 경험으로 인해 항상 심리적 불안감을 겪게 되어 낮은 자아존중감을 형성하고, 대인기피증과 같은 현상이 수반된다.

둘째, 피해학생은 현재 자신이 학교에서 처한 상황과 가정에서의 상황 등에 따라 자신은 피해를 당할 수밖에 없다는 생각에 사로잡히게 되어 스스로 자신의 가치를 평가 절하하려는 경향이 뚜렷하게 나타난다.

셋째, 학교폭력 발생 시 '나' 또한 학교폭력의 피해자가 되지 않으려고 하는 방관자들이 주변에 많이 있다는 것을 알게 되면서, 피해학생이 학교와 또래관계에서 소외되었다고 생각하면서 괴로워하는 경우가 있다. 이런 부정적인 자의식이 깊어져 극단적 선택을 하는 경우도 있다.

넷째, 피해가 지속될수록 본인이 받은 피해에 대해 보족하고자 하는 심리가 발동하게 되어, 본인보다 나약한 학생들에게 자신이 당한 피해를 그대로 전가하려는 등의 현상이 나타나게 된다. 이로 인해 피해학생이 가해학생으로 전락하는 경우가 발생하게 된다.

〈표 6-2〉 학교폭력 피해학생의 특성

행동적 특성	• 소지품이 없어지거나 손상된다. • 부모에게 평소보다 과도하게 용돈을 요구한다. • 죽고 싶다거나 마지막이라는 식의 낙서를 자주 한다. • 지각을 하고 평소 다니던 길이 아닌 길로 다닌다. • 학교가기 싫어하고, 학교에 가도 조퇴하는 날이 늘어난다. • 전학을 시켜달라는 경우가 많다. • 집중을 못하고 성적이 갑자기 떨어지는 경우가 많다. • 의사소통능력이 현저하게 떨어져서 눈을 마주치지 않으려고 한다.
신체적 특성	• 멍든 자국, 베인 상처, 긁히거나 찢어진 상처가 자주 생긴다. • 경미한 아픔과 고통을 자주 호소하거나 자주 아픈 경우가 많다. • 잠을 잘 못자고 악몽을 자주 꾼다. • 양호실을 자주 드나들며 신체적 증상을 호소한다.

출처: 공정식 외(2016); 김현동(2019: 16) 재인용.

3 학교폭력의 유형

학교폭력의 유형은 학자마다 다르게 구분되지만, 교육과학기술부에서 규정한 7가지 원칙을 기반으로 학교폭력 유형을 살펴보고자 한다(교육기술과학부, 2014).

1) 신체적 폭력

신체적 폭력은 학교폭력의 가장 전형적인 유형으로 신체적 고통이나 상해를 가할 의도나 그러한 의도가 있다고 인식되어지는 물리적인 폭력행위를 말한다. 예를 들어, 주먹으로 때리거나 발로 차기, 찌르고 목 조르는 행위, 꼬집기 등 자신의 신체 일부를 사용하는 폭력이 있고, 칼이나 몽둥이 등 물리적인 도구를 활용하여 상대방에게 위해를 가하는 폭력이 있다. 그 밖에 신체를 손발로 때리는 등 고통을 주는 행위, 강제로 일정한 장소로 데리고 가는 행위, 일정한 장소에서 쉽게 나오지 못하도록 하는 행위 등이 있다. 또한 신체적 폭력의 양상은 상난을 가장한 놀이 형태(기질놀이)가 이용되고 있는 정도가 점점 심해지고 있어 상해의 정도가 심하거나 사망으로 이어지는 경우가 많다.

2) 언어적 폭력

언어적 폭력은 신체에 직접적인 폭력행위를 가하지 않고, 상대방의 자아개념을 손상시키고 모욕감을 주는 등 언어나 상징의 사용을 위주로 하는 폭력행위이다. 예를 들어 놀리거나, 심한 욕설, 협박, 사이버폭력(악성 댓글, 인터넷 아이디 도용, SNS 퍼뜨리기 등) 등이 이에 해당한다. 욕설, 상스러운 표현이나 나쁜 의도를 갖고 별명 부르기 등 폭력이 아닌 일상적 행동을 상대방의 불안 심리나 공포 심리를 이용하여 갈취를 일삼는 학생들의 행위가 언어적 폭력의 행사라고 볼 수 있다. 언어폭력을 당하는 청소년은 자존감에 심한 상처를 입을 뿐만 아니라 모멸감, 자괴감 등을 느끼므로 신체적 폭력보다 언어적 폭력을 더 두려워한다. 언어폭력에 자주 노출된 청소년은 오랜 기간 정신적인 고통을 겪기도 하고, 심한 경우 대인기피증에 시달리기도 한다.

3) 집단따돌림

집단따돌림은 학교 내·외에서 2명 이상의 학생들이 특정인이나 특정 집단의 학생을 대상으로 지속적·반복적으로 신체적 또는 심리적 공격을 가하여, 상대방이 고통을 느끼도록 하는 일체의 행위를 말한다. 일명 '왕따'라고 불리며, 이는 반복적이고 지속적으로 한 명 또는 그 이상의 다른 학생들로부터 부정적인 행동을 당하는 것을 의미한다. 집단적으로 다른 학생들과 어울리지 못하게 막기, 의도적이고 반복적으로 피하기, 싫어하는 말로 놀리기, 겁주기, 비웃기, 빈정거리기, 골탕 먹이기 등의 행위를 포함한다. 따돌림은 직접적 따돌림과 간접적 따돌림으로 구분할 수 있다.

직접적 따돌림이란 피해학생에 대해 폭행, 구타, 위협이나 못살게 굴고 놀리는 등 공격적인 행동을 가하는 것이고, 간접적 따돌림은 집단으로부터 소외시키거나 배척하는 행위를 말하며 다른 학생들과 어울리지 못하도록 막는 행위, 상대방이 싫어하는 말로 놀리거나 빈정거림, 골탕 먹이는 등의 행위, 집단적으로 상대방을 피하는 행위 등을 말한다. 간접적 따돌림은 직접적 따돌림에 비해 쉽게 관찰되지 않는다는 점에서 부모 및 교사의 관리가 쉽지 않다. 따돌림은 학교폭력 유형 중 학생들이 가장 두려워하는 유형으로 따돌림을 당하는 피해학생은 스스로의 생존을 위해 비행집단에 가입하거나, 공격적인 태도, 정신장애, 극단적 자살을 선택하기도 한다.

4) 사이버폭력

사이버폭력은 상대방의 의사와 관계없이 이루어지는 인터넷상의 게시판, 댓글 등을 통한 비방과 욕설, 허위사실 유포, 개인정보와 사생활 유출 등의 행위로 특정 대상에게 불쾌감과 정신적 피해를 주는 행동을 의미한다. 사이버폭력은 전자통신 수단을 통해 의도적이고 반복적으로 가해지는 위해이며, 사이버공간에서 전자통신기술을 이용하여 유언비어, 따돌림, 괴롭힘, 욕설, 위협, 비난 등의 언어적 공격행위들을 말하며, 특정인에게 성적 수치심을 유발하는 문자, 허위 글, 사생활 유포, 모욕, 명예훼손, 위협, 공포심, 불안감, 음향, 영상 등을 인터넷, SNS, 카카오톡, 정보통신망을 통해 유포하는 행위 등을 포함한다.

대표적인 사이버폭력인 사이버불링(cyber bullying)은 시·공간을 초월하여 따돌림이 일어나고, 전 세계가 연결되어 있는 인터넷의 특징으로 인해 그 피해 규모가 상상을 초월할 정도로 크다고 볼 수 있다. 사이버불링이 발생할 경우 익명의 사람들에게까지 피해가 알려져 피해 결과를 예측하기 힘들 정도이며, 오프라인의 집단따돌림보다 훨씬 심각한 문제라고 볼 수 있다.

5) 금품갈취

금품갈취는 「형법」상 타인을 공갈하여 재물의 교부를 받거나 재산상 불법한 이익을 취득하거나 타인으로 하여금 이를 얻게 함으로써 성립되는 범죄를 의미한다. 금품갈취는 일반적으로 물질의 취득만이 목표 시 되는 범죄라고 볼 수 있지만, 피해 당사자에게 폭행과 협박이 동시에 이루어지는 경우가 많기 때문에 강도와 유사한 특징이 있다. 금품갈취의 예를 들어보면, 학교 내 타인의 돈이나 물건을 아무 이유 없이 강탈하는 것을 의미하며, 속칭 삥(금전)뜯기, 빵셔틀 등이 여기에 해당된다. 또 고가의 옷이나 문구류 등을 빼앗는 행위도 여기에 포함될 수 있다. 가해학생들은 금품을 갈취하면서 피해학생들로부터 심리적 우월감과 자기 만족을 얻을 수 있으며, 최근에는 개인적이 아닌 집단적 모임을 결성하여 금품갈취가 이루어지고 있으며, 자신의 갈취 행위에 대해 전혀 죄책감을 못 느끼고 단순히 장난이나 재미삼아 한 행동이라고 변명하는 경우가 많은 점이 심각하다고 볼 수 있다. 금품갈취는 보통 구타와 동반되어 발생하는 경우가 많으며, 이러한 비행이 한 학생에게 지속적으로 이루어지는 경향이 강하다.

6) 성폭력

성폭력은 성을 매개로 하여 가해지는 모든 신체적·언어적·심리적 폭력을 의미한다. 예를 들어 강간, 윤간, 강도 강간뿐만 아니라 성추행, 언어적 희롱, 음란 전화, 성기노출 등 상대방의 의사에 반하여 가하는 성적행위로 모든 신체적, 언어적, 정신적 폭력을 포괄하는 광범위한 개념이다. 즉, 성폭력은 성적인 말과 행동으로 상대방에게 성적 굴욕감이나 수치심을 주는 행위로 상대방의 의사에 반하는 성을 매개로 일어나는 모든 폭력을 포함하는 광범위한 개념으로 이해해 볼 수 있다.

성폭력은 「형법」에 규정된 성폭력과 성에 관련되나 범죄행위로 구분된다. 강간은 폭행과 협박을 하여 강제로 성행위를 하는 행위이며, 성희롱은 성적인 말과 행동으로 성적 수치감과 굴욕감을 느끼도록 하는 것이며, 유사성행위에 속하는 음란전화를 통한 성행위, 성기노출 등을 통한 성폭력 등으로 구분할 수 있다.

청소년의 경우 저항하지 않거나 충분히 거절의사를 표현하지 못했다고 하더라도 성적인 모든 행동은 물론, 성폭력에 대한 막연한 불안감, 굴욕감, 죄책감이나 공포뿐만 아니라 언어적 협박도 성폭력에 해당하며, 그것으로 인한 간접적인 행동을 제약하는 경우에도 성폭력이다. 이에 대해 판단하는 기준은 피해자가 동의했는지 여부에 따라 결정되고 있다.

7) 강요

강요는 상대에 위협적인 언어와 폭행, 협박으로 상대방의 권리를 침해하거나 아무런 이유 없이 하기 싫은 일을 강요하는 행위(강요죄)를 말한다. 예를 들어 과제나 게임 대행, 속칭 빵셔틀, 와이파이셔틀 등의 강제적인 심부름과 폭행 또는 협박으로 권리행사를 방해하거나 의무가 아닌 일을 하게 하는 행위를 말한다.

〈표 6-3〉 학교폭력 유형과 설명

유형	설명
신체적 폭력	신체적 고통이나 상해를 가할 의도나 그러한 의도가 있다고 인식되는 물리적인 폭력행위
언어적 폭력	신체에 직접적인 폭력행위를 가하지 않고, 상대방의 자아개념을 손상시키고 모욕감을 주는 등 언어나 상징의 사용을 위주로 하는 폭력행위
집단따돌림	학교 내 · 외에서 2명 이상의 학생들이 특정인이나 특정 집단의 학생을 대상으로 지속적, 반복적으로 신체적 또는 심리적 공격을 가하여, 상대방이 고통을 느끼도록 하는 행위
사이버폭력	상대방의 의사와 관계없이 이루어지는 인터넷상의 게시판, 댓글 등을 통한 비방과 욕설, 허위사실 유포, 개인정보와 사생활 유출 등의 행위로 특정 대상에게 불쾌감과 정신적 피해를 주는 행동
금품갈취	돈이나 옷, 학용품을 빌려서 돌려주지 않는 행위, 물건을 망가뜨리는 행위, 돈을 걷어 오라고 하는 행위들을 말하며 피해대상자의 의사에 반하여 금전을 빼앗거나 옷이나 문구류 등을 위협하여 빼앗는 행위
성폭력	성을 매개로 하여 가해지는 모든 신체적 · 언어적 · 심리적 폭력을 의미하는데, 행위의 유형이나 수준 및 일반의 인식에 따라 성희롱, 성추행, 성폭력 등이 일반적으로 많이 사용되지만 그 가운데 성폭력은 이들을 포함하는 가장 넓은 개념
강요	상대에 대한 위협적인 언어와 폭행, 협박으로 상대방의 권리를 침해하거나 아무런 이유 없이 하기 싫은 일을 강요하는 행위를 말하며, 과제나 게임 대행, 속칭 빵셔틀, 와이파이셔틀 등의 강제적인 심부름과 폭행 또는 협박으로 방해거나 의무가 아닌 일을 하게 하는 행위

출처: 교육과학기술부(2014).

4 학교폭력의 원인

1) 개인적 요인

(1) 생물학적 요인

학교폭력 가해자의 경우 신장이 크고 힘이 세 보이는 학생들이 주로 신장이 작거나 힘이 약한 학생에게 폭력을 행사하는 경우가 많다. 키 작은 남학생이 키 큰 남학생 집단에 비해 평균 2배 높은 집단따돌림에 노출된다는 연구결과도 있다. 성별에 따른 차이를 살펴보면, 일반적으로 남학생이 여학생에 비해 폭력적이며, 폭력상황에 빈번하게 관여한다고 보고되고 있다. 폭력의 유형에서도 남학생들은 주로 직접적이고 물리적인 폭력에 관여하는 반면, 여학생들은 사회적 격리나 정서적 괴롭힘과 같은 간접적이고 관계적 폭력 유형에 연루되는 빈도가 높은 것으로 보고된다.

이것은 남자의 경우 성장과정에서 신체적 공격성의 용인이 사회적으로 잘 이루어지는 반면, 여자의 경우는 신체적 공격성을 보이는 것에 부정적 인식이 강하다. 또한 여자 아이들은 상대적으로 신체적 힘이 약하므로 물리적 힘 동원을 통해 기대하는 목적을 달성하기 어렵고 동시에 보복 가능성을 낮추기 위한 경향성도 작용한다. 친구형성 과정에서도 남학생들은 비공식적이며 광범위한 친구집단을 형성하는데, 여학생들은 남학생에 비해 집단따돌림과 같이 또래 간 관계를 교란시키는 전략을 보다 효과적으로 여기기 때문으로 보고되고 있다.

(2) 심리정서적 요인

가해학생들의 대표적인 심리정서적 특성은 공격성향과 충동성향이 높고, 분노감정도 많은 특성이 있다. 개인이 분노를 적절하게 조절하지 못할 때 공격성으로 표출되고, 공격성이 학교폭력으로 나타날 수 있다는 것이다. 분노 자체가 부정적인 것은 아니지만, 분노표현의 강도나 빈도, 지속기간이 적절하지 못하면 신체적, 정신적, 사회적 문제를 초래할 뿐만 아니라 공격성과 연결되어 범죄로 연결될 수 있다(이완희 외, 2017: 283-284).

청소년들의 불안도 폭력행동에 영향을 미칠 수 있다. 폭력성이 높은 학생의 경우 불안이 높아지면 분노감이 함께 상승하고, 폭력적인 행동으로 표출할 수 있는 것이다.

또한 충동적 성향이 높은 청소년의 경우 조급하고 즉각적으로 행동하고 주의를 기울이지 않고 의사결정을 하며, 체계적이지 못하고 무계획적으로 문제에 접근하는 경향이 있다. 충동성이 공격성에 영향을 주고, 공격성이 학교폭력과 같은 범죄로 나타날 수 있기 때문이다. 충동성은 인터넷 중독, 휴대폰 중독과도 연관성이 있어 충동성이 높은 청소년은 인터넷을 통해 사이버 비행이나 각종 대인관계 학교폭력 등을 저지를 가능성이 높을 수 있다.

공격성이 높은 청소년은 낮은 자아존중감, 자기통제감과 직접적인 상관관계를 맺고 있다. 폭력 성향이 높은 청소년은 내부적 통제력이 없고, 반사회적 행동을 하고도 반성하거나 고민하지 않기 때문에 죄책감이나 수치심 등을 느끼지 못하는 경향이 있다.

우울감과 불안감이 높은 청소년들의 경우 교우관계에 있어 조심스럽고, 작은 일에도 민감하게 반응하여 학교폭력 피해에 노출 빈도가 높아질 수 있다.

(3) 인지적 요인

폭력 성향이 높은 청소년들의 경우 인지과정상의 왜곡이 원인이라는 주장이 있다. 청소년들의 오지각 또는 지각 편향을 가지고 있거나 조망수용

능력이 결여되어 있는 청소년들은 다른 사람의 중립적인 사회적 행위를 자신을 향한 도발 행위로 잘못 지각 또는 해석하는 경향이 있다. 또한 과거 경험 중 즐거웠던 경험을 잘 기억하지 못하고, 자신의 행동이 미래에 어떤 결과를 가져올지에 대한 미래예측 능력이 떨어져 쉽게 반사회적이고 충동적 행동을 하게 될 수 있다.

또한 폭력 성향이 높은 청소년들은 문제해결 과정에서 오류를 범하는 경우도 있다. 문제 상황과 관련된 여러 단서들에 대한 민감성이 떨어지거나 역으로 과잉 지각하며, 중립적인 문제 상황을 적대적인 것으로 잘못 해석하는 경향이 있으며, 폭력 또는 비행 이외의 다른 건설적인 문제해결 방식을 생각해내지 못한다(한상철 외, 2003: 327-238).

2) 가정환경적 요인

청소년 자녀들의 폭력행위와 관련이 깊은 것은 가정의 구조적 결핍(결손, 빈곤 가정 등)보다는 심리적 환경이 영향을 많이 미치고 있다. 안정적인 부모－자녀의 관계와 상호작용은 적절한 정서와 사회규범 기회의 형성을 제공하여 사회질서를 내재화할 수 있다. 그러나 부모와의 관계가 적절하지 않은 경우 학교폭력 가해에 관여할 확률이 높다고 보고된다. 특히 부모－자녀 간 의사소통이 적거나, 심리적 거리감이 높은 경우 부모의 기대나 의견, 사회규범을 수용할 여지가 그렇지 않은 청소년들에 비해 낮아지고, 이는 학교폭력의 노출될 확률을 높이는 것으로 보고된다.

부모의 양육태도가 자녀의 폭력 성향에 밀접한 연관이 있다. 부모의 양육 태도 중 자녀에 대한 적대적, 거부적, 방임적 양육태도와 일관성 없는 양육태도가 부정적인 영향을 미치고 있으며, 애정결핍, 공격적 행동의 수용, 신체적 체벌을 가하는 분위기, 이혼을 하지 않더라도 갈등이 심한 부부관계가 청소년의 공격성에 영향을 미치고 있다.

구체적으로 부모-자녀와의 애착 관계가 약하게 형성되어 부모의 감독이 느슨해질 때 학교폭력은 증가할 수 있다. 부모 감독은 청소년 자녀의 행동을 적절한 수준에서 통제할 뿐만 아니라 비행 또래집단과의 사귐을 억제하는 역할을 한다.

부모로부터 학대를 받은 청소년의 경우 공격성과 학교폭력을 증가시키는 역할을 한다. 특히 어릴 때부터 폭력적 환경에 노출되면 될수록 자녀의 공격성향은 두드러지게 증가하는 경향이 있다. 일반적으로 부모-자녀 간의 관계에서 자녀에 대한 거부적인 태도, 엄격하고 폭력적인 훈육방법 등은 자녀의 공격성과 각종 학교폭력을 증가시키는 중요한 요인이 된다. 부모로부터 육체적, 정신적 학대를 당한 자녀는 공격성이 증가되어 학교 내외에서 친구들을 대상으로 폭력적 행동을 행사할 가능성이 높은 것이다. 부모로부터 적절한 돌봄을 받지 못하고 방임된 자녀의 경우도 타인에 대한 불신을 초래하여 공격성이 증가할 수 있다. 방임된 자녀들은 일생 동안 배척받는 느낌을 가지고 살게 되고, 인성발달에 심각한 손상을 가져올 수 있다.

부부갈등이 심한 부모 밑에서 자라난 자녀의 경우 자녀들의 내적 갈등과 공격성은 증가되고, 이러한 갈등을 해소하기 위해 가정 밖에서 폭력을 휘두를 가능성이 높아진다. 부모는 자녀의 성격형성과 대인관계의 질을 결정할 뿐만 아니라 자녀의 사회화과정에 핵심적인 역할을 한다. 그러나 자녀가 부부갈등과 같은 부정적인 가족환경에 지속적으로 노출되면 스트레스, 긴장, 공격성 등과 같은 부정적인 감정을 일으킬 가능성이 높을 수 있다.

3) 사회 환경적 요인

(1) 학교요인

우리나라 학교 환경은 입시 위주의 경쟁 교육, 교과 중심 교육 등으로 학교폭력의 원인이 되는 환경일 수 있다. 입시를 위한 경쟁 교육 풍토는 모든 수업이 진학과 입시에 집중하게 되고, 소외되는 학생들이 존재하게 되고, 누구나 열등감을 갖게 만드는 환경이 된다. 교실 및 학교 환경은 다수 학생들의 분노, 열등감, 좌절감 등 부정적 감정을 불러일으키고 이런 부정적 감정은 공격성과 학교폭력으로 분출될 수 있기 때문이다. 경쟁은 과도한 스트레스를 야기하고 이는 자제력이 약한 청소년이 해소를 목적으로 공격성을 표출하거나 학교폭력에 가담하게 되는 데 영향을 미친다. 또한 이러한 경쟁은 청소년들에게 억압적 요소로 작용하여 자신의 취약성을 감추기 위한 목적으로 반항적 품성을 가지게 되기도 한다.

교사와 학생과의 관계에 있어 체벌이 정당화되거나 폭력적인 훈육이 이루어진다면 학생들은 자연스럽게 폭력 문화를 허용하게 되고, 긍정적으로 폭력을 받아들이면서 폭력 행동이 강화될 수 있는 위험성이 있다. 학교에서 학생들은 교사의 훈육과 제재를 받게 되는데, 이러한 관계를 불편하게 여길 경우 자신의 문제를 능동적으로 해결하지 못하고 학교생활을 불만족스럽게 할 확률이 높아지게 된다. 이러한 것들이 누적되어 부적응행동 또는 반사회적 행동을 보일 수 있다. 따라서 교사의 강한 처벌, 교사와의 낮은 신뢰수준은 학교폭력을 유발할 수 있다.

학교에서 학교폭력 해결을 위한 프로그램을 운영하는 학교와 그렇지 않은 학교 간에는 학교폭력 대응력에서 차이가 있었는데 주로 예방 및 관리에 신경을 쓰는 학교들에서 학교폭력의 발생빈도가 낮았다. 일반적으로 높은 학교 참여 수준, 학교에 대한 학생들의 높은 소속감, 학교 안정 및 보안성에 대한 높은 인식, 교내 규칙이 잘되어 있는 경우 학교폭력의 빈도가 낮아지는 것으로 보고된다.

(2) 대중매체 및 인터넷의 영향

청소년기는 주로 모방을 통해 일탈행위에 가담하는데 대중매체의 자극적이고 비교육적 내용들은 비행 및 범죄지식을 습득하고 모방하는 장으로 활용될 수 있다. 이러한 맥락에서 자극적이고 폭력적 내용들은 학교폭력으로 이어질 수 있다. 또 빈번하게 접하게 되면서 폭력에 대한 무감각성이나 죄의식을 느끼지 않게 되기도 한다.

청소년들이 폭력에 무감각해지는 데 상당한 영향력을 발휘하는 매체는 인터넷게임을 들 수 있다. 우리나라 청소년의 3/4은 인터넷게임을 즐기고 있으며 일부는 심각한 인터넷중독으로 심리적, 정신적, 육체적 문제를 일으키고 있다. 인터넷게임은 청소년들의 스트레스 해소에 긍정적인 영향을 끼치는 점도 있지만, 폭력적인 인터넷게임에 노출되면 될수록 청소년의 공격성향이 증가하여 학교폭력을 일으키는 원인이 될 수 있다. 지나치게 인터넷게임에 몰두하는 경우 자기조절 능력이 약화되어 충동적, 공격적 성향이 증가하게 된다.

(3) 폭력에 대한 사회구성원의 인식

학교폭력은 학교폭력 실태조사에서 나타나듯 사소한 장난으로 인식되는 경우가 많아 이에 관여하게 되거나 목격하게 되어도 심각하게 받아들이지 않는 경우가 많다. 한국 사회에서 '아이들은 그냥 싸우면서 자라는 것이다'라는 인식도 이에 기인한다고 볼 수 있다. 또 학교 차원에서도 폭력이 일어날 경우 처벌의 차원보다는 교육적 차원에서 온정주의적 입장을 취하는 경우가 많아 은폐하는 경우도 많다. 이러한 사회구성원의 인식은 폭력 가해자에게 유리하게 작용하는 경우가 많아 학교폭력을 유지 방치 또는 야기하는 결과를 초래할 수 있다.

5 학교폭력의 실태

교육부는 매년 2회씩 17개 시·도교육감을 통해 학교폭력 실태조사를 초·중·고등학교(초4~고2) 학생들을 대상으로 실시하고 발표하고 있다. '2020년 학교폭력 실태조사' 결과를 토대로 학교폭력 실태를 살펴보고자 한다[1].

1) 학교폭력 피해응답률

전체 학교폭력 피해응답률은 0.9%로, 2019년 1차 조사(2019.4.1.~2019.4.30.) 대비 0.7%p 감소했다. 학교급별로는 초 1.8%, 중 0.5%, 고 0.2%로 조사되어, 2019년 1차 조사 대비 각각 초 1.8%p, 중 0.3%p, 고 0.2%p 감소하였다. 이 결과를 보면 초등학생들의 학교폭력 피해율이 다른 학교급별보다 높은 것으로 나타났는데, 이러한 경향을 통해 학교폭력의 저연령화 현상이 심화되고 있음을 알 수 있다.

1) (추진근거)「학교폭력예방 및 대책에 관한 법률」 제11조 및 같은 법 시행령 제9조
(기간/대상) 2020.9.14.~10.23. (6주) 온라인 조사 / 초4~고2 재학생 전체(약 357만 명)
※ 조사 참여율: 82.6%(약 295만 명) / 코로나19 상황에서 학생들의 자발적 참여를 원칙으로 조사 진행
(조사내용) 2019년 2학기부터 응답시점까지의 학교폭력 피해·가해·목격 경험 및 인식
(조사주체) 전국 시·도교육감(한국교육개발원, 한국교육학술정보원 위탁)

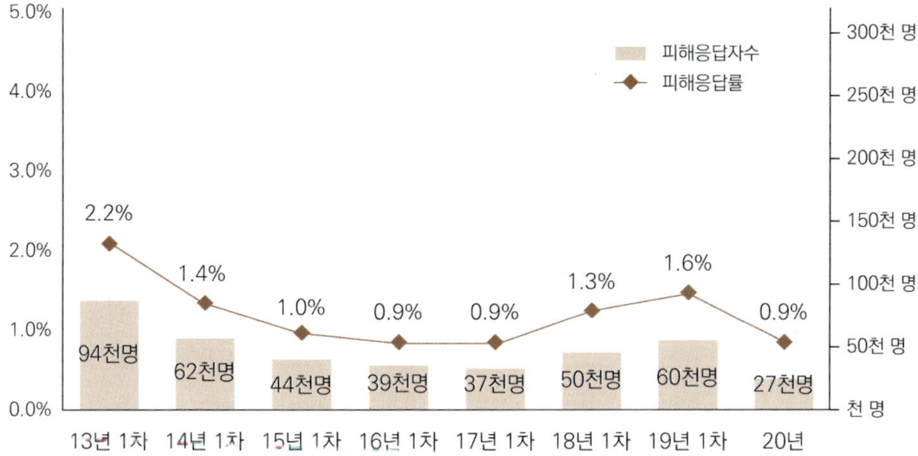

[그림 6-1] 학교폭력 피해응답률

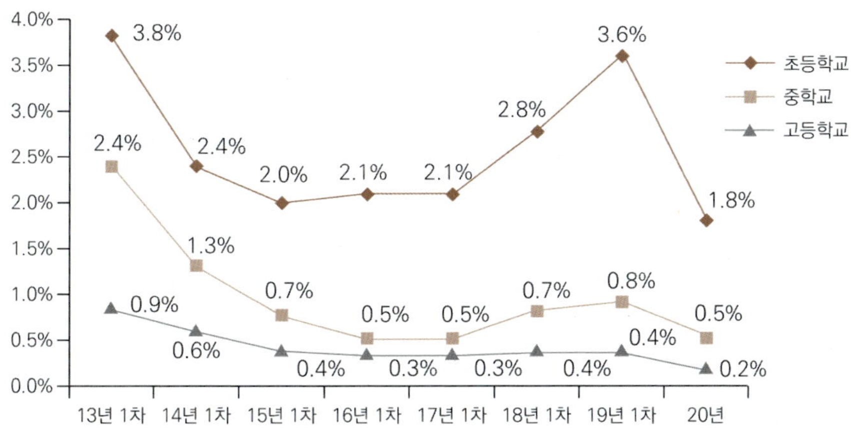

[그림 6-2] 학교급별 피해응답률

2) 학교폭력 피해 실태

이번 조사결과, 학생 1,000명당 피해유형 응답 건수는 지난해와 비교해 모든 피해유형에서 감소한 것으로 나타났다. 피해유형으로는 언어폭력(4.9건), 집단따돌림(3.8건), 사이버폭력(1.8건) 등의 순으로 조사되었다.

〈표 6-4〉 학생 1,000명당 피해유형별 응답 건수

구분	2013년 1차	2014년 1차	2015년 1차	2016년 1차	2017년 1차	2018년 1차	2019년 1차	2020년	증감(건)
언어폭력	13.6	9.4	6.8	6.2	6.3	8.7	8.1	4.9	△3.2
집단따돌림	6.6	4.6	3.6	3.3	3.1	4.3	5.3	3.8	△1.5
스토킹	3.7	3.0	2.6	2.0	2.3	3.0	2.0	1.0	△1.0
신체폭력	4.7	3.1	2.4	2.2	2.2	2.5	2.0	1.2	△0.8
사이버폭력	3.6	2.5	1.9	1.7	1.8	2.7	2.0	1.8	△0.2
금품갈취	4.0	2.2	1.5	1.2	1.2	1.6	1.4	0.8	△0.6
성폭력	1.3	1.0	0.9	0.8	0.9	1.3	0.9	0.5	△0.4
강요	2.4	1.3	0.9	0.8	0.7	1.0	1.1	0.6	△0.5

피해유형별 비중을 살펴보면, 언어폭력(33.6%), 집단따돌림(26.0%), 사이버폭력(12.3%) 순으로 나타났으며, 2019년 1차 조사와 비교하여 다른 피해유형의 비중이 감소한 것과 달리 사이버폭력(3.4%p), 집단따돌림(2.8%p)의 비중은 증가하였음을 알 수 있다.

〈표 6-5〉 피해유형별 응답률

구분*	2013년 1차	2014년 1차	2015년 1차	2016년 1차	2017년 1차	2018년 1차	2019년 1차	2020년	증감(%p)
언어폭력(%)	34.0	34.6	33.3	34.0	34.1	34.7	35.6	33.6	△2.0
집단따돌림(%)	16.6	17.0	17.3	18.3	16.6	17.2	23.2	26.0	2.8
스토킹(%)	9.2	11.1	12.7	10.9	12.3	11.8	8.7	6.7	△2.0
신체폭력(%)	11.7	11.5	11.9	12.1	11.7	10.0	8.6	7.9	△0.7
사이버폭력(%)	9.1	9.3	9.2	9.1	9.8	10.8	8.9	12.3	3.4
금품갈취(%)	10.0	8.0	7.2	6.8	6.4	6.4	6.3	5.4	△0.9
성폭력(%)	3.3	3.8	4.2	4.5	5.1	5.2	3.9	3.7	△0.2
강요(%)	6.1	4.7	4.2	4.3	4.0	3.9	4.9	4.4	△0.5

* 피해유형별 중복응답 가능, 중복응답 건수 기준 비율(%)

학교급별 피해유형의 특징은 집단따돌림의 경우 초 > 중 > 고 순으로 비중이 높았고, 언어폭력은 초등학교에서, 사이버폭력은 중학교에서 비중이 가장 높았다.

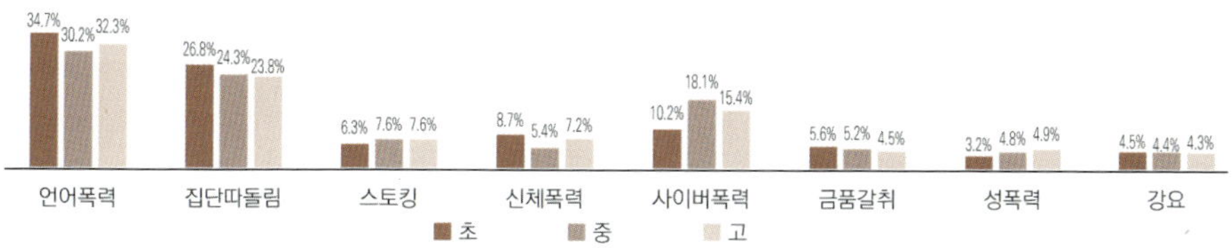

[그림 6-3] **학교급별 피해유형 비율**

학교폭력 피해 장소로는 학교 안이 64.2%, 학교 밖이 28.3%로 학교 안에서 학교폭력이 발생하고 있었다. 학교 안의 경우 교실 안이 32.5%로 가장 높았으며, 복도가 11.5%, 운동장이 7.4% 순으로 나타났으며, 학교 밖의 경우 사이버공간이 9.2%, 놀이터가 6.6% 순으로 나타났다. 사이버공간에서의 학교폭력 비율이 중·고등학교에서 더욱 높게 나타났다.

〈표 6-6〉 **학교폭력 피해장소**

구분	학교 안 (64.2)							학교 밖 (28.3)						기타
	교실 안	복도	운동장	화장실	특별실	기숙사	급식실, 매점등	놀이터	사이버 공간	학원 주변	학교 밖 체험	집, 집근처	PC 노래방	
전체	32.5	11.5	7.4	3.4	1.6	0.5	7.3	6.6	9.2	3.7	4.1	3.9	0.8	7.4
초	32.1	11.0	8.9	3.4	1.4	0.2	6.2	8.3	6.6	4.4	4.5	4.6	0.4	8.0
중	33.0	12.9	4.2	3.3	1.7	0.4	9.8	2.7	16.5	2.1	3.1	2.4	1.9	6.0
고	35.4	12.2	2.7	3.3	2.6	3.5	11.1	2.5	13.1	1.4	2.7	2.0	1.3	6.0

* 피해유형별 중복응답 가능, 중복응답 건수 기준 비율(%)

학교폭력 피해 시간을 살펴보면, 쉬는 시간이 36.0%로 가장 높았으며, 학교 이후가 16.0%, 점심 시간이 15.1% 순으로 나타났다. 쉬는 시간에 교사의 무감독 상태에서 학교폭력이 발생하고 있음을 알 수 있다.

〈표 6-7〉 학교폭력 피해시간

구분	쉬는 시간	점심 시간	하교 이후	수업 시간	하교 시간	학교밖 체험	등교 시간	방과후 수업	기타
전체	36.0	15.1	16.0	7.3	5.3	4.4	3.2	2.4	10.3
초	36.5	13.4	17.5	5.6	6.0	4.5	3.2	3.0	10.3
중	35.1	18.5	12.9	9.9	3.9	4.4	3.1	1.2	11.0
고	34.5	20.0	11.3	14.1	3.3	3.2	3.3	1.7	8.6

* 피해유형별 중복응답 가능, 중복응답 건수 기준 비율(%)

피해 미신고 이유에 대한 응답을 살펴보면, 별일이 아니라고 생각해서가 28.5%, 스스로 해결하려고라고 응답한 비율은 23.8%, 이야기해도 소용이 없을 것 같아서라고 응답한 비율이 18.6% 순으로 나타났다. 신고를 했을 때 주변의 도움을 받을 수 있다는 믿음이 적은 것을 알 수 있으며, 보다 심층 면접을 통해 미신고 이유에 대한 분석이 필요하다고 생각된다.

〈표 6-8〉 학교폭력 피해 미신고 이유

구분	별일이 아니라고 생각해서	더 괴롭힘을 당할 것 같아서	스스로 해결하려고	이야기해도 소용이 없을 것 같아서	선생님이나 부모님의 야단/걱정 때문에	어디에 도움을 요청할지 몰라서
전체	28.5	14.8	23.8	18.6	11.4	2.9
초	29.8	15.6	24.6	15.9	11.1	3.0
중	25.8	12.9	21.3	25.3	12.4	2.3
고	20.7	8.9	21.1	35.2	11.3	2.8

3) 학교폭력 가해 실태

전체 가해응답률은 0.3%로, 2019년 1차 조사 대비 0.3%p 감소했으며, 학교급별로 초 0.7%, 중 0.2%, 고 0.05%로 조사되어, 2019년 1차 조사 대비 각각 초 0.7%p, 중 0.1%p, 고 0.05%p 감소하였다.

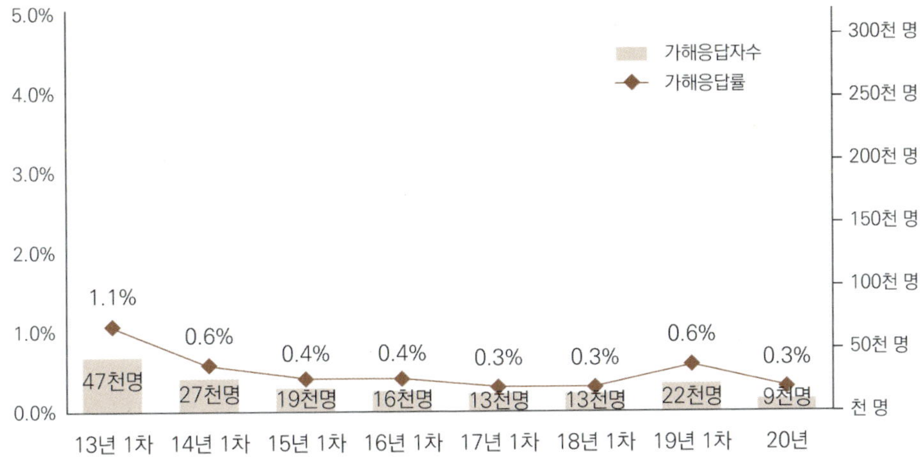

[그림 6-4] 가해응답률

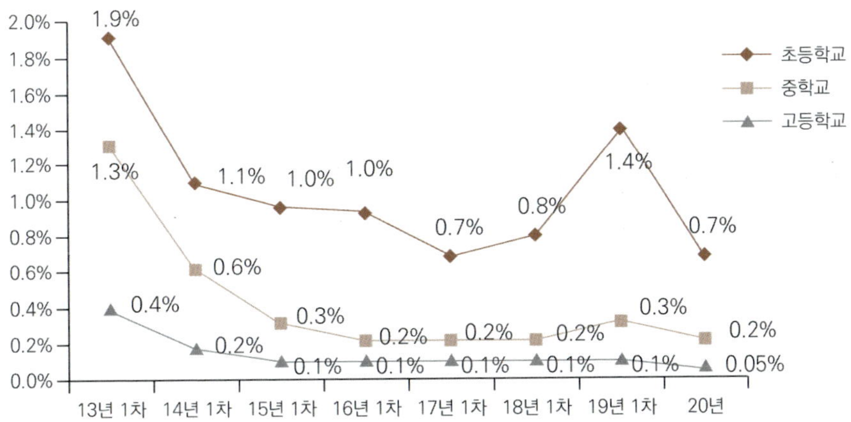

[그림 6-5] 학교급별 가해응답률

학교폭력 가해자 유형을 살펴보면, 같은 학교 같은 반인 경우가 50.9%로 가장 높게 나타났으며, 같은 학교 같은 학년이 26.1%, 같은 학교 다른 학교이 6.6%로 나타났다. 이를 통해 같은 반에서 학교폭력 발생이 높은 것은 동일한 공간에서 접촉이 많은 상황이 갈등 및 폭력 발생을 유발하고 있음을 알 수 있다.

〈표 6-9〉 가해자 유형 (단위: %)

구분	같은 학교 같은 반	같은 학교 같은 학년	같은 학교 다른 학년	다른 학교 학생	잘 모르는 사람	기타
전체	50.9	26.1	6.6	4.1	2.0	10.3
초	52.7	24.3	7.3	3.3	2.0	10.4
중	46.8	30.5	4.5	6.0	2.0	10.2
고	45.5	30.6	4.8	6.7	2.0	10.4

학교폭력 가해 이유를 묻는 응답을 살펴보면, 장난이나 특별한 이유 없이가 28.1%로 가장 높게 나타났으며, 상대방이 먼저 괴롭혀서가 17.5%, 오해와 갈등으로가 13.9%, 상대방의 행동이 마음에 안 들어서가 12.7%, 다른 친구가 하니까가 10.1% 순으로 나타났다. 특별한 이유가 없이 장난이라고 생각하고 학교폭력을 행사하는 것은 타인에 대한 공감능력, 공감 감수성이 적어 타인의 고통을 감지하는 못하는 면이 있으므로, 인성교육 측면에서 공감과 소통 능력을 배양하는 교육이 필요하다고 생각된다.

〈표 6-10〉 가해 이유

구분	전체	초	중	고
상대방이 먼저 괴롭혀서	17.5	19.3	12.6	8.7
장난이나 특별한 이유 없이	28.1	27.9	28.6	29.1
오해와 갈등으로	13.9	12.2	19.4	20.6
상대방의 행동이 마음에 안 들어서	12.7	12.0	15.2	15.0
다른 친구가 하니까	10.1	10.1	10.8	6.5
화풀이 또는 스트레스 때문에	8.3	8.7	6.4	9.0
강해 보이려고	5.0	5.3	3.5	6.1
나의 보호자나 선생님의 관심을 받고 싶어서	1.5	1.5	1.3	2.4
선배나 친구가 시켜서	2.9	3.0	2.3	2.5

중복응답 가능, 중복응답 건수 기준 비율(%)

4) 학교폭력 목격 실태

학교폭력을 목격했다는 목격응답률은 2.3%로, 2019년 1차 조사 대비 1.7%p 감소했다. 학교급별로 초 4.0%, 중 1.6%, 고 0.8%로 조사되어, 2019년 1차 조사 대비 각각 초 3.9%p, 중 1.1%p, 고 0.6%p 감소하였다.

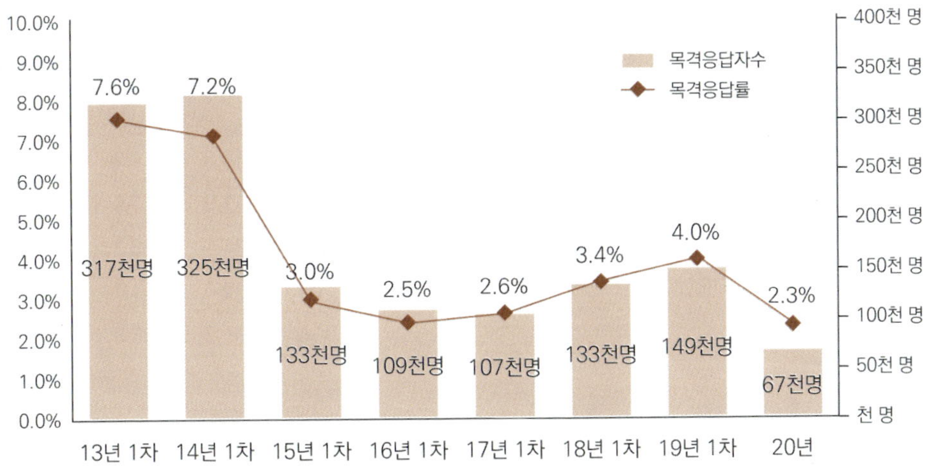

[그림 6-6] 학교폭력 목격응답률

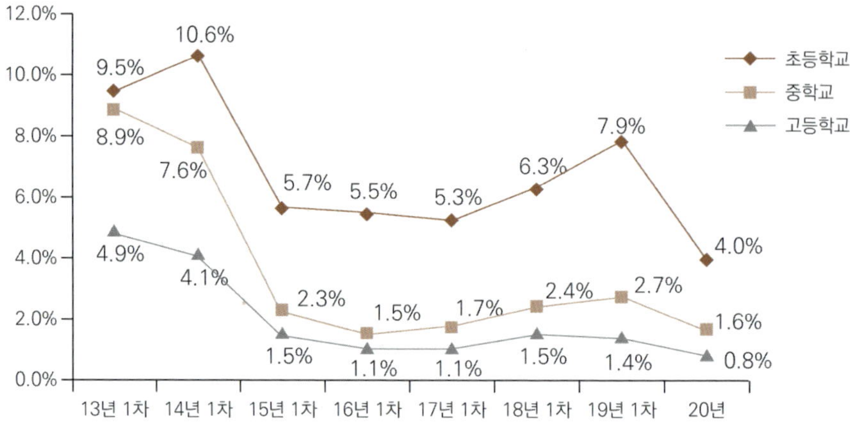

[그림 6-7] 학교급별 학교폭력 목격응답률

학교폭력 목격 후 행동에 대한 응답을 살펴보면, 피해를 받은 친구를 도와줬다는 응답이 36.4%로 가장 높았으며, 아무것도 하지 못했다는 응답도 34.6%로 높게 나타났다. 특히 아무것도 하지 못했다는 응답이 높은 것은 학교폭력 관련 교육이 제대로 이루어지지 않았다는 것을 알 수 있다. 학생들이 학교폭력의 심각성, 예방의 필요성, 해결 절차 등에 대한 심도 있는 교육이 이루어질 필요가 있다.

〈표 6-11〉 학교폭력 목격 후 행동 (단위: %)

구분	전체	초	중	고
때리거나 괴롭히는 친구를 말렸다	15.9	18.8	11.2	8.9
가족, 선생님, 학교전담경찰관 등 주위에 알리거나 신고했다.	11.2	11.9	9.9	10.0
피해를 받은 친구를 위로하고, 도와주었다	36.4	34.1	38.3	47.8
나도 같이 피해학생을 괴롭혔다	1.9	2.0	1.7	1.1
아무것도 하지 못했다.	34.6	33.2	38.8	32.2

6 학교폭력의 대처방안

첫째, 가정에서의 바람직한 훈육이 이루어져야 한다. 가정은 개인의 인격이 형성되는 가장 중요한 사회 단위이다. 하지만 어린 시절부터 폭력적인 가정환경, 학대와 방임, 의사소통의 단절, 부모들의 갈등 및 대립하는 모습을 보고 자라난 자녀들은 자신도 모르게 정서적 불안과 우울을 경험하게 되고, 이것이 공격성과 폭력성의 행위로 표출될 수 있다. 가정에서의 일관되고 안정적인 훈육은 청소년비행을 근절할 수 있는 가장 효과적인 해결책이 된다. 부모들이 때로 부부간의 갈등이 있을 수 있지만 폭력적인 방법이 아니라 대화로 해결하려고 하고, 갈등이 없는 것이 아니라 평화롭게 해결하는 모습을 자녀들이 본다면 자녀들도 또래들과의 갈등과 대립 상황에서 폭력이 아닌 다른 대안을 생각해낼 수 있을 것이다.

둘째, 학교에서 학교폭력을 예방할 수 있어야 한다. 우선 교사와 학생들과의 관계가 상호신뢰할 수 있는 관계가 되어야 한다. 학생들은 교사들에 대해 존경심을 가지고 있고, 교사들은 학생들을 진심을 다해 돌봐준다면 학교폭력은 줄어들 것이다. 학교에서 학교폭력이 발생하였을 때 피해학생과 가해학생 모두가 만족스럽게 해결할 수 있는 세부적인 매뉴얼이 있어야 한다. 학교폭력 피해를 당한 학생들은 자신을 지켜주는 학교를 신뢰할 수 있어야 하며, 학교폭력이 재발하지 않을 것이라는 믿음도 중요하며, 폭력피해에 대한 심리정서적 개입도 함께 이루어져야 한다. 가해학생도 폭력학생이라는 낙인을 주는 것이 아니라 같은 학교의 학생으로서 존중받고 책임 있는 행동을 할 수 있도록 배려되어야 한다.

셋째, 학교폭력 예방교육의 실효성을 높여야 한다. 현재 대부분 초, 중, 고등학교 학생을 대상으로 학교폭력예방 교육의 형태로 사회성 기술훈련, 분노조절훈련, 인권교육, 학교폭력에 대한 이해 등의 교육이 이루어지고 있지만, 학생들이 만족할 수 있고 결과적으로 폭력적 문화를 개선하는 프로그램이 진행되어야 한다. 한국교육개발원에서는 KEDI 학교폭력 예방 프로그램을 개발하여 공감훈련, 문제해결 및 의사소통, 또래중재와 상담, 안전하고 즐거운 학교 만들기라는 주제로 진행되고 있으며, 교육부 주도의 어울림 프로그램은 핀란드의 Kiva 프로그램을 기반으로 공감, 의사소통, 갈등해결, 자기존중감, 감정조절, 학교폭력 인식·대처 등 국내·외 학교폭력 예방 프로그램을 분석하여 도출한 6개 핵심 역량을 내용으로 진행되고 있다.

넷째, 학교폭력을 전담할 수 있는 전문 상담교사를 배치하고, 학교 내외에 순찰활동을 강화하여야 한다. 담임교사와 학교폭력 전문 상담교사의 협업을 통해 학교폭력 발생 이후의 해결 과정과 전문적인 예방 교육이 병행되어야 한다. 학교 내외의 순찰활동을 강화하면 학교폭력의 사각지대 발생을 미연에 방지할 수 있을 것이다.

다섯째, 우리 사회에 만연한 폭력 문화를 개선해야 한다. 학교 주변에는 아직도 퇴폐적인 향락 시설, 유해업소가 있으며 대중매체에서도 폭력적이고 선정적인 장면들이 여과 없이 청소년들에게 노출되고 있다. 이러한 유해환경을 개선하는 것과 더불어 청소년들의 스트레스를 해소할 수 있는 다양한 문화공간 확충도 병행되어야 한다.

〈표 6-12〉 학교폭력의 지원체제

기관	주요 지원체제
117 학교폭력 신고 · 상담센터	전화로 어디에서나 국번 없이 117을 눌러 신고하며, 24시간 운영함. 긴급 상황 시에는 경찰 출동, 긴급구조를 실시
위(Wee)프로젝트	We(우리들), education(교육), emotion(감성)의 첫 글자를 모은 것으로 학교 및 교육(지원)청에서 학생 상담 지원 Wee클래스(학교 단위)—Wee센터(교육지원청 단위)-Wee스쿨(시 · 도교육청 단위)
청소년상담복지센터 (CYS-Net)	위기청소년에게 적합한 맞춤형 서비스를 제공하는 ONE-STOP 지원센터
청소년전화 1388	청소년의 위기, 학교폭력 등의 상담, 신고 전화
푸른나무재단(1588-9128)	학교폭력 관련 전화 및 사이버상담을 실시하고, 학교폭력 피해학생 및 가족 내상 동립지원, 학교폭력SOS지원단에서는 화해 · 분쟁조정지원, 사안처리 진행 자문 및 컨설팅 지원
청소년꿈키움센터 (법무부 청소년비행예방센터)	학교폭력 가해학생 및 보호자 특별교육, 찾아가는 학교폭력 예방교육 등 운영
대한법률구조공단(132)	법률상담, 변호사 또는 공익법무관에 의한 소송대리 및 형사변호 등의 법률적 지원

출처: 교육부, 「2020년도 학교폭력 사안처리 가이드북」. 24면.

생각해보기!

'대화의 힘' 회복적 경찰 활동…가해 · 피해자 90% "만족"

지난해 8월께 한 중학교에서 발생한 학교폭력 가해학생은 이같이 사과했다. 같은 학교 동급생들에게 권투시합을 강요한 것 등이 문제가 됐다. 피해학생들은 사과를 받아들였다.

가해학생은 상담 과정에서 자신의 행동이 큰 상처가 됐다는 것을 느꼈다고 한다. 대화 끝에 학부모들은 폭행이 정당화될 수 없다는 것을 교육하는 계기로 이해했다.

치료비와 재발방지 약속, 상호 관계 회복을 위한 이행문도 작성됐다. 약속은 지켜졌고 학교 내 갈등은 경찰 접수 전 단계에서 종결 처리됐다.

"진작 대화가 됐더라면 고소하지 않았을 것이다."

주택 확장공사 관련 분쟁이 고소전으로 번진 사례에서도 대화는 힘을 발휘했다. 공사 과정에서 옆집 담벼락 훼손, 항의 상황과 물리적 충돌이 발생하면서 문제된 사안이다.

재물손괴, 폭행으로 고소가 이뤄진 뒤 대화의 장이 마련됐다. 피의자는 공사 관련 양해를 구하지 않은 것, 팔목을 비틀었던 것에 대한 사과를 했고 피해자는 이를 받아들였다.

피해자 또한 당시 소리를 지른 것에 대해 사과했다. 훼손된 담벼락 원상복구 문제는 별도로 논의하기로 했다. 그러면서 고소취하서를 냈고, 이후 사건은 기소유예 처분이 이뤄졌다.

9일 경찰청에 따르면 전문가 참여 대화 모임 등을 통한 분쟁 해결 제도인 '회복적 경찰활동'이 일선에서 활발한 것으로 보인다. 학교폭력, 이웃주민 분쟁 등에서 처벌만이 아닌 화해까지 이끌어 내는 방식이라는 면에서 주목받는다.

회복적 경찰활동은 가 · 피해자 사이 근본 문제를 대화를 통해 해결하려는 개념을 말한다. 처벌 중심 사법처리 한계를 넘어 조정을 통해 분쟁을 원만히 해결하거나 실질적 피해 구제를 추구한다는 것이다.

경찰청이 밝힌 지난해 회복적 경찰활동 완료 건수는 464건이다. 이 가운데 90%에 해당하는 418건에 대한 조정이 이뤄졌다. 이 기간 전체 접수 건수는 573건이다.

조정이 이뤄진 418건 가운데 접수 전 종결, 훈방, 즉결심판 청구 등 경찰 단계에서 마무리된 사안은 193건에 해당한다. 검찰, 법원에 송치된 경우는 211건인데 기소유예 처분 또는 양형 참작 소지가 있는 것으로 보인다.

조정 사건 가운데 현재 수사 중인 사안은 14건이라고 한다. 전체 접수 사건 유형별로는 학교폭력 159건, 폭행 · 협박 157건, 가정폭력 140건, 절도 54건 등으로 집계된다.

조정 등 참여 당사자 만족도는 대체로 긍정적인 편이라고 전해진다. 경찰이 회복적 경찰활동 만족도 설문 조사를 진행한 결과 피해자 90%는 결과에 만족한다는 응답을 했다고 한다.

가해자 또한 94%가 결과에 만족한다고 답변했다. 참여 수사관들의 경우에도 피해 회복에 효과가 있다는 응답이 83%, 재연계 의사를 밝힌 경우는 91%에 달한 것으로 집계된다.

회복적 경찰활동은 지난 2019년 수도권 지역 경찰서 15곳 시범운영 이후 지난해 4월 확대, 142곳에 적용됐다. 올해는 178곳으로 늘려 운영하면서 하반기 200곳까지 적용하겠다는 계획이다.

사건별 전담도 정해진다. 성인 사건은 피해자전담경찰관, 소년 사건은 학교전담경찰관(SPO) 담당이 지정되는 식이다. 아울러 경찰서와 전문기관 1대1 연계도 추진된다.

상담 전문가로 전직 경찰관이 활동하는 방안도 고려되고 있다. 경찰 관계자는 "퇴직, 퇴직 예정 경찰관 52명에 대한 전문가 양성 과정이 진행 중"이라며 "하반기에 위촉할 계획"이라고 전했다.

심동준 기자

뉴시스(2021.02.09)

원문 https://newsis.com/view/?id=NISX20210208_0001333869#

CHAPTER

07

약물남용

본 장에서는 약물남용의 개념과 약물 종류, 청소년 약물남용의 실태를 소개한다. 청소년 약물남용의 특징을 살펴봄으로써 약물남용 예방과 방지 대책을 모색하고자 한다.

학습목표

1. 약물남용의 개념, 약물 종류를 설명할 수 있다.
2. 청소년 약물남용의 실태를 파악할 수 있다.
3. 청소년 약물남용의 특징을 설명할 수 있다.
4. 청소년 약물남용 예방과 대책을 파악할 수 있다.

Keywords

약물남용, 흡연, 음주, 약물중독

1 약물남용의 개념

청소년들은 질풍노도의 시기를 보내면서 현실과 공상 사이를 왔다 갔다 하는 변화의 과정을 겪게 된다. 이러한 변화무쌍한 과정을 겪으면서 자아 정체성 확립, 학업 스트레스, 부모 및 친구 관계에서 오는 갈등이 발생할 수 있기 때문에, 쉽게 주변의 약물 유혹에 빠져들 수 있다. 또한 친구들의 압력과 호기심으로 일시적으로 음주에 빠지는 경우도 있지만, 나아가 비합법적인 약물로까지 손을 뻗치는 경우도 있다. 이러한 약물사용으로 인해 일부 청소년들은 학교부적응, 비행 및 범죄행위로 발전하는 안타까운 경우도 있다.

미국정신의학회 DSM-Ⅳ에서는 정신질환성약물(psychoactive drug)이라는 용어 대신 물질(substance)이라는 용어를 사용한다. 약물(drug)이 아닌 물질(substance)이라는 용어를 쓰는 것은 인체에 의학적 이유로 투여하기 위해 제조된 것과 그렇지 않은 것 모두가 관심의 대상이 되며, 인간이 합성한 것뿐만 아니라 다양한 자연산물도 포함되기 때문이다. 또한 정신활성(psychoactive)이라는 용어가 생략된 것은 뇌에 대한 작용을 목적으로 개발되지 않은 물질들 - 예를 들어 본드, 가스 등 - 도 정신기능에 다양한 영향을 미칠 수 있기 때문이다. 물질에는 우리가 일상적으로 사용되는 기호품들도 포함된다(이정균 · 김용식, 2008: 191). 하지만 약물과 물질이 특별히 구분하지 않고 혼용하여 사용되고 있기 때문에 본 장에서도 혼용하여 사용하고자 한다.

세계보건기구(WHO)에서는 물질의 개념을 '물질이란 한번 사용하기 시작하면 계속 사용하고 싶은 충동을 느끼고(의존성), 사용할 때마다 양을 늘리지 않으면 효과가 없으며(내성), 사용을 중지하면 온몸이 견디기 힘든 이상을 일으키며(금단증상), 개인에게 한정되지 않고 사회에도 해를 끼치는 물질이다'라고 정의하고 있다.

일반적으로 물질남용과 관련된 물질에는 마약, 향정신성 물질, 대마 등의 습관성 마약과 술, 담배, 환각흡입물질, 일반의약품에 속하는 비처방 의약품, 즉 신경안정제, 근육이완제, 식욕억제제, 진통제, 최면진정제, 이뇨제 등 뿐만 아니라 신나, 구두약, 치약까지 무엇이든 약간의 환각 작용이라도 느낄 수 있는 물질은 습득 가능한 범위 내에서 남용의 대상이 될 수 있다(한상철 외, 2003: 192).

「청소년 보호법」 제2조 제4항에서는 청소년유해약물 등이란 청소년에게 유해한 것으로 인정되는 약물(청소년유해약물)에는 「주세법」에 따른 주류, 「담배사업법」에 따른 담배, 「마약류 관리에 관한 법률」에 따른 마약류, 「화학물질관리법」에 따른 환각물질, 그 밖에 중추신경에 작용하여 습관성, 중독성, 내성 등을 유발하여 인체에 유해하게 작용할 수 있는 약물 등 청소년의 사용을 제한하지 아니하면 청소년의 심신을 심각하게 손상시킬 우려가 있는 약물로서 대통령령으로 정하는 기준에 따라 관계 기관의 의견을 들어 제36조에 따른 청소년 보호위원회가 결정하고 여성가족부장관이 고시한 것이라고 규정하고 있다.

정신의학에서는 말하는 물질사용장애(substance use disorder)는 물질남용(substance abuse)과 물질의존(substance dependence)으로 구분하고 있으나, 여기에서는 물질사용장애와 관련된 개념들인 물질남용, 물질의존, 약물중독, 내성, 금단 현상에 대한 개념을 살펴보고자 한다.

1) 물질남용

세계보건기구(WHO)에서는 물질남용(substance abuse)은 정당한 의료행위의 규정에 맞지 않게 약물을 지속적 혹은 일시적으로 과다하게 사용하는 행위로 정의하고 있다. 일반적 · 법률적 측면에서의 약물남용의 정의는 ①

불법적 물질의 사용, ② 의약품의 처방받지 않은 부당한 사용, ③ 법률적으로 정당한 물질의 지나친 사용 등으로 정의를 내리고 있다. 한마디로 물질남용은 의학적 상식, 법규, 사회적 관습으로부터 일탈하여 쾌락을 추구하기 위하여 물질을 사용하거나 과잉으로 사용하는 행위를 말한다.

약물사용(drug use)은 약물의 의학적 목적에 맞게 치료의 효과를 위해 사용하는 것을 말하며, 약물오용(drug misuse)은 약물이 치료적으로 사용되었는지의 여부에 상관없이 그 잠재적 위험성을 증가시킬 수 있는 용량이나 상황에서 복용할 때를 말한다. 약물오용은 임의적으로 사용하거나 처방된 약물을 제대로 또는 지시대로 사용하지 않을 때를 일컬으며, 청소년들의 경우 시험공부를 하기 위해 잠 안 오는 약을 마음대로 복용하는 경우를 약물오용이라고 할 수 있다.

물질남용은 법적 규제 대상이 되는 마약류(코카인, 헤로인, 대마초 등)를 사용하는 것과 법적 규제의 대상에 포함되지 않는 약물(담배, 술)이라도 환각을 목적으로 사용한다면 물질남용에 해당된다.

2) 물질의존

세계보건기구(WHO)에서는 물질의존(substance dependence)이란 특정 정신활성약물의 사용이 이전에 더 가치 있었던 다른 행동보다 더 높은 가치를 가지게 되는 행동양상을 나타내는 증후군을 말한다. 의존성(dependence)이란 물질사용의 중지로 인한 불쾌감을 피하고 정신적인 약물효과를 얻기 위해 약물을 지속적 혹은 주기적으로 사용하여 사용자에게 해를 초래하거나 타인에게 해를 주는 행동을 야기하며, 약물을 얻기 위해서는 어떤 수단과 방법이라도 다 동원하는 강박성이 부수되는 정신적 및 신체적 중독상태를 말한다. 마약성 물질을 주기적으로 사용한 결과 사용자에게 정신적, 신체적 변화를 일으켜 마약성 물질을 중단하거나 조절하는 것을 어렵게 하는 상태를 말하며, 대부분 습관성 약물들은 의존성과 재강화(reinforcement)를 야기한다(한상철 외, 2003: 193).

3) 약물중독

공식적인 진단분류체계에는 중독(addiction)이란 용어는 없지만, 용어상의 개념은 중독(intoxication)이란 특정 물질의 작용으로 신체 · 정신기능에 해로운 변화가 온 상태를 말하며, 중독(addiction)이란 물질을 계속 사용하려는 부적응 패턴의 일종을 말한다.

약물중독(substance addiction, intoxication)이란 마약성 물질에 대한 강박적 집착상태로 인해 일단 사용하기 시작하면 끝을 보고야 마는 조절불능 상태를 말한다. 약물로 인해 해로운 결과가 있으리라는 것을 알면서도 계속해서 약물을 사용하는 상태 등을 말한다. 한마디로 약물에 대한 심한 심리적 · 육체적 의존상태라고 볼 수 있다. 중독이 되면 약물에 대한 내성이 생기고 약물을 사용하지 않을 때는 금단현상이 나타난게 된다.

4) 내성

내성(tolerance)이란 동일한 효과를 얻기 위하여 약물의 양과 횟수가 늘어나는 것을 말한다. 약물을 사용하게 되면 인체 내에서 저항력이 생기게 되고, 동일한 효과를 얻기 위하여 약물사용량을 점차 늘리게 되는데, 이런 경우를 내성이 생겼다라고 말한다. 이러한 내성은 생리학적인 요소뿐만 아니라 심리적인 요소에 의해서도 발생할 수 있다.

5) 금단증상

약물에 의존하게 되어 약물을 사용하지 않을 때 우울감과 신체적인 금단현상이 야기된다. 약물을 반복적으로 사용하면 뇌에서 더 많은 약물을 필요로 하게 되고, 약물 의존상태에서 약물을 갑자기 약물을 중단하면 때로는 심각하고 인내하기 힘든 특이 증상이 나타나게 된다. 주로 불안, 두려움, 안절부절하지 못함, 화를 쉽게 냄, 불면증, 주의집중장애, 환각 등의 여러 가지 신체적 · 심리적 이상현상을 금단증상(withdrawal symptom)이라고 한다.

〈표 7-1〉 약물 관련 용어 정리

용어	의미
약물사용 (drug use)	약물복용이 이루어지고 있으나 복용량이 적고 복용 빈도도 제한되어 있는 때
약물남용 (drug abuse)	향정신성 약물의 비의학적 약물의 빈번하고 과도한 사용으로 개인의 신체적, 정신적 혹은 사회적 기능에서 손상이 일어날 때
약물의존 (drug dependence)	약물중독과 동의어로 특정 약물을 복용하지 않으면 안 되는 상태로 내성이나 금단증상이 나타남
약물오용 (drug misuse)	• 약물을 잘못 사용하는 것 • 약물의 과용, 저용, 잘못된 투여방법, 잘못된 약물 선택 및 시간 선택 시 사용되는 용어 • 약물과용은 의사의 처방지시보다 많은 양의 약물을 복용하여 발생하는 문제로 의료계에서 주로 사용 • 약물과용(예: 수면제)에 의한 자살이 이에 포함될 수 있음

2 청소년 약물의 종류

약물에 대한 정확한 분류를 하기에는 어려움이 있지만 일반적으로 구분하는 방식에 의하면, 크게 법적으로 사용이 금지된 약물(마약류), 의사의 치료용 이외의 사용을 금지하고 있는 약물(약류), 기타 산업용으로 사용되거나 인체에 유해성을 주는 약물(본드, 가스 등 유해화학물질), 성인들에게는 허용되는 술, 담배는 청소년유해약물로 판매나 사용을 금지하고 있다.

국내 청소년을 대상으로 한 물질사용장애 빈도나 약물종류를 파악하기는 쉽지 않으나, 여러 자료들을 종합해 보면 미국 청소년들이 많이 사용하는 대마초, 코카인, 헤로인, 메스암페타민은 적은 반면, 유기용 매체(부탄가스, 시너, 본드), 진해거담제(러미나), 항히스타민제(아빌) 사용이 상대적으로 높게 나타났다. 국내 청소년의 경우 알코올, 흡연이 가장 큰 문제이며, 특히 여학생들의 비중이 높게 나타나고 있으며, 최근은 유기용 매체가 감소하고 엑스터시로 대표되는 합성 마약과 서구와 같은 다양한 종류의 약물이 오남용되기 시작한 것으로 예측된다. 국내 청소년들에게 주로 나타나는 약물을 중심으로 약물의 특징을 살펴보고자 한다.

1) 술

알코올(alcohol)은 마취제와 구조적으로 전혀 다르지만 작용기전이 비슷한 중추신경억제제로 뇌의 기능을 둔화시키며, 수면이나 마취효과를 나타내는 중독성이 강한 습관성 약물이다. 혈액 속에 흡수된 알코올의 농도에 따라 신체적 · 심리적 반응이 다르게 나타나는데, 다량의 알코올을 단시간 내에 마시면 혈액 속의 알코올 농도가 급격히 증가하여 뇌의 조절기능이 마비될 수 있으며, 심하면 사망까지 이르게 된다. 또한 알코올은 인지장애, 금단증상 등의 뇌 독성작용을 나타내고 장기 음주는 여러 가지 신체 증상을 유발하게 된다.

음주에 따른 행동은 2단계로 구별된다. 1단계 음주 초기는 혈중 알코올 농도의 상승으로 각성, 흥분, 자신감의 상승 등을 일으키게 되며, 이후 혈중 알코올 농도의 하강 시에는 피곤함 및 불쾌한 느낌 등을 일으키게 된다. 2단계는 알코올에 내성이 생기면서 초기 자극 효과는 감소하고 이후의 하강 효과는 더욱 반응이 크게 나타나게 된다.

청소년기 알코올 의존은 신체적으로도 손상을 일으키게 되는데, 구역질, 구토, 십이지장 궤양, 소화기계 출혈 등이 일어날 수 있다. 알코올 금단현상으로는 오심, 구토, 떨림 현상, 맥박의 상승, 혈압 상승, 발한, 불안, 자극 과민성, 갑작스런 발열, 간질 발작 등을 일으킬 수 있다. 청소년들의 알코올 문제로 무단가출, 폭력행위, 절도, 기물파손과 같은 비행 행동의 가능성이 높아질 수 있으며, 어린 나이에 알코올을 경험한 경우 나이가 들어서도 과음할 확률이 높아질 수 있다.

2) 담배

담배는 중추신경흥분제로서 담배 한 개비가 타기 시작하면 니코틴, 타르, 일산화탄소 등 약 4전여 종의 독성물실이 나온나고 한다. 담배 한 개비에도 1~2mg의 니코틴이 들어 있으며, 담배 한 갑을 피우면 20~40mg의 니코틴을 마시는 것과 같다. 이것은 필로폰이나 코카인 등 흥분제의 2회 사용량과 맞먹는 것이다.

청소년기의 흡연은 성인기에 비해 니코틴의 긍정적 강화 작용이 더 강력하다. 청소년이 한 번 흡연을 시작하게 되면 성인에 비해 흡연 중단이 훨씬 어려울 수 있다. 청소년기 흡연자 5명 중 1~3명은 니코틴 의존에 해당하며, 2/3 이상이 니코틴 금단증상을 보인다고 한다. 흡연의 금단증상은 짜증을 내거나 울적한 기분, 불면, 좌절감 혹은 갑작스럽게 화가 치미는 것, 집중의 저하, 심박수의 감소, 식욕의 증가 등으로 나타난다고 한다.

흡연이 니코틴의 중추신경흥분제 작용으로 일시적 안정감과 긴장감을 해소해 줄 수 있지만, 청소년기 뇌세포의 성장을 저하하고, 노화를 촉진할 수 있으며, 각종 저항 능력이 약화되어 질병에 걸릴 위험성이 높다고 한다.

3) 흡입제

흡입성 물질로는 휘발성 유기화합물질을 말하며, 주로 본드, 니스, 가스, 접착제 등이 이에 해당된다. 이러한 흡입제는 청소년들이 주위에서 쉽게 구할 수 있어서 어린 청소년들에게 흔히 사용된다. 코나 구강에 분사하거나 헝겊에 묻히거나 봉지에 넣어 들이마시는 방법이 있다.

흡입제를 흡입하면 술 취한 듯한 느낌, 어지럼증, 판단 불가능한 상태, 조절 불가능한 상태, 외진 곳에 버려진 듯한 느낌, 당당한 느낌, 무엇이든 해낼 수 있을 것 같은 느낌 등을 경험한다고 하며, 흡입상태에서 외부로부터 불쾌한 자극을 받으면 감정이 폭발하여 비행 및 범죄행위를 일으킬 수 있다. 흡입량이 늘어나면 뇌조직 전체에 영향을 주어 시·공간에 대한 방향감각 상실, 흐릿한 의식에서의 환각, 부분적인 기억상실 등을 경험하다가 의식을 잃거나 호흡기능장애로 질식하기도 한다.

4) 기타 약물류

청소년들이 가장 많이 사용하고 있는 약은 시중에 팔리고 있는 진해거담제 성분의 약들이다. 진해거담제에는 감기나 기관지염, 폐렴, 폐결핵 등으로 인한 기침을 가라앉히는 데 쓰이는 약물이다. 이 외에 각성제, 신경안정제, 진정수면제(항불안제), 항히스타민제, 골격근 이완제 및 진통제들이 청소년들 사이에서 남용되고 있다.

이러한 약들은 과다 복용할 경우 불안 증상이나 환각 및 착란 등의 부작용을 일으키고, 약물의존도가 높아지고 내성이 생기게 된다. 보통 한 번 약물을 복용 후 30분 내지 1시간 이후 효과가 나타나 4~5시간 지속되고, 청소년들은 다른 약물보다 흡입 시의 고통이 덜 하기 때문에 약물을 선호하는 경우가 많다.

5) 대마

대마는 일명 마리화나로 불리며, 미국 청소년들은 2/3가 최소 한 번은 사용할 정도로 많이 사용하는 환각 물질이다. 대마를 하게 되면 가벼운 행복감에서부터 감각적 이미지의 변화까지 다양한 효과가 나타나고, 보통 대마를 피운 후 10분 내에 효과가 나타나기 시작하여 수시간 동안 지속된다. 중독 수준에 따라 고양감 동안에 일어난 일을 기억하지 못한다거나 집중 및 운동 협응에 어려움을 겪는 모습을 보인다. 장기적으로 대마를 흡입하게 되면 의욕상실, 폐암, 남성의 정자 수 감소를 유발할 수 있으며, 다른 정신질환 발생의 원인이 될 수 있다고 한다.

6) 메스암페타민(히로뽕, 필로폰)

메스암페타민은 히로뽕, 필로폰 등 다양한 명칭으로 불리는 중추신경 각성제이다. 구강으로 복용하거나 주사를 사용하는 메스암페타민은 집중력 강화, 식욕 상실, 불면증에서부터 환시, 환청, 환촉 등의 다양한 효과를 일으킨다. 부정적 증상으로는 기억상실, 공격성, 폭력, 정신증적 행동, 인지 기능 저하를 초래할 수 있으며, 코카인과 마찬가지로 의존성이 높아져 급격한 심리사회적 황폐화를 보이게 된다. 급성 중독이 되면 각성 증가, 신체적 힘의 증가, 식욕 저하, 호흡수 증가, 고온, 다행감 현상이 나타나며 경련이 일어날 수 있다.

7) 엑스터시

엑스터시는 합성약물로 환각제이자 자극제의 효과를 지녀 젊은이들의 클럽 파티약으로 사용된다. 복용 후 1시간 이내에 각성감, 안락감, 타인과의 감정 교류감의 증대, 감각지각 능력의 증대를 초래한다. 환각 효과는 4~6시간 동안 지속되며, 부작용으로 혼동, 우울, 불안, 졸림, 편집증을 일으키고, 신체적으로는 긴장, 이를 악물음, 구역질, 떨림, 시야의 흐림, 졸도감, 빠른 안구운동, 발한, 오한, 심혈관계 부작용 등이 나타날 수 있다.

〈표 7-2〉 약물의 종류 및 증상들

구분	종류	약리학적 분류	신체적 증상 및 행동	독성
마약	Opium(아편) Heroin Morphine Codeine Methadine Demerol	중추신경억제제	중추신경 억제로 인한 행복감과 도취감, 신체조정력 상실, 동공축소, 눈물, 콧물, 오한, 발한, 식욕감퇴, 졸림, 수면, 멍청함, 체중감소	정신적 의존(습관성), 신체적 의존(중독성), 금단증상, 감염, 농양, 파상풍, 간염, 호흡마 망(과량 사용시)
	Cocaine	중추신경흥분제	흥분, 동공산대, 불안, 초조, 진전(손떨림), 미약한 환각	강한 정신적 의존, 정신혼돈, 현기증, 감 경련, 사망(과량 사용시)
환각제	LSD, DMT, DET, STP, LBJ Mescaline Psilocybin Phencyclidine	중추신경흥분제/억제제	용량과 개인에 따라 다양함, 불안초조, 도취감, 감정억제, 동공확대, 착각, 망상, 환각, 지각강화, 지각왜곡, 오심, 구토, 예측불허의 행동, 공황 또는 공포성 정신병적 반응	신체적 의존은 없으며 정신적 의존 잠재성과 이 있음. 정신이상 및 영구 정신이상 가능, 허 행위, 제재가 어려운 위험한 행동, 자살, 플리시백 현상
	대마 Marujuana Hashish	중추신경흥분제 그리고 또는 억제제	투여방법에 따라 효능다양, 안구충혈, 구강건조, 말이 많음, 웃음, 도취감, 약한 환각, 시간과 공간의 왜곡, 과장된 지각	정신적 의존가능성이 있으며 내성과 신체적은 없다. 공간 왜곡에 의한 사고
흥분제 (각성제)	Amphetamines Benzedrine Dexedrine Methedrine 필로폰	중추신경흥분제	동공확대, 식욕상실, 흥분, 잠이 많음, 손떨림, 흥분성, 코·입술·구강의 건조, 호흡곤란, 과로, 피로, 불면증, 다량 정맥주사 시 망상, 적개심, 공격적 행위, 환각, 공황증, 편집증	고혈압, 심장마비, 뇌손상가능성, 영양장애, 극도의 피로, 폐렴, 강한 정신적 의존 및 의존, 내성, 부주의한 행위, 혼수, 사망(과량 시)
억제제 (진정제, 수면제)	Barbiturates Phenobarbital Amytal Seconal Nembutal Tuinal	중추신경억제제	동공축소, 취한 행동, 말더듬, 사고산만, 억제, 졸림, 멍청함, 과량사용 시 무의식, 혼수, 호흡마비로 사망	정신적 의존, 신체적 의존, 오판과 조정력 의한 위험, 금단증상, 신장장애, 뇌손상, 간 과량사용 시 사망(술과 함께 복용 시 상승

구분	종류	약리학적 분류	신체적 증상 및 행동	독성
신경 안정제	Valium Librium Ativan Quaalude	중추신경억제제	중추신경억제제와 유사한 평온, 즐거움과 안정감, 발한, 감정억제, 정신적 침체, 배뇨장애, 노여움, 긴장, 불안, 정신적 흥분, 언어장애	억제제와 유사(그러나 보다 강함), 정신적·신체적 의존, 술, 마약, 수면제와 겸용 시 상승효과, 시각장애, 현기증, 졸림, 금단증상(흥분, 오심, 감정억제, 경련 등)
흡입제 (본드·가스)	Toluene Hexane Acetone Gasoline Thinner	중추신경억제제	술과 유사함, 동공축소, 혼수, 언어장애, 현기증, 도취감, 시각과 청각왜곡, 환각작용이 있다고도 함, 콧물, 눈물, 침, 근조절장애, 취한 행동, 성냄, 흥분, 졸림, 무의식	정신적 의존, 판단장애로 오는 위험, 공격적 행위, 반사회적 행동, 간장장애, 심장장애, 골수장애, 영구적 뇌손상 가능, 식욕감퇴, 체중저하, 사망
술	Wine Beer Whiskies	중추신경억제제	음주량과 개인의 정서적 상태에 따라 효과가 다름. 위통, 위염, 오심, 구토, 이뇨, 영양장애, 각종 질환, 불안, 긴장, 공포, 호전성	신체적 의존, 정신적 의존, 조정력 상실, 감상적·공격적 상태 등으로 인한 위험, 사망(수면제와 혼용하면 더욱 위험), 위염, 간경화, 췌장염, 반사회적 행동, 뇌손상, 각종 장기손상
담배	Cigarettes Cigars Pipe-Tobacco Chewing-Tobacco Snuff	중추신경흥분제	타액증진, 기관지분비증진, 혈압상승, 심박수 증가, 동공, 용량의 증가로 진전, 구토 호흡증진이 옴	폐암, 구강암, 후두암, 만성기관지염, 폐기종, 심장질환, 혈관질환, 공기오염

3 청소년 약물남용의 실태

마약이란, 일반적으로 마약원료인 생약으로부터 추출되는 천연마약(양귀비, 아편, 헤로인, 코데인, 모르핀, 코카인 등)과 화학적으로 합성되는 합성마약으로 분류되고 있다. 전체 마약류사범과 청소년 마약류사범은 2008년부터 2017년까지 증감을 반복하고 있다. 2014년 이후 청소년 마약류 사범이 100명을 넘는 것을 감안할 때, 청소년에게 마약류가 유통되는 경로를 차단하여 청소년의 마약류 중독을 막기 위해 노력할 필요가 있다. 특히 2018년 19세 이하 적발인원이 143명으로 전년대비(전년도 119명) 소폭 증가하였다.

〈표 7-3〉 청소년마약류 사범 연령별 현황(2008~2018) (단위: 명, %)

연도 \ 구분	전체 마약류 사범	청소년 마약류 사범	
		인원	비율
2008	9,898(100.0)	23	0.2
2009	11,875(100.0)	82	0.7
2010	9,732(100.0)	35	0.4
2011	9,174(100.0)	41	0.4
2012	9,255(100.0)	38	0.4
2013	9,764(100.0)	58	0.6
2014	9,984(100.0)	102	1.0
2015	11,916(100.0)	128	1.1
2016	14,214(100.0)	121	0.9
2017	14,123(100.0)	119	0.8
2018	12,613(100.0)	143	1.1

출처: 대검찰청(2009~2019). 마약류범죄백서.

향정신성의약품이란 오·남용 시 인체에 현저한 위해를 가할 수 있다고 인정되는 물질로써, '메스암페타민(속칭 히로뽕)', 'MDMA(엑스터시)', 'LSD(무색 · 무미 · 무취 환각제)' 등을 가리킨다. 2018년 청소년 마약범죄 중 마약류의 종류를 살펴보면 대체로 향정신성의약품의 비중이 73.4%로 가장 높은 수치를 나타내고 있다. 청소년이 사용하는 향정신성의약품은 전문의약품보다는 '본드' 등의 흡입으로 인한 경우가 많다. 최근 대마로 인한 청소년의 중독도 증가하고 있다. 따라서 청소년 마약중독 예방을 위한 교육이 집중적으로 실시되어야 한다.

〈표 7-4〉 **청소년마약류별 현황(2008~2018년)** (단위: 명, %)

구분 연도	전체	청소년 마약류 사범			
		합계	향정신성 의약품	대마	마약
2008	9,898	23(100.0)	16(69.6)	7(30.4)	-
2009	11,875	82(100.0)	55(67.1)	25(30.5)	2(2.4)
2010	9,732	35(100.0)	16(45.7)	19(54.3)	-
2011	9,174	41(100.0)	34(82.9)	7(17.1)	-
2012	9,255	38(100.0)	26(67.4)	12(31.6)	-
2013	9,764	58(100.0)	39(67.2)	17(29.3)	2(3.4)
2014	9,742	102(100.0)	48(47.1)	54(52.9)	-
2015	11,916	128(100.0)	78(60.9)	50(39.1)	-
2016	14,214	121(100.0)	91(75.2)	28(23.1)	2(1.7)
2017	14,123	119(100.0)	70(58.8)	49(41.2)	-
2018	12,613	143(100.0)	105(73.4)	36(25.2)	2(1.4)

출처: 대검찰청(2009~2019). 마약류 범죄백서.

청소년건강행태조사(2020)에서 청소년 흡연실태를 살펴보기 위해 중1~고3을 대상으로 최근 30일 동안 1일 이상 흡연한 사람을 조사한 결과, 남학생 9.3%, 여학생 3.8%였고, 고등학생(남 14.2%, 여 5.2%)이 중학생(남 4.0%, 여 2.3%)에 비해 높았으며, 남녀학생 모두 학년이 올라갈수록 높았다. 남학생은 큰 변화가 없으나 여학생은 최근 3년간 증가 경향이 나타났다.

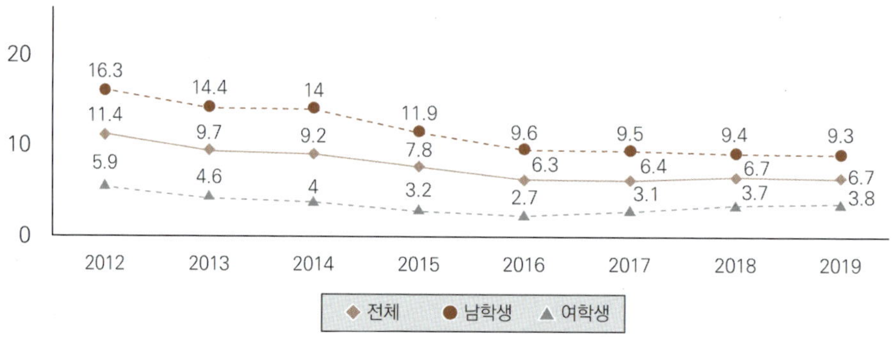

출처: 교육부, 보건복지부 질병관리본부. 청소년 건강행태조사, 국가승인통계 제117058호.

[그림 7-1] 청소년 흡연율 추이

스마트학생복에서 청소년 1,565명을 대상으로 진행한 청소년 흡연실태 조사(2019)를 보면, 흡연을 경험해 본 적이 있다는 응답이 약 12.6%로 나왔으며, 흡연을 경험하게 된 계기는 스트레스 해소(31.5%), 호기심(31%)으로 비슷하게 나타났으며, 친구나 선배의 권유도 20.8%로 나타났다.

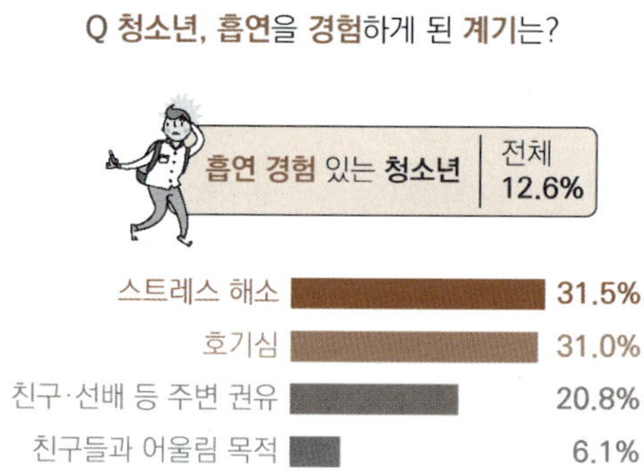

[그림 7-2] 청소년 흡연 계기

주로 흡연을 하는 장소로는 '주택 골목'이라는 응답이 51.1%로 절반을 넘게 차지하며, 청소년들이 주변 시선을 피해흡연한다는 것을 예측할 수 있었다. 다음으로 '놀이터, 공원' 17%, '집, 친구집' 12.3%, 'PC방, 노래방' 5.0%로 나타났다.

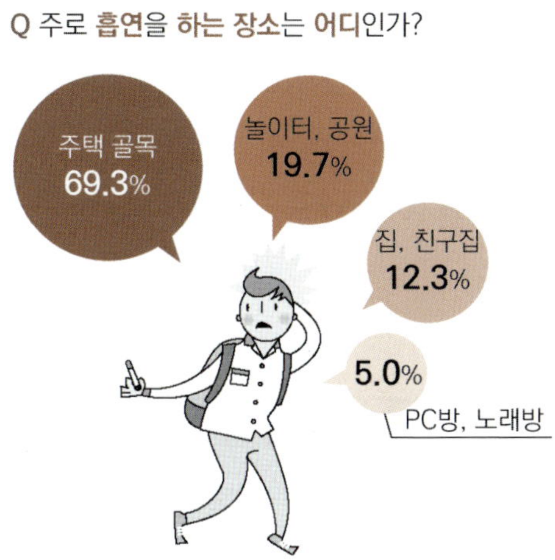

[그림 7-3] 청소년 흡연 장소

청소년건강행태조사(2020)에서 청소년 흡연실태를 살펴보기 위해 중1~고3을 대상으로 최근 30일 동안 1잔 이상 술을 마신 적이 있는 사람을 조사한 결과, 남학생 16.9%로 여학생 13.0%보다 높았고, 고등학생(남 25.0%, 여 18.4%)이 중학생(남 8.0%, 여 7.1%)에 비해 높았다. 남녀학생 모두 학년이 올라갈수록 증가 경향을 보였다.

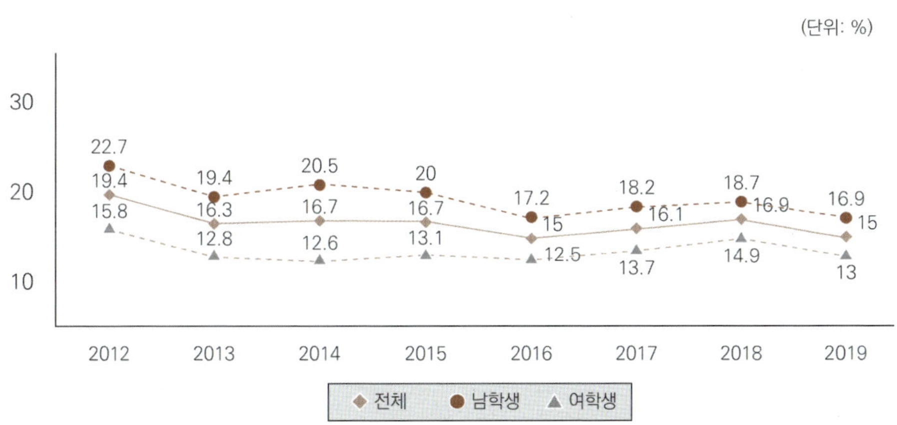

[그림 7-4] 청소년 음주율 추이

현재 청소년 음주자 중에서 최근 30일 동안 1회 평균 음주량이 중등도 이상(남자: 소주 5잔 이상, 여자: 소주 3잔 이상)인 경우가 2013년 46.8%에서 2018년 52.5%로 지속적으로 증가하다가, 2019년 52.2%로 전년대비 약 0.3% 감소하였다. 여학생의 경우 2017년 55.4%에서 57.4%로 꾸준히 증가하고 있다.

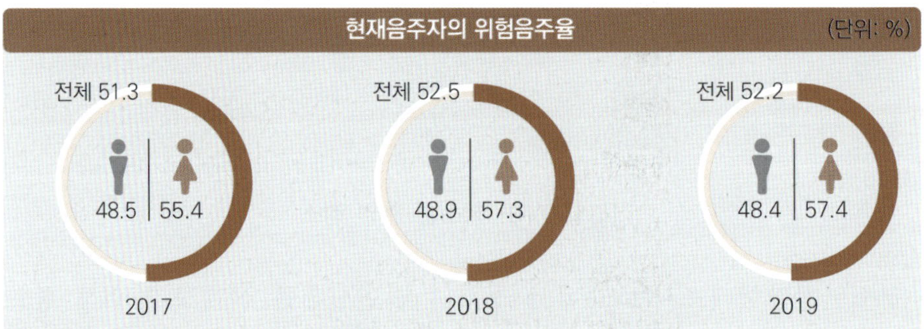

주: 현재음주자의 위험음주율: 현재 음주자 중에서 최근 30일 동안 1회 평균 음주량이 중등도 이상의 분율(남자: 소주 5잔 이상, 여자: 소주 3잔 이상)

출처: 교육부 · 보건복지부 · 질병관리본부(2017, 2018, 2019). 청소년건강행태조사.

[그림 7-5] 현재 음주 청소년의 위험음주율

현재 청소년 음주자 중에서 최근 30일 동안 편의점이나 가게 등에서 술을 사려고 했을 때 "많이 노력", "조금만 노력" 또는 "노력 없이도 쉽게" 살 수 있었던 사람들의 비율을 조사하였다. 편의점이나 가게 등에서 술을 사려고 시도한 학생 중 구매할 수 있었던 고등학생(73.6%)이 중학생(46.6%)보다 현저하게 높게 나타났다.

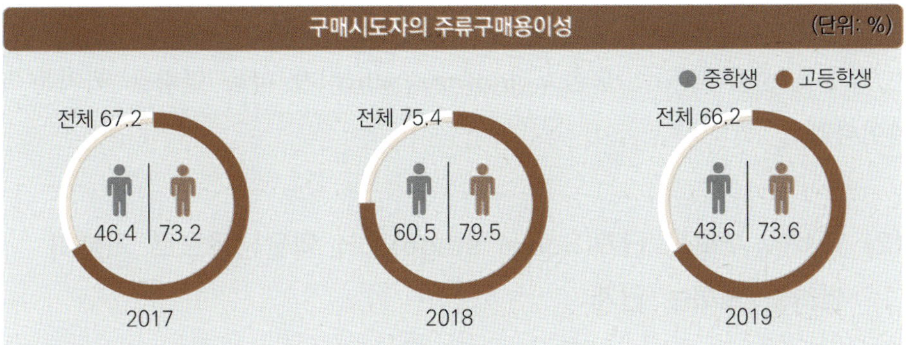

주: 주류구매용이성: 구매 시도자 중에서 최근 30일 동안 편의점이나 가게 등에서 술을 사려고 했을 때 '많이 노력', '조금만 노력' 또는 '노력 없이도 쉽게' 살 수 있었던 사람의 분율

출처: 교육부 · 보건복지부 · 질병관리본부(2017, 2018, 2019). 청소년건강행태조사.

[그림 7-6] 현재 음주 구매 청소년의 주류구매용이성

4 청소년 약물남용의 특징

1) 청소년 약물중독의 단계

청소년 약물중독 및 남용의 단계는 다음과 같이 몇 가지 단계로 볼 수 있다(오동열, 1996; 오봉욱 외, 2020: 317-318 재인용).

(1) 0단계: 실험적 단계(Experimental stage)로서 호기심의 단계

청소년 약물중독 및 남용은 점진적으로 발전하게 되는데, 첫 단계는 실험적 단계로 약물을 실험적 혹은 사교적 사용으로부터 시작되어 점진적으로 발전하게 된다. 약물사용의 기본적인 동기는 호기심(curiosity)과 모험심(risk-taking)에서 시작되며 동시에 또래의 압력(peer pressure)의 영향을 받게 된다. 청소년들이 실험적 단계에서 약물을 사용하는 성인에 노출된다든지 혹은 기분상의 효과를 경험하게 된다든지 하면 고위험군이 될 수 있다.

이 단계에서는 약물의 '기분전환의 효과(mood-altering effect)'가 있다기보다는 약물을 사용한다는 '모험효과(adventure effect)'가 더욱 영향을 끼치는 단계이다.

(2) 1단계: 사회적 단계(Social stage)로서 약물남용으로 기분의 변화를 느끼는 단계

사회적 단계는 주차장이나 파티 등에서 어울려서 약물을 사용하는 단계를 말한다. 일차적 약물사용 동기는 사회적 수용성의 영향으로, 또래집단(peer group)에 의해 약물사용이 촉진(facilitation)되는 경향과 동시에 약물사용에 의해 또래집단이 촉진되는 경향 역시 존재한다. 이것을 사회적 촉진으로서 약물사용에 영향을 미친다고 볼 수 있다. 이 단계에서 약물사용으로 인한 정서적인 영향과 행동에 미치는 영향을 처음으로 맛보게 되고, 가끔씩 숙취(hang-over)가 오는 것 외에는 약물사용 이후 '정상'으로 돌아오게 된다. 약물사용으로 인한 부정적인 결과에 대하여 본인들은 부정하게 된다.

(3) 2단계: 도구적 단계(Instrumental stage)로서 기분 고양을 위해 약물을 다시 찾는 단계

도구적 단계에서는 기분을 조절하기 위한 목적으로 약물을 사용한다. 즉, 약물을 정서와 행동(emotion and behavior)을 조작(manipulate)하기 위해서 적극적이고 의도적으로 사용하는 시기이다. 도구적 단계의 특징은 '추구(seeking)'하는 단계로서, 약물의 특정한 정서와 행동의 효과(emotional and/or behavioral effect)를 찾아 나서고, 그러기 위해 여러 가지 약물을 시도해 보기도 한다. 하지만 역시 약물사용 후 주관적인 '정상'적인 느낌으로 돌아간다는 점이 3단계인 습관적 단계(habitual stage)와 다르다. 쾌락적 사용

(hedonistic use) 혹은 보상적 사용(compensatory use)으로 구분되며, 부모나 교사가 청소년의 성격이나 행동이 무엇인가 변했다고 느끼기 시작하는 시점이다. 보상적 사용은 불쾌한 기분(dysphoric emotions)을 이기기 위해서 약물을 복용하고, 쾌락적 사용은 호기심을 충족시키거나, 재미를 느끼거나, 들뜬 기분을 느끼기(to get high) 위해서, 즉 약물을 복용하였을 때의 정서적, 지각적, 인지적 효과(emotional, perceptual, and/or cognitive effect)를 즐기기 위해 약물을 사용하는 단계이다.

(4) 3단계: 습관적 단계(Habitual stage)로서 약물로 얻은 쾌감을 유지하기 위해 약물에 집착하는 단계

습관적 단계는 약물사용이 결국 일상적 습관이 되어 가는 적응 상태가 된다. 약물에 대해 완전히 의존(symptom of dependence)이 나타나기 시작한다. 습관적 단계의 특징은 '적응 혹은 조절(accommodation)' 현상이 나타나며, 사용자의 모든 삶의 양상이 약물을 사용하기 위한 것으로 재편집되고, 또래집단의 이동(peer group drift)도 일어난다. 즉, 약물에 의존하고 있거나 약물을 팔고 있거나 하는 또래들로 구성된 새로운 또래집단이 형성되고 기존의 또래집단으로부터는 소외되기 시작된다. 또한 약물사용 후 정서 상태(emotional state)가 정상으로 되돌아가지 않고 '금단증상(withdrawal symptom)'인 불안 등을 느끼게 된다. 이들은 약물사용을 억제하기 위해 '토요일 날만 한 번, 어떤 모임에서만 사용(internal struggle)' 등으로 타협 형성을 하려고 하지만 결국 실패하게 된다. 이때 이들은 약물의 부정적인 결과에 대해 정당화(justify or minimize)하는 경향을 보인다. 전형적인 갈망(craving)이 나타나기 시작되며, 내성(tolerance)이 나타나기 시작한다.

(5) 4단계: 강박적 단계(Compulsive stage)로서 약물의 지속적 사용 없이는 기분 유지가 불가한 상태

마지막 단계인 강박적 단계가 되면 청소년 약물중독 및 남용자의 유일한 관계는 약물을 얻는 것이 된다. 이 단계의 청소년은 충동행동(compulsive behavior), 만성적 무쾌감증(chronic anhedonia), 통제 불능(state of out of control) 상태를 보이며, 다양한 방어적 태도들을 보인다. 예를 들어 약물로 인해 공격적이거나 부조리하거나 저항적, 무차별적이고 자기중심적인 태도가 나타나게 된다.

2) 청소년 약물중독의 징후와 증상

청소년들이 약물에 빠지게 되면 나타나는 징후와 증상들을 다음과 같이 정리할 수 있다(장혜수, 2000; 김미진, 2006: 15-16 재인용). 이러한 초기 징후와 증상들을 파악하여 청소년들의 약물남용을 사전에 예방할 수 있을 것이다.

(1) 잦은 기분 변화가 나타난다.

잦은 기분 변화로 인해 정서를 다루는데 무능력해져서 과거에 즐거웠던 일들이 더 이상 즐겁지 않고, 새로운 즐거움도 없으며 생활이 고통스럽다.

(2) 쉽게 화를 낸다.

약물의존에 이르면 자신의 행동에 대한 통제력을 상실하게 되고 그 결과 공포와 혼란을 느낀다. 분노는 흔히 그러한 내면의 공포를 감추기 위하여 사용하는 감정으로써, 특히 청소년들의 경우에 공포를 인정하는 것은 자신에 대한 취약함을 느끼게 하므로 두려워하기보다는 화를 내는 것이 쉽다.

(3) 방어적이 된다.

약물 의존자는 자신의 행동이 자신과 다른 사람들에게 상처를 준다는 사실을 어느 정도 인식한다. 그들은 정서적 고통을 완화하기 위해 약물사용의 원인을 다른 사람에게 돌리는 투사기제를 사용한다. 약물사용의 원인을 외부로 돌리면 자신은 약물사용으로 인한 고통을 직면할 필요가 없고, 자신의 행동이 못마땅하다고 생각될 때 모든 사람과 모든 것을 비난할 것이다. 비난은 비관, 위협, 판단, 고소 등의 형태를 띤다. 청소년이 약물에 더욱 관여할수록 약물이 가장 친한 친구가 된다.

(4) 반항적으로 변한다.

약물의존 청소년은 규칙이나 규정을 따르지 않으려는 의지를 보인다. 가정이나 학교에서 한계를 넘어선 일을 하며, 책임을 지는 것에 저항한다. 만족을 지연시키는 데도 유아적인 무능력을 보인다. 저항과 무책임은 또한 약물 문제라는 현실을 다루는 것을 피하는 방법이기도 하다.

(5) 거짓말을 하게 된다.

본인의 알리바이를 증명하기 위해 거짓을 말하고, 속임수를 쓰고, 약물 관련 정보에 대한 허위진술을 하게 된다. 집에 늦게 들어오거나 안 들어오고, 학교 청소년의 경우에는 결석이 잦아지며 학교개방, 학부모 면담, 징계, 경고와 같은 학교의 일에 대하여 부모에게 알리지 않는다.

(6) 일상이 무너진다.

운동, 학업성취, 음악, 특정 친구, 휴일, 학교 프로그램과 활동들이 더 이상 이전처럼 힘을 주지 않는 솔선성의 상실로서 삶에 대한 갈망을 잃기 시작하여 에너지가 떨어지고 잠이 늘거나, 기분이 극단적으로 변하는 경우도 있다. 여행, 교회, 기념일 등의 과거에는 매우 중요하던 가족 기능으로부터 철퇴하기 시작한다.

(7) 학업성취도가 저하된다.

약물을 사용하는 청소년은 학교 성적이 서서히 저하되기도 하고, 갑작스럽게 떨어지기도 한다. 약물사용은 학업 동기를 방해하기도 하지만 특정 약물의 향정신성 특성이 학습을 방해하기도 한다.

(8) 고립된다.

청소년의 신변에서 약물이 발견되면 남의 눈치를 자주 살피며, 자신을 고립시키기 시작하여 긴 시간을 자신의 방 안에서 지낸다. 친구에도 변화가 있어서 약물을 사용하는 친구들로 또래 집단을 바꾸며, 부모나 주위 성인들에게 이 친구들은 약물을 사용하지 않는 친구들과는 멀어져가며, 부모나 주위 성인들에게 약물을 사용하는 친구들은 감춘다.

(9) 신체적 증상이 나타난다.

초기의 신체적 징후는 위생에서 찾을 수 있다. 약물사용은 개인적인 자부심을 상실하게 하며, 그 결과 외모에 대한 관심이 없어진다. 개인적인 위생에 문제가 생겨서 목욕을 덜 하며, 모발, 의복, 피부에 대한 관심이 줄어들고, 체중이 심하게 변한다. 약물사용이 계속되면서 건강이 급격히 악화되며, 약물 관련 사고로 인한 신체적 손상이 증가한다. 호흡 문제, 기관지염, 만성적 기침, 감기 등은 약물사용이 청소년의 면역체계 효율성을 저하시키게 된다.

(10) 법적 문제가 발생한다.

학교나 지역사회에서 약물사용과 관련된 법적 문제가 제기되곤 한다. 알코올이나 약물의 소유, 부탄가스 흡입으로 인한 화재, 약에 취한 상태에서의 강도, 강간, 폭행, 배회 등을 들 수 있다.

(11) 집 안 물건이 없어진다.

가족구성원의 소유물이 없어지는 것은 약물 문제가 있다는 신호로써 그중 첫 번째 주목할 만한 것은 술이 없어진다는 것이며, 중독과정이 악화됨에 따라 청소년은 약물을 구입할 돈이 필요하게 된다. 집에서 훔치거나 자신이 중요시하던 물건을 팔아야 하는 상황이 온다. 또한 약물 구입 때문에 친구에게 돈을 빌리거나 부모에게 돈을 요구하게 된다.

3) 청소년 약물중독 및 남용의 원인

청소년의 약물중독 및 남용에 빠지게 하는 매우 다양하다. 여기에서는 크게 개인적, 사회문화적 원인들로 구분하고, 개인적인 원인으로는 생물학적 · 유전적 요인, 심리적인 요인으로 나뉘고, 사회문화적인 원인으로 가정요인, 학교요인으로 구분하여 살펴보고자 한다. 여기서 기억할 것은 약물중독 및 남용에 빠지게 되는 원인을 한 가지 요인으로 설명하기 어렵고, 다양한 원인들이 복합적으로 연계되어 중독에 이르게 한다는 것이다.

(1) 개인적인 원인

① 생물학적 · 유전적 요인

약물중독의 원인이 생물학적이고 유전적 요인의 영향력이 명확히 증명되지 않았으나, 알코올중독자의 자녀들이 알코올을 사용하지 않는 부모의 자녀들보다 알코올 중독의 가능성이 높다고 밝혀지면서 유전적인 요인에 관심을 갖게 되었다. 약물중독으로 인해 일부 선천적인 중추신경계 반응에 영향을 주는 효소의 결핍 등이 나타나 약물중독자 뇌의 화학물질 이상을 초래할 수 있다는 연구도 있다.

② 심리적 요인

약물남용자의 심리적 특성을 살펴보면 낮은 자존감, 낮은 확신감, 낮은 자기 만족감, 낮은 사회적 확신감을 가지고 있으며, 스트레스 내성이 약하고, 자기조절능력이 부족하고 공격적인 성격을 가지고 있다. 경쟁적인 성격보다는 수동적이어서 약물을 사용해 자신의 불안감을 해소하려는 경향이 있다.

(2) 사회적인 원인

① 가족요인

부모의 행동은 청소년 자녀의 사회적, 감정적, 교육적 측면에서 많은 영향을 미치게 된다. 가족 환경은 청소년 자녀의 성장에 위험요인이 되거나 또는 보호요인이 될 수 있다. 부모의 감독이 높을수록 청소년의 음주 행동 수준은 낮아질 수 있는데, 부모의 관심과 감독 즉 효과적인 자녀 양육태도는 청소년 자녀의 약물중독 및 남용을 감소시킬 수 있다.

가족구성원 간의 좋지 않은 관계, 부부간 혹은 부모-자녀 간의 갈등, 부모의 무관심, 이혼, 학대 등으로 인래 가정의 역할을 제대로 수행하지 못하면, 가족구성원들은 불만, 걱정, 두려움, 적대감을 갖게 되고, 청소년들은 가정 밖 외부로부터 관심과 자극을 받고자 약물에 가까이 하게 될 수 있다.

② 학교요인

일반적으로 청소년들은 학교에서 보내는 시간이 최소 10시간 이상이 된다. 학교생활에 만족하지 못하고, 학업에 관심이 없다면 청소년기의 행복을 유지하기는 어려울 것이다. 학교생활의 불만족으로 인해 나타나는 학교 출석 문제가 발생하는 것이 청소년 약물중독 및 남용과 깊은 관련이 있는 것으로 나타났다. 청소년 약물중독 및 남용을 예방하기 위해 학교를 포함한 사회적 맥락에서 문제를 파악하는 것이 중요하다. 학교는 약물중독 및 남용을 효과적으로 예방하고 개입하기 위해 체계적인 노력을 기울여야 한다. 학교는 교사와 학급 구성원들 간의 심리 사회적 유대가 형성되는 곳이기 때문에 학교 및 교사와의 관계를 통해 청소년들이 약물남용으로부터 멀어지도록 보호와 관심을 기울여야 한다.

③ 또래관계

청소년기의 또래관계는 매우 중요하다. 동일 연령대의 친구들은 청소년들의 사회화와 발달에 중요한 역할을 하며 청소년들은 친구나 또래관계를 통해 어떤 현상에 대해 판단하고 행동하는 데 필요한 인지적, 사회적 자원을 얻게 된다. 청소년들은 친구를 통해 사회적 기술을 연마하고, 그들이 성인이 되었을 때 할 수 있는 사회적 역할을 시연하기도 한다. 친구들과 끝없는 대화 속에서 청소년들은 동료애, 피드백, 현실적인 정보와 정서적 지지를 얻으며 서로 의지하게 된다.

청소년들의 유사한 일탈행동이나 비행에 대한 허용적인 태도가 또래관계에 영향을 미치는 주요 변수가 된다. 따라서 청소년들이 긍정적인 또래관계를 형성할 수 있도록 관심을 기울일 필요가 있다. 청소년들이 약물중독 및 남용을 보이는 또래와의 관계를 형성하게 된다면 부정적인 결과를 초래할 수 있다. 또래의 문제행동 수준이 청소년들에게 있어서 강력한 예측인자 중에 하나가 되기 때문에 또래 행동이 청소년 음주 행동의 수준을 높이는 중요한 변수가 된다.

5 약물남용 대처방안

첫째, 약물중독 및 남용에 관한 예방 교육이 이루어져야 한다. 약물중독이 발생하기 전에 1차적으로 약물남용을 예방할 수 있도록 약물남용의 문제점을 이해하고, 약물남용 행위를 억제하고 거부할 수 있도록 교육하고, 약물로 인해 법적인 처벌 가능성에 대한 사전 교육이 이루어져야 한다. 약물의 개념, 종류, 원인, 증상, 위험 등에 관해 정확한 정보를 습득할 수 있고, 중독 이후에 치료 방법에 대한 교육이 필요하다.

만약 약물남용 청소년을 조기 발견하였다면, 빠른 시일에 개입하여 지속적인 약물사용을 막도록 해야 한다. 청소년 주변의 약물을 차단하고 약물남용으로 폐해가 발생하지 않도록 빠른 치료적 개입이 이루어져야 한다.

둘째, 가정에서 청소년 자녀가 약물남용에 빠지지 않도록 관심과 감독이 필요하다. 부모들은 자녀들이 약물남용에 대한 명확한 가치관과 판단능력을 갖추도록 모범적인 태도와 관심을 가져야 한다. 자녀와의 지속적인 대화를 통해 청소년 자녀들의 약물사용 징후 행동들이 있는지를 관찰해야 하며, 자녀들이 솔직하게 부모와 약물 관련 대화를 나눌 수 있도록 열린 자세로 자녀를 대해야 한다.

청소년 자녀가 약물사용을 경험했거나, 이미 중독 상태에 있다면 전문적 상담을 받을 수 있도록 자녀를 설득해야 한다. 가정 내의 문제로 인해 청소년 자녀의 비행이 나타났다면 가족 상담 및 가족치료를 통해 가족 전체에 대한 개입이 이루어져야 한다.

셋째, 약물남용으로부터 안전한 학교 환경을 조성해야 한다.

청소년들은 학교생활 또는 또래관계에서 약물에 쉽게 영향을 받고 약물로 인해 또 다른 비행 행동에 빠질 수 있다. 학교는 정기적인 약물 예방교육과 약물사용 실태를 점검해야 하며, 약물 경험 청소년들이 처벌보다는 선도와 전문적 치료 프로그램으로 연계될 수 있도록 지도해야 한다.

넷째, 지역사회 내의 유해환경을 개선해야 한다.

지역사회 내 또는 청소년들이 접하는 대중매체 등에서 약물을 허용적으로 여기는 문화를 개선할 필요가 있다. 청소년들은 자연스럽게 대중문화를 통해 약물 관련 정보와 가치관을 습득하게 된다. 약물을 쉽게 구할 수 있고, 약물을 사용할 수 있는 환경이 지역사회 안에 존재한다면, 청소년들은 호기심과 충동적으로 약물에 접근할 수 있게 된다. 따라서 지역사회와 대중매체에서 청소년에게 유해한 정보와 인식을 갖게 하는 요인들을 찾아내어 개선시켜야 한다.

또한 지역사회 내에 약물 치료 기관과 전문가 네트워크가 구성되어 약물중독으로 고통받는 사람들의 치료와 재활이 이루어져야 한다.

선별도구

한국형 청소년 문제음주선별검사

(KAAPI, Korean Adolescent Alcohol Problem Index)

점수 해석 : 총 문항점수의 합이 10점 이상인 경우 문제성 음주 청소년으로 선별

다음은 여러분들이 술을 마셨을 때 경험할 수 있는 일들입니다.
지난 1년간 얼마나 자주 이런 경험을 했는지 표시해 주세요.

번호	문항	그런적 없다	별로 그런적 없다(1~2번)	가끔 그러는 편이다 (3~5번)	자주 그러는 편이다 (6~10번)	매우자주 그러는편이다 (10번이상)
1	술 때문에 시험공부를 못한 적이 있다.	0	1	2	3	4
2	술이 늘었다는 생각을 한 적이 있다.	0	1	2	3	4
3	술을 줄여야겠다고 생각한 적이 있다.	0	1	2	3	4
4	술 때문에 학교생활에 문제가 생긴 적이 있다.	0	1	2	3	4
5	술을 마시고 음주운전(오토바이 포함)을 하거나 그 차에 같이 탄 적이 있다.	0	1	2	3	4
6	술 마신 다음날 숙취(술을 마신 후 머리가 아픈 등 고통을 경험하는 증상)를 없애기 위해 술을 마신 적이 있다.	0	1	2	3	4
7	술 마시고 한 행동이 생각이 안 난 적이 있다.	0	1	2	3	4
8	술을 마시고 몸을 가누지 못한 적이 있다	0	1	2	3	4
9	술 마시고 탈이 나서 약을 사먹거나 치료를 받은 적이 있다.	0	1	2	3	4
10	술을 마시고 난 후 토한 적이 있다	0	1	2	3	4
11	술을 마시느라 해야 할 일을 못한 적이 있다	0	1	2	3	4
12	술을 마시고 싶을 때 못 마셔서 우울해진 적이 있다.	0	1	2	3	4
13	술을 마시기 시작하면 그만 마시려고 해도 그럴 수 없었던 적이 있다.	0	1	2	3	4
14	술을 마신 후 남을 놀리거나 괴롭힌 적이 있다	0	1	2	3	4
15	술 마시고 한 행동 때문에 친구나 가족으로부터 비난을 받은 적이 있다.	0	1	2	3	4
16	술 마시고 물건을 부순 적이 있다	0	1	2	3	4
17	술김에 폭력, 폭언 등을 포함한 나쁜 짓을 한 적이 있다.	0	1	2	3	4

자료 김광기, 제갈정, 송선미(2005), 청소년 문제성 음주자 선별도구 개발 연구

결과		
	10점 이상	문제성 음주청소년

CHAPTER

08

사이버일탈

본 장에서는 청소년들의 사이버일탈에 개념과 특성, 유형, 실태, 대책을 살펴보고자 한다.

청소년 사이버일탈의 문제점과 유형별 이용 실태를 파악하고, 사이버공간에서 청소년들에서 벌어지는 일탈을 방지하기 위한 대책들을 모색해 보고자 한다.

학습목표

1. 사이버일탈의 개념을 파악할 수 있다.
2. 사이버공간의 특성을 이해할 수 있다.
3. 사이버일탈의 유형과 요인을 설명할 수 있다.
4. 사이버일탈의 실태를 파악할 수 있다.
5. 사이버일탈의 특징을 설명할 수 있다.
6. 사이버일탈을 대처하기 위한 방안을 설명할 수 있다.

Keywords

사이버일탈, 사이버불링, 사이버폭력

1 사이버일탈의 개념

우리나라는 다른 나라에 비해 전국적으로 인터넷망이 구축된 IT 강국으로 여겨진다. 2018년 기준 우리나라 전체 가구의 72.5%가 유선 인터넷 서비스에 가입되어 있으며, 만 6세 이상 국민의 90%가 스마트폰을 보유하고 있다고 한다(정보통신정책연구원, 2018). 사이버공간인 인터넷과 스마트폰은 우리 삶의 중요한 일부분이 되었다. 금융, 쇼핑, 교육 등 대부분의 일상이 사이버공간에서 손쉽게 이루어지고 있으며, 이로 인해 삶의 편리함과 삶의 질도 높아졌다고 볼 수 있다. 하지만 이러한 사이버공간의 긍정적인 면과 함께 새로운 일탈과 범죄를 야기하는 부정적인 현상도 발생하고 있다.

사이버일탈이란 사이버공간에서 발생하는 규범 위반 행위를 의미하는 말이다. 사이버공간이란 컴퓨터에서, 실제 세계와 비슷하게 가상적으로 구축한 환경을 지칭한다. 예를 들면, 인터넷상에 가상의 상점을 만들고 컴퓨터 네트워크를 통하여 실제로 상거래를 하는 가상적 장소를 말하며, 최근에는 사이버 학교, 사이버 은행, 사이버 기업 등 현실 세계의 공간에서 존재하는 모든 인간 집단이 존재하며, 이 외에도 현실 세계에는 존재할 수 없는 가상의 세계도 존재한다. 사이버공간은 현실 세계의 공간의 물리적 한계인 시간, 거리, 국경, 인종, 지위 등의 경계로부터 벗어나는 공간이며, 익명성, 조작성, 복합성, 신속성, 동시성, 탈공간성, 초현실성 등의 특징이 존재하는 공간이다.

청소년들이 접하는 사이버공간이란 주로 인터넷, 스마트폰과 같은 온라인 공간을 말하며, 사이버일탈이란 일반 사이버 범죄와 달리 청소년이란 지위로 인해 발생하는 지위 비행들도 포함하는 일탈을 말한다. 예를 들어, 청소년임을 숨기고 온라인 채팅에 참여하거나, 미성년임을 속이고 성인 음란물을 시청하는 행위 등이 포함된다. 현실 세계에서 벌어지는 대부분의 일탈은 사이버일탈로 나타나고 있으며, 사이버상에서만 나타나는 일탈은 스팸메일, 바이러스 유포, 개인정보의 유출 및 배포, 음란채팅, 게임 아이템 절도 등을 예로 들 수 있다(장준오, 2003: 29).

2 사이버공간의 특성

사이버공간은 현실 공간과 다른 새로운 형태의 상호작용과 문화가 존재한다. 사이버공간은 그 공간에 속해 있는 개인과 사회에 새로운 가치와 신념체계, 이념, 규범과 풍습들을 만들어내고 있으며, 기존의 현실 생활 공간이 가지고 있지 않은 여러 가지 속성을 가짐으로써 현실 생활 공간을 대체하며 병존하고 있다. 사이버공간은 기술적인 측면의 변화로만 끝나는 것이 아니라 인간 상호관계의 변화를 초래하여 새로운 생활문화 환경을 조성하고 있다. 사이버공간의 주요 특성을 다음과 같이 정리하고자 한다(장준오, 2003: 35-46).

1) 다중 정체성 조성

사이버공간은 현실 세계의 정체성과 다른 사이버공간의 또 다른 정체성을 조성할 수 있다. 사이버공간 안에서 자신을 얼마든지 조작하고 자신의 이미지를 왜곡했더라도 그것이 진실 혹은 거짓이라고 말하는 사람들이 없다. 사이버공간의 참여자들은 조작된 이미지를 자신의 진짜 이미지로 인식한다. 사이버공간의 여러 그룹에서 여러 개의 자기 이미지를 만들어 각기 다른 역할을 수행할 수 있다. 사이버공간 안에서는 다중인격체적 성격을 만들 수 있으며, 자아중심적 경향을 나타내게 된다.

또한 사이버공간 안에서 새로운 자아를 창출해 낼 수 있다. 현실에 존재하지 않는 아바타를 만들어 사이버공간 안에서 활동할 수 있으며, 자신이 원하는 성, 연령, 얼굴, 육체를 창출해낼 수 있고, 자신을 대변하는 또 다른 자아와 분신이 되곤 한다.

2) 익명성 및 비대면성

사이버공간은 주로 익명성을 통해 상호작용이 쉽게 일어나는 공간이다. 익명성을 통해 현실 세계에서 표출하기 어려운 표현, 의견 등을 자유롭게 개진할 수 있고, 개방적인 태도로 제약 없는 활동을 할 수 있다는 점이 장점이다. 하지만 이러한 익명성과 비대면성은 정상적인 사회규범을 벗어난 일탈적 행동도 가능하게 한다. 자신의 신분이 노출되지 않은 상태에서 언어폭력을 하거나, 분노, 혐오 등을 표현할 수 있다. 현실 세계에서 실현하기 어려운 도박, 자살, 폭발물 제거 등과 같은 음성적 활동들이 사이버공간상에서 쉽게 일어날 수 있다.

익명성과 비대면성은 개인의 사생활 침해와 개인정보 유출 등의 일탈도 쉽게 일어나게 한다. 이러한 개인정보를 이용하여 여론을 조작하거나 상업적 거래에 신상정보를 이용하는 범죄도 자주 일어나게 된다.

3) 유대적 상호관계의 단절

사이버공간 안에서는 현실 세계와 다른 유대 관계가 형성된다. 게임의 경우도 모르는 상대와 게임을 하는 경우도 있고, 단순히 게임만 하는 것이 아니라 음성 대화, 채팅이 함께 이루어진다. 하지만 사이버공간의 특징은 참여자들이 정해진 규칙이나 규범이 따로 존재하지 않고 본인이 더 이상 사이버 활동을 하기 싫으면 언제 어디서나 관계를 끊고 나갈 수 있다. 참여자가 원하면 자신이 원하는 시간과 장소에서 다시 관계를 연결시킬 수 있다. 이러한 속성을 천정웅(2000)은 '리셋 신드롬(reset syndrom)'이라 지칭하면서, 현실사회에서는 상대방과의 관계가 신뢰를 바탕으로 형성되는 것과 달리 참여자의 편의성에 따라 관계가 형성되고 단절될 수 있는 속성을 설명하였다. 사이버공간에서는 관계를 형성했다가도 바쁘거나 다른 핑계로 그대로 퇴장할 수 있는 특징은 하나의 사이버 문화로 자리 잡음으로써 청소년들은 사회규범보다 개인의 편의성을 강조하는 문화가 만들어지고 있다고 볼 수 있다. 상대방에 대한 배려보다는 개인의 필요에 따라 관계를 끊고 연결하는 문화가 형성되는 것이다.

4) 전파성

사이버공간은 현실 세계의 물리적 장소의 구속성에서 벗어나 지구 어느 곳에서든지 새로운 사회적 관계를 맺을 수 있다. 인터넷을 통해 지구촌 곳곳의 소식을 들을 수 있으며, 소셜미디어를 통해 예전의 친구들을 만나고 실시간 채팅이 이루어질 수 있다. 단순 문자로 채팅만 하는 것이 아니라 사진, 영상들도 손쉽게 전파할 수 있고, 해외 쇼핑사이트를 통해 전 세계의 물건들도 손쉽게 구입하고 판매할 수 있게 되었다.

이러한 시간과 공간을 초월한 전파력은 사이버일탈의 기회를 제공하기도 한다. 인터넷을 통한 음란물의 전파, 거짓 뉴스 배포, 마약 거래, 도박 등의 일탈행위도 빈번하게 이루어지게 된다.

3 사이버일탈의 유형 및 요인

사이버일탈의 유형은 과다이용문제행동, 사이버폭력, 성 관련 일탈, 온라인 도박, 사이버사기 5가지로 구분하여 그 개념과 요인을 살펴보고자 한다(배상률, 2017: 17-34).

1) 과다이용문제행동

과다이용문제행동은 스마트폰, 인터넷, 온라인 게임 중독을 말한다. 중독이란 보통 약물로 인한 중독을 말하지만, 약물 중독에서 나타나는 현상이 스마트폰, 인터넷, 온라인 게임에서도 중독 현상이 나타나고 있다. 과다사용으로 인해 나타나는 신체적, 심리적 부작용 이외에도 다양한 부정적 행동과 금단현상이 나타난다. 온라인 게임을 장기간, 반복적으로 이용하는 청소년들은 다른 일반 청소년에 비해 공격적, 부정적 행동을 유발할 확률이 높으며, 또 다른 비행으로 이어질 수 있다. 인터넷 중독자들은 강박적 사용과 집착, 내성과 금단, 일상생활의 기능장애, 일탈행동과 현실구분 장애 등과 같은 다양한 문제행동을 유발할 수 있으며, 대인관계나 성적 부진 등의 이유로 학교생활 부적응이 나타나고, 심지어는 사이버공간을 실제 공간으로 착각하여 일탈행동에 빠지는 경우도 있다.

청소년들이 주로 이용하는 온라인 게임은 폭력성이 높은 경우가 많기 때문에 폭력에 둔감해지고, 폭력적 성격으로 점차 변화되기도 하며, 일상에서 일탈행동을 일으킬 수 있다. 온라인 게임을 하기 위해 절도행위를 하거나 거짓말을 하는 경우도 있으며, 게임 아이템을 사기 위해 범죄행위를 저지르기도 한다. 스마트폰 과다 이용은 가족 간의 갈등을 유발하는 요인이 되고, 가족과의 대화가 어색해지고, 직접 대면하여 사회적 관계를 형성하는 능력이 저하될 수 있다.

스마트폰, 인터넷, 온라인 게임 중독이 발생하는 요인으로는 매체의 특성이 익명성, 접근성 용이, 의존성의 특성을 들 수 있으며, 개인적으로 청소년의 낮은 자기통제력, 높은 학업 스트레스가 스마트폰 중독을 야기한다고 지적하고 있다. 또한 외로움을 많이 느끼고, 스트레스를 대처하는 데 소극적이며, 삶에 대한 동기가 낮은 경우 게임 중독에 빠질 위험이 높을 수 있다. 부모님과의 관계에서 발생하는 스트레스가 높거나, 부모의 무관심, 적절한 통제가 이루어지지 않은 경우 자녀들이 게임 중독에 빠질 수 있으며, 친구관계가 좋지 못할 경우나 학교생활 만족도가 낮은 것도 중요한 중독 요인이 될 수 있다.

2) 사이버폭력

사이버폭력은 사이버공간에서 다른 사람에게 정신적, 물질적 피해를 입히는 공격적인 행동을 말한다. 예를 들어, 소셜네트워크, 이메일, 문자메시지, 카카오톡, 웹사이트, 블로그, 채팅, 토론방에서 타인에게 고의적이고 반복적으로 욕설이나 폭력적인 언어를 사용하는 것과 성적 음란물 게시, 스토킹 등을 포함한다. 최근의 언어폭력은 허위사실 유포, 신상 털기 등 악성댓글을 포함한 모든 언어폭력 행위들도 사이버폭력에 해당한다.

청소년들이 많이 경험하는 사이버폭력 유형은 언어폭력, 따돌림, 명예훼손, 스토킹 등이며, 고학년이 될수록 사이버폭력을 정당한 행위로 인식하고 죄의식도 낮아지는 경향을 보인다. 사이버의 익명성의 특성은 폭력의 가해자가 드러나지 않기 때문에 폭력행위 가담이 쉽고, 온라인상에서 즉각적이고 지속적으로 폭력이 일어나고, 피해 흔적을 쉽게 지울 수 있어서 피해자의 심리적, 정신적 상처가 더 심할 수 있다.

사이버불링(cyber bullying)이란 가상공간에서 욕설, 험담, 따돌림 등의 괴롭힘이 일어나는 현상을 말한다. 사이버폭력이 모바일 메신저 그룹 채팅에서 청소년 따돌림 현상이 새로운 학교폭력 현상으로 나타나고 있으며, 온라인 괴롭힘은 오프라인으로 확대되어 지속적인 괴롭힘 행동이 나타나게 된다.

3) 성 관련 일탈

사이버공간에서 발생하는 성 관련 일탈은 주로 음란물(사진, 동영상, 소설 등)의 유포, 성인사이트 이용, 음란 채팅, 조건 만남 등을 들 수 있다. 인터넷을 이용한 문자채팅, 화상채팅을 통해 자발적 매매춘 행위가 이루어지기도 한다. 인터넷 채팅을 통한 원조교제는 계속 증가하는 추세이며, 일부 청소년들이 자신들의 옷, 휴대폰, 화장품, 액세서리 등을 사거나 유흥비를 마련하기 위한 손쉬운 방법으로 원조교제를 하는 경우도 있다. 온라인상에서 여성을 대상으로 한 언어폭력, 사이버 스토킹 등이 이루어지고, 사이버 성폭력은 사이버 성희롱, 사이버 음란물 게시, 사이버 스토킹 등을 들 수 있다.

청소년들이 음란·성인사이트를 이용한 청소년들은 불안감, 혐오감, 죄책감 등의 부정적 심리상태를 경험하고, 그릇된 성의식을 갖게 되고 성적 욕구나 충동성이 증가하는 결과를 초래할 수 있다. 음란물을 자주 접한 청소년들은 학습활동이 저하되고, 교우 관계도 좋지 않으며, 온라인과 오프라인에서 성폭력, 성매매 등의 성일탈행동으로 이어질 수 있다.

4) 온라인 도박

최근 청소년들은 사이버공간에서 돈내기 게임, 도박 사이트를 이용하는 경험이 높아지고 있다. 청소년들은 스트레스를 풀기 위해 도박사이트를 찾거나, 충동적으로 온라인 도박을 경험하기도 한다.

5) 사이버사기

사이버사기는 사이버공간에서 거짓정보를 유포하여 타인을 속이는 행동을 말한다. 예를 들어, 사이버상에서 다른 사람의 아이디나 주민번호를 도용하거나 타인의 계좌나 신용카드를 사용하여 물품을 구입하는 행위, 성별이나 나이를 속이는 행동, 소프트웨어나 동영상 및 음악 파일 불법 다운로드, 허위 정보 유포 등이 해당된다.

최근 '중고나라'나 '번개장터'와 같은 중고물품 온라인 시장에서 거짓 매물을 이용하여 물품 대금을 입금받은 후 물건을 배송하지 않는 방식의 사이버 범죄가 기승을 부리고 있다. 심지어는 '중고나라론(loan)'이라 하여 '중고나라'에 물품을 파는 글을 올리고 구매자에게 받은 돈으로 불법 사설 도박업체에 베팅을 한 뒤 돈을 잃으면 잠적하고 따면 물품 값을 갚는 행위가 나타나고 있다. 이러한 청소년의 사이버사기는 인터넷 상거래 질서를 위반하는 사기 범죄에 해당하지만, 처벌로 이어지는 경우가 많지 않아 재범률도 높게 나타나는 상황이다.

〈표 8-1〉 사이버폭력의 주요 특징

특징	설명
익명성	가해자가 드러나지 않는 익명적 상황
공개적, 즉각적, 지속적	시공간의 제약이 없고, 경계가 사라지는 사이버공간의 특성 때문에 장소와 시간에 구애 받지 않고 사이버폭력에 노출
공격의 확장성	온라인의 특성인 빠른 전파성과 무한 복제성이 타인에게 피해를 주는 메시지나 사진 등이 빠르게 확산되도록 하여 피해를 확대시킴
피해 기록의 영속성	사이버폭력의 내용이 삭제되지 않고 영구히 존재함으로써 지속적인 피해에 시달림
심리적 · 정신적 가해성	온라인상에서 이루어지기 때문에 물리적 측면보다는 심리적 · 정신적으로 피해를 끼침
성인의 감시 부재	사이버공간의 특성으로 인해 부모나 주위의 영향 및 통제로부터 자유로워 상대적으로 가해가 쉬움

출처: 심홍진 외(2014) 재인용.

〈표 8-2〉 사이버블링의 유형

	유형	정의
1	사이버 스토킹 (Cyber Stalking)	특정인이 싫다고 했음에도 인터넷이나 스마트폰을 통해 계속적으로 말, 글, 사진, 그림 등을 보내 공포심과 불안감을 유발하는 행위
2	사이버 비방 (Cyber Slander)	인터넷이나 스마트폰을 통해 특정인에게 욕설, 비속어, 모욕적인 메시지 등을 전달하는 행위
3	이미지 불링 (Bullying)	특정인을 비난하거나 모욕하기 위해 타인에게 알려지기를 원치 않는 사진이나 동영상을 유포하는 행위
4	아이디 도용 (ID Theft)	특정인의 아이디를 이용하여 사이버상에서 마치 그 사람인 것처럼 행동하는 행위
5	사이버갈취 (Cyber Extortion)	인터넷이나 스마트폰을 이용해 특정인에게 돈이나 사이버머니, 캐릭터 등을 요구하거나 데이터 소액결제 등의 비용을 부담하게 하는 행위
6	사이버 성폭력 (Sexting)	특정인에게 성적인 메시지를 보내거나 성적인 모욕 등을 하는 행위
7	사이버 감옥 (Cyber Jail)	인터넷 대화방이나 스마트폰, 모바일 메신저(카톡) 등에서 특정인을 퇴장하지 못하게 막고 비방 또는 욕설하는 행위
8	사이버 배제 (Cyber Exclusion)	사이버상에서 특정인을 친구목록에서 제외하거나 친구신청 거부 또는 배제하는 행위
9	플레이밍 (Flaming)	특정인을 자극하여 일부러 논쟁 또는 분란을 일으켜 특정인이 문제 있음을 드러나도록 하는 의도적 행위
10	사이버명령 (Cyber-order)	인터넷이나 스마트폰을 이용해 특정인에게 원치 않는 행동을 강요하거나 심부름시키는 행위
11	안티 카페 (Anti-cafe)	특정인을 비방, 욕설, 따돌림 등을 위해 사이버상에 사이트나 게시판 등을 만들어 운영하는 행위
12	사이버 왕따 놀이 (Cyberbullying Play)	사이버상에서 특정 그룹에 소속된 사람들끼리 번갈아 가면서 소속된 사람을 일방적으로 욕설, 비방, 모욕하는 행위

출처: 한국정보화진흥원(2013). 학교폭력 2.0, 사이버불링실태와 해법 세미나 자료집. pp.44-45.

4 사이버일탈 실태

1) 인터넷 · 스마트폰 실태

2019년 한국교육개발원에서 조사한 우리나라 청소년의 인터넷 · 스마트폰 이용현황(박근영, 2019)을 통해 청소년들의 사이버일탈 실태를 살펴보고자 한다.

2009년부터 여성가족부의 '청소년 인터넷 · 스마트폰 이용습관 진단조사'는 매년 전국 초등학교 4학년, 중학교 1학년 전원을 대상으로 하는 온라인 설문조사를 실시하고 있는데, 한국정보화진흥원이 개발한 K-척도(인터넷 과의존)와 S-척도(스마트폰 과의존)를 사용하여 과의존 위험군을 구분하고자 했다. 그림 8-1과 같이 전 학년에 걸쳐 과의존 학생이 크게 증가하고 있는 것을 알 수 있다. 특히 고등학교 1학년 학생들에 비해 초등학교 4학년생의 과의존 비율이 빠르게 증가하고 있다.

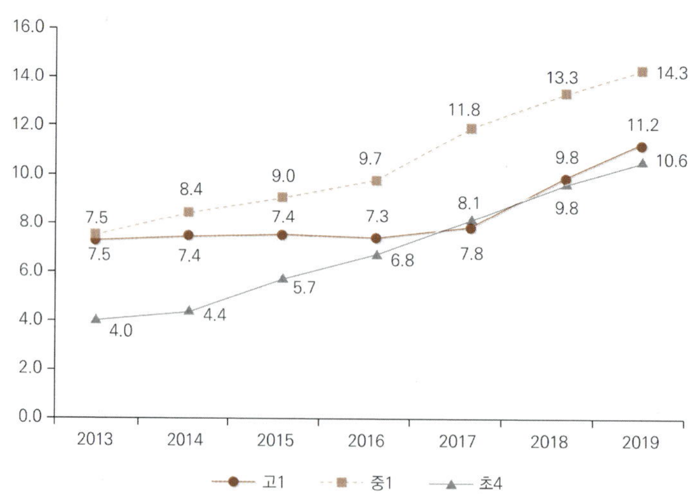

출처: 여성가족부 보도자료 2013~2019년

[그림 8-1] 학년별 인터넷 · 스마트폰 과의존 위험군 비율-인터넷

스마트폰의 경우 그림 8-2와 같이 최근 전반적으로 과의존 위험군에 속하는 비율이 감소했지만, 초등학생의 경우 꾸준히 상승하고 있으며, 여자 중·고등학교의 경우 각각 남자 중·고등학생들보다 지속적으로 더 높은 위험군 비율을 나타내고 있다.

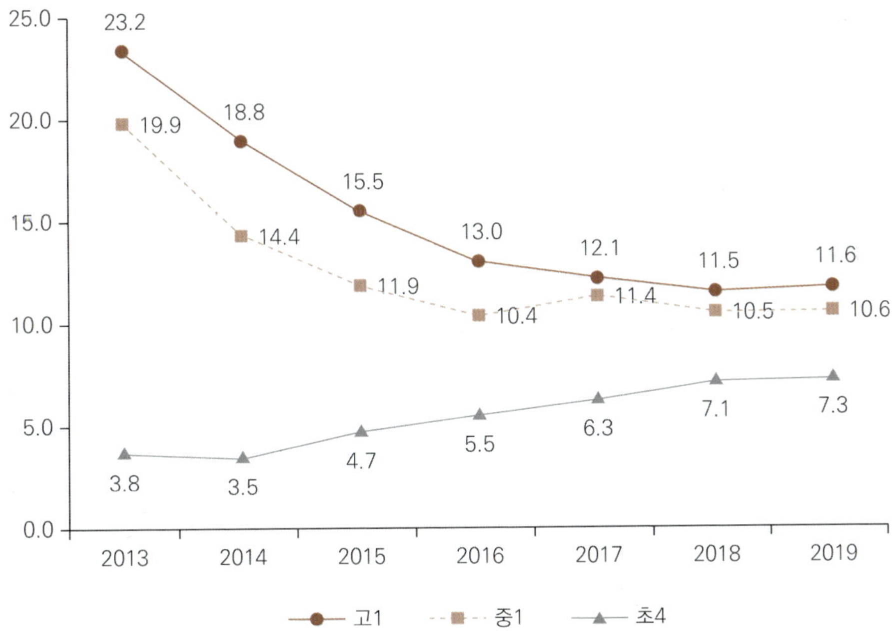

출처: 여성가족부 보도자료 2013~2019년

[그림 8-2] 학년별 인터넷·스마트폰 과의존 위험군 비율-스마트폰

청소년들의 스마트폰 과의존 위험군 비율과 성인들과 비교를 해 보면 그림 8-3과 같이 비교할 수 있다. 성인과 비교하여 청소년들의 위험군 비율은 소폭 하락하거나 안정화되는 추세를 보이지만, 고위험군 및 잠재적 위험군 모두에서 성인들보다 명확하게 높은 비율을 나타내고 있으며, 특히 잠재적 위험군에서는 여전히 10% 이상의 큰 격차를 유지하고 있다.

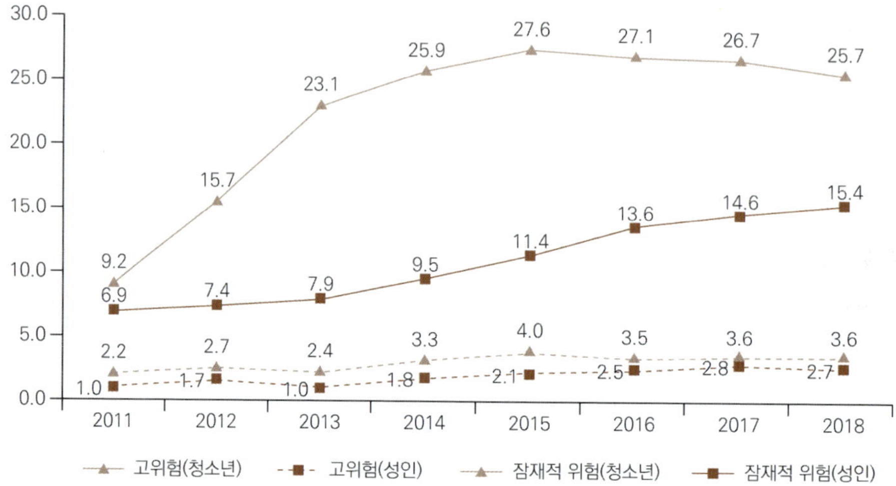

출처: 한국정보화진흥원(2018). p.34, 표 3-1-2에서 발췌.

[그림 8-3] 청소년과 60대 미만 성인의 스마트폰 과의존 비율 비교

청소년들의 스마트 기기 이용 습관을 알아보기 위해 중학교 1학년 학생이 3학년으로 성장하는 동안(2015~2017년)의 이용 실태를 조사하였다(남궁지영 외, 2018). 컴퓨터와 스마트미디어를 가장 빈번하게 사용한 활동은 '문자, 채팅, 메신저, 이메일, 통화'였으며, 그 다음으로 '게임 및 오락이었다. 스마트기기를 전혀 사용하지 않는다는 응답자가 가장 많았던 활동은 '동호회, 카페 , 커뮤니티 활동'으로 조사 기간 내내 절반 이상의 응답자가 여기에 속했지만 해가 지날수록 그 비율이 조금씩 감소했다. '공부 및 숙제'를 위해 스마트미디어를 활용하는지 묻는 질문에는 학년이 올라갈수록 '전혀 사용하지 않는다'는 답변이 증가하는 동시에 '2시간 이상 사용'하는 비율은 감소하였다.

〈표 8-3〉 컴퓨터와 스마트미디어 사용시간 변화(2015~2017년) (단위: %)

	조사연도	전혀 안 함	30분 미만	30분~1시간	1~2시간	2시간 이상
공부 및 숙제	2015	12.66	36.58	25.45	16.96	8.35
	2016	13.96	35.50	24.55	17.29	8.71
	2017	16.59	39.05	25.19	13.68	5.49
학습 이외의 정보 검색 및 자료이용	2015	12.54	28.56	24.90	21.07	12.92
	2016	12.23	25.48	24.80	22.04	15.46
	2017	12.33	25.08	26.65	21.04	14.90
문자, 채팅, 메신저, 이메일, 통화	2015	6.44	25.31	19.34	21.28	27.62
	2016	5.53	19.58	20.28	22.11	32.49
	2017	4.88	20.56	21.33	22.87	30.36
게임 및 오락	2015	19.39	19.70	17.01	21.69	22.20
	2016	21.31	16.97	16.14	21.22	24.36
	2017	23.09	19.35	16.38	20.01	21.17
동호회카페, 커뮤니티 활동	2015	63.95	18.23	8.16	5.50	4.16
	2016	60.90	17.39	8.43	7.19	6.08
	2017	59.58	17.90	9.47	6.95	6.10

출처: 남궁지영 외(2018). pp. 58-61.

2) 게임 과몰입 실태

2019년 한국교육개발원에서 전국 초(4~6학년)·중·고생 180,000명을 대상으로 조사한 2018 게임 과몰입 종합 실태조사에 따르면, 과몰입군이 0.3%, 과몰입위험군이 1.5%, 게임선용군이 17.7%, 일반사용자군이 57.4%, 비사용자군이 23.1%로 나타났다. 과몰입군은 게임 이용에 문제가 많이 발견되는 고위험 집단을 말하며, 과몰입위험군은 게임의 긍정적 결과가 있지만 동시에 부정적 문제가 많이 발견되는 집단이며, 게임선용군은 게임 이용에 특별한 문제는 없고 건전하게 게임을 사용하는 집단이며, 일반사용자군은 게임 이용에 특별한 문제가 없고, 게임의 긍정적 결과도 나타나지 않는 집단을 말한다(그림 8-4 참조).

〈표 8-4〉 게임행동유형별 주요 특성

구분	주요 특성
과몰입군	• 게임의 긍정적 결과는 거의 없고, 게임 이용에 문제가 많이 발견되는 고위험 집단 • 게임 과몰입 해소 및 생활 적응을 위한 전문 상담 서비스 필요
과몰입위험군	• 게임의 긍정적 결과가 있기는 하지만, 동시에 게임 이용에서 문제가 많이 발견되는 집단 • 게임 이용에서 발견되는 문제를 해결하기 위한 전문 상담 서비스 필요
게임선용군	• 게임 이용에 특별한 문제가 없고, 게임을 건전하게 사용하는 집단 • 계속 건전한 게임 이용 습관을 유지하도록 노력 필요
일반사용자군	• 게임 이용에 특별한 문제도 없고, 게임의 긍정적 결과도 나타나지 않는 집단 • 건전한 게임 이용 습관을 기르기 위해서 꾸준한 노력 필요

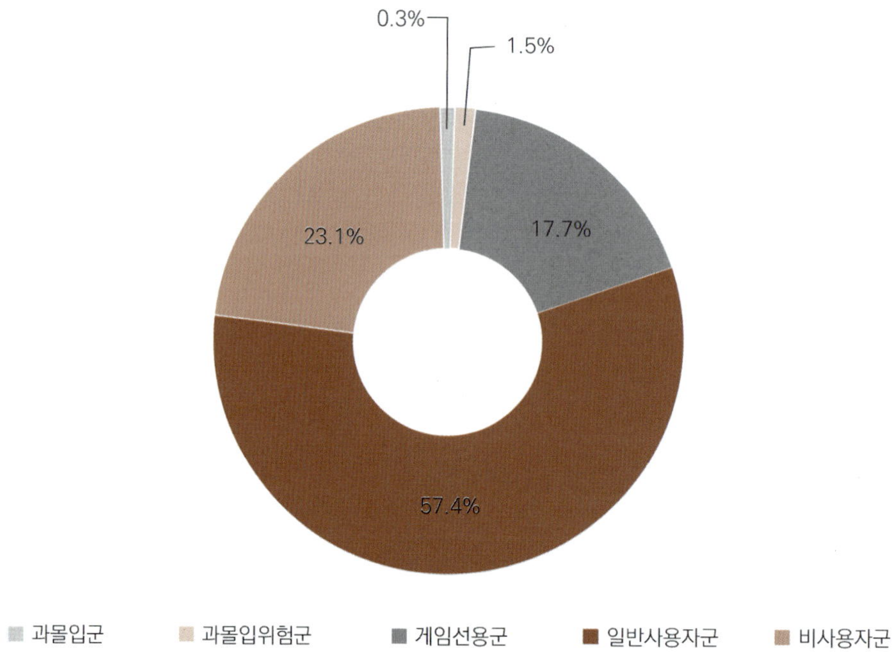

출처: 한국교육개발원(2018). 게임 과몰입 종합 실태조사.

[그림 8-4] 초등학교 4~6학년 및 중·고등학교 학생의 게임행동유형

청소년들이 가장 많이 이용하는 게임 형태로는 컴퓨터 온라인게임, 비디오게임, 모바일게임, 컴퓨터/노트북, 스마트폰, 태블릿, 기타 중에서 선택하도록 하였는데, 과몰입군은 스마트폰 55.0%, 컴퓨터/노트북 33.3%, 비

디오게임 5.4% 순으로 나타났다. 과몰입위험군은 컴퓨터/노트북 46.4%, 스마트폰 44.8%, 태블릿 4.3% 순이며, 게임선용군은 컴퓨터/노트북 59.6%, 스마트폰 59.6%, 비디오게임 2.6% 순으로 나타났다.

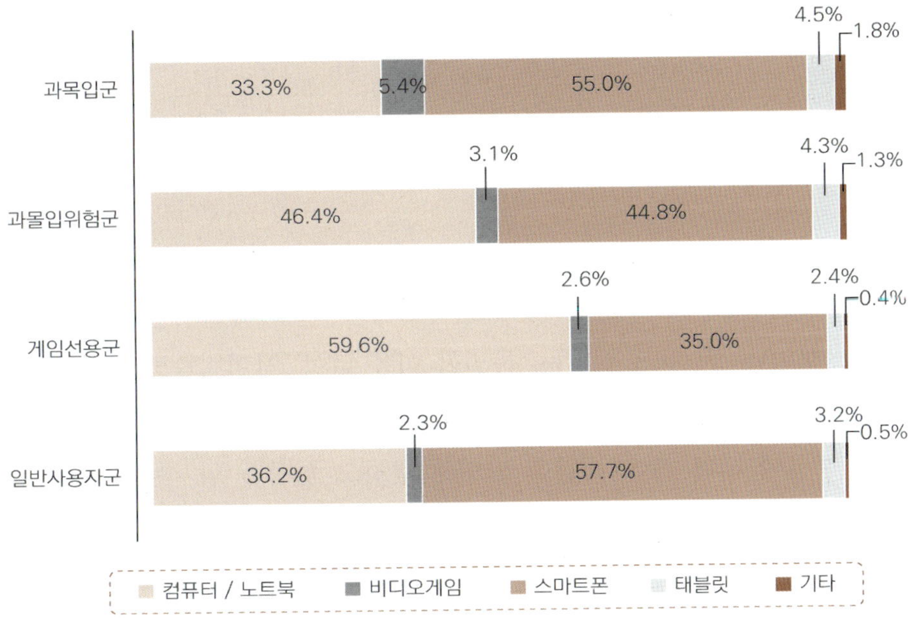

출처: 한국교육개발원(2018). 게임 과몰입 종합 실태조사.

[그림 8-5] 청소년 게임 이용자의 게임행동유형별 선호 게임 기기

3) 사이버폭력 실태

2019년 방송통신위원회와 한국정보화진흥원이 실시한 '2019년 사이버폭력 실태조사' 결과를 보면, 청소년의 사이버폭력 경험률이 32.8%로 나타났으며, 인터넷이용자 10명 중 3명은 사이버폭력 가해(21.6%) 또는 피해(24.7%)를 경험한 것으로 나타났다. 사이버폭력의 유형 중 언어폭력이 제일 많은 비율을 차지한다는 것을 알 수 있다. 사이버폭력이 발생한 공간은 카카오톡, 페이스북 메신저와 같은 '인스턴트 메시지'(가해 54.3%, 피해 45.6%)에서 주로 발생했다.

〈표 8-5〉 2019년 사이버폭력 실태조사

구분		전체	사이버폭력 유형							
			언어폭력	명예훼손	스토킹	성폭력	신상정보유출	따돌림	갈취	강요
학생(n=4,779)	가해 또는 피해 경험률	26.9	16.8	3.6	1.5	1.0	1.9	1.8	1.0	1.0
	가해 경험률	18.0	16.8	3.6	1.5	1.0	1.9	1.8	1.0	1.0
	피해 경험률	19.0	16.9	6.2	3.1	2.2	2.1	1.7	1.0	1.1

출처: 방송통신위원회 · 한국정보화진흥원(2019).

연도별 청소년 가해학생들의 가해 이유 경향을 살펴보면, '상대방이 먼저 그런 행동을 해서', 또는 '상대방이 싫어서' 라고 응답하는 비율이 높았으며, '재미나 장난으로', 또는 '특별한 이유 없이' 사이버폭력을 하는 청소년들의 비율이 뒤를 이어 높게 나타났다. 사이버폭력 가해학생들은 자신의 폭력 행위에 대해 큰 죄책감을 느끼지 못하고 있음을 알 수 있었다.

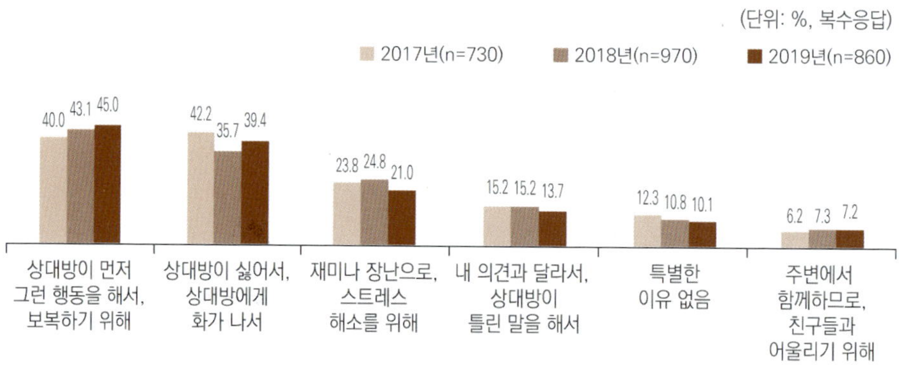

출처: 방송통신위원회 · 한국정보화진흥원(2019).

[그림 8-6] 연도별 사이버폭력 가해 경험 이유

사이버폭력의 피해를 받은 청소년들의 피해 발생 이후 상황을 살펴보면, '친구들이 알고 있다'는 응답이 제일 높았는데, 친구가 알고 있지만 아무런 후속 대처가 이루어지지 않고 있음을 알 수 있으며, 그 다음으로는

'아무도 모른다'는 응답이 뒤를 이었는데 이것은 음성적으로 사이버폭력이 발생하고 있음을 알 수 있다.

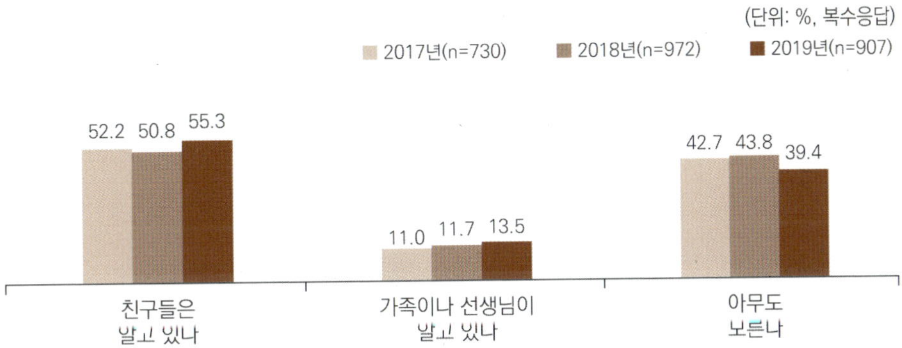

출처: 방송통신위원회, 한국정보화진흥원(2019).

[그림 8-7] 연도별 사이버폭력 피해 경험 이후 상황

4) 사이버 성일탈 실태

2019 한국형사정책연구원에서 실시한 「2019 성매매실태조사」에서 아동·청소년의 성적 유인에 관한 실태조사에서 지난 3년간 인터넷을 통해 원치 않은 성적 유인 피해를 당한 경험이 있는 청소년은 11.1%였으며, 이것이 만남까지 이어지는 경험이 있는 경우는 2.7%로 나타났다. 이 중 인터넷 성적 유인 피해 경험 중 성에 관한 유인이 9.3%로 가장 높은 비율을 차지했으며, 성적 정보에 관한 대화 유인은 3.3%, 나체 또는 신체의 일부를 찍은 사진 또는 동영상 송부 유인은 2.4%로 드러났다.

〈표 8-6〉 지난 3년간 인터넷 성적 유인 피해 경험

구분(%)	인터넷을 통한 성적 유인 피해경험 있음					인터넷을 통한 성적 유인 피해 경험 없음
	성에 관한 대화 유인(A)	성적 정보에 관한 대화 유인(B)	나체/신체의 일부를 찍은 사진, 동영상 송부 유인(C)	화상채팅 시 야한 자세 / 자위행위 유인(D)	A~D 중 한 가지 이상 성적 유인 경험	
전체	9.3	3.3	2.4	1.6	11.1	88.9
만남유인	2.2	1.2	0.9	0.4	2.7	-

출처: 여성가족부. 「2019 성매매실태조사」 결과 재구성.

대가를 약속하면서 만나자는 유인을 받았거나 실제 유인자를 만나는 등의 성매수 피해 위험상황에 처한 경험이 있는 청소년은 1.1%였다. 인터넷을 통한 성적 유인 피해 경험만 있는 경우도 8.4%로 나타났다. 여기서 성매수 피해위험이란 대가 약속 여부와 관계없이 유인자와 실제 만난 경우와 대가 약속이 있었으나 실제 만나지 않은 경우를 모두 포함하였다.

〈표 8-7〉 인터넷 성적 유인을 통한 성매수 피해 경험

구분(%)	인터넷 성적 유인 + 오프라인 만남 유인 피해경험 있음		인터넷을 통한 성적 유인 피해 경험만 있음	인터넷을 통한 성적 유인 피해 경험 없음
	대가 약속 없는 만남 유인이 있었으나 만나지 않음	성매수 피해 위험		
전체	1.6	1.1	8.4	88.9

주: 성매수 피해위험이란 대가 약속 여부와 관계없이 유인자와 실제 만난 경우와 대가 약속이 있었으나 실제 만나지 않은 경우를 모두 포함함.

출처: 여성가족부. 「2019 성매매실태조사」 결과 재구성.

2012년 행정안전부에서 초등학교 5학년~고등학교 2학년 12,251명을 대상으로 「청소년들의 성인물 이용실태 조사」 결과를 보면, 성인물 이용 경로는 주로 웹하드 및 P2P 등 파일공유사이트를 통해 접촉하는 비율이 가장 높았으며, 성인물 이용 경험자 10명 중 3명은 성인물을 타인과 공유한 경험이 있으며, 주로 만나거나 휴대전화로 전달한 것으로 나타났다.

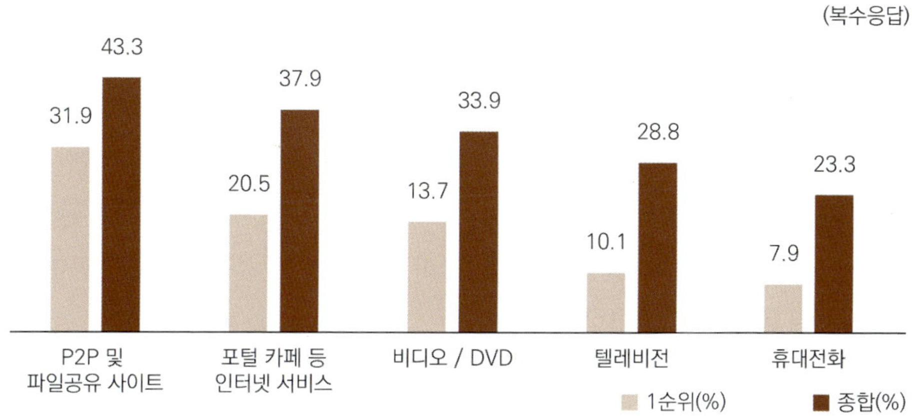

출처: 행정안전부(2012). 청소년들의 성인물 이용실태 조사.

[그림 8-8] 성인물 주 이용매체

청소년들이 성인물 이용 이유는 '호기심'이 가장 높게 나타났으며, 남자 중학생과 여자 중 · 고등학생의 경우 호기심으로 이용하는 경우가 더 높은 것으로 나타났다.

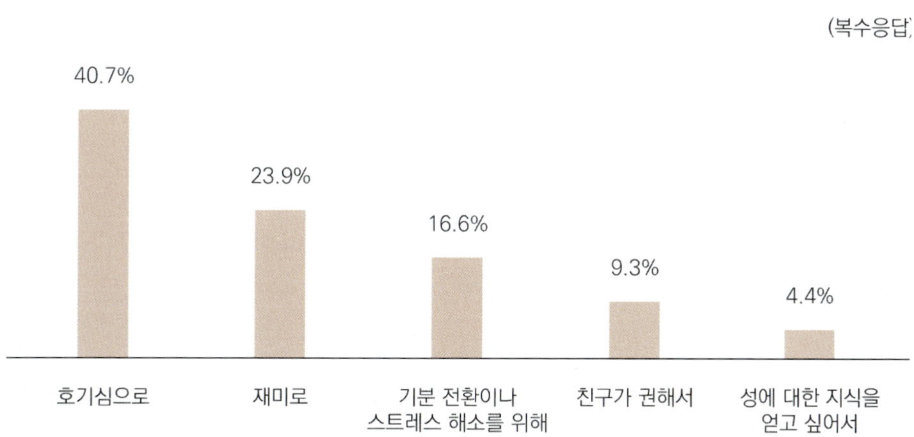

출처: 행정안전부(2012). 청소년들의 성인물 이용실태 조사.

[그림 8-9] 성인물 이용 이유 (복수응답)

5) 온라인 도박 실태

2015년 한국도박문제관리센터에서 13~17세 청소년 1만 5천여 명을 대상으로 진행한 「청소년 도박문제 실태조사」에 따르면, 지난 3개월 동안 돈내기 게임을 경험한 청소년은 75.8%로 나타났으며, 도박 종류는 불법 스포츠 도박이 46.5%, 불법 인터넷 도박이 45.8%로 주로 온라인 공간에서 도박이 이루어지고 있었다.

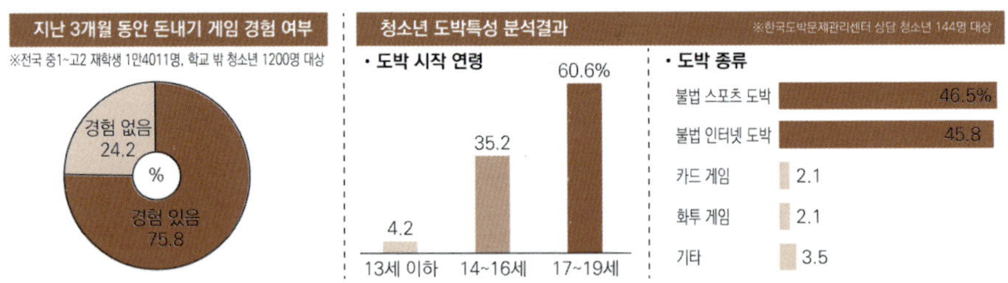

출처: 한겨레신문(2017.11.27)

[그림 8-10] 청소년 도박 실태

5 사이버일탈의 특징

사이버공간에서 발생하는 일탈의 특징을 정리하면 다음과 같다(이완희 외, 2017: 382-386).

1) 익명성

사이버공간에서는 대부분 본인의 이름을 밝히지 않고 단순히 아이디를 사용하거나 가상의 아이디를 사용하기 때문에 자신의 신분을 속일 수 있다. 익명성을 이용해 현실 세계에서 할 수 없는 성적 표현이나 모욕적 발언을 쉽게 할 수 있으며, 해킹, 거짓정보 올리기 등도 쉽게 가능하다. 특히 카카오톡의 경우 누구나 쉽게 대화상대를 초대할 수 있기 때문에 손쉽게 피해자를 양산할 수 있다.

2) 가해자와 피해자의 중첩성

사이버폭력의 경우, 폭력 사건의 가해자가 누구인지 쉽게 구별하기 어렵다. 사이버공간에서 해당 내용이 '퍼 나르기' 같은 행위를 통해 지속적으로 발생하고 있고, 이러한 과정으로 무수한 공범자들이 존재하기 때문에, 특정 가해자를 선별하여 신고하는 것은 쉽지 않을 수 있다. 사이버폭력은 학교폭력 경험이 있는 학생이 자신이 당하지 않기 위해 다른 학생에게 학교폭력을 행사하는 피해와 가해의 악순환도 지속되고 있기 때문에 피해자와 가해자를 특정하기가 어렵다.

사이버폭력 피해 경험이 높은 청소년들이 사이버폭력의 가해자가 되는 경우도 있다. 오프라인에서 폭력 피해 청소년들은 자신의 분노, 억울함, 화, 울분 등과 같은 부정적 감정을 자신의 신분을 안전하게 비행을 저지를 수 있으며, 쉽게 접근할 수 있는 사이버공간을 활용하여 폭력 피해자에서 가해자로 변할 수 있다.

3) 폭력행위의 비통제성

사이버폭력은 현실 세계의 폭력과 달리 가해자의 물리적 상황이나 시공간적 제약에 상관없이 폭력 행위가 발생한다. 폭력 발생 이후 피해자로부터 돌아오는 즉각적인 대응이 없는 경우가 많으며, 그렇기에 범죄행위가 발각될 가능성도 낮을 수 있다. 따라서 이러한 사이버공간의 특성으로 인해 무분별하게 사이버폭력이 발생될 수 있고, 처벌이 어렵다는 것이 가해자의 폭력행위를 수행하도록 조장하게 경우도 있다.

4) 사이버폭력 피해의 신속성과 광범위성

사이버공간의 익명성, 비대면성으로 인해 비행은 24시간 일어날 수 있기 때문에 피해 속도와 범위는 매우 빠르고 광범위하게 확산될 가능성이 높다. 또한 사이버폭력의 결과물은 순식간에 불특정 다수에게 전파될 수 있다. 이러한 전파력은 피해자가 당하는 폭력의 범위를 파악하는 것은 현실적으로 불가능하게 만든다. 무제한적인 복사와 공유가 이루어지기 때문에 피해자가 당하는 폭력의 횟수를 확인하기 어렵다. 이러한 특성으로 인해 피해자의 피해의 정도는 광범위하게 나타나지만, 피해자를 지원하는데 어려움이 있는 것이다.

5) 죄의식의 결여

사이버공간에서 사회적 규범과 가치관의 부재로 인해 자신의 행위가 나쁜 행위라고 생각하지 않고 죄책감 없이 사이버 비행을 저지르는 경우가 많다. 피해 당사자의 반응이나 괴로움 정도를 알 수 없어서 가해자들은 후회, 동정심, 죄의식 등을 잘 느끼지 못하는 경우가 있다. 이러한 죄의식의 결여는 게시판 댓글 등에서 자주 나타나게 된다. 이러한 죄의식의 결여는 가해자로 하여금 더 큰 폭력을 저지를 수 있는 토양을 제공할 가능성이 높다.

6) 피해의 심각성

사이버공간에서 당하는 피해 규모와 강도는 오프라인에서 당하는 피해보다 훨씬 크다고 할 수 있다. 특히 사이버불링의 경우 비대면의 특성으로 피해자에게 더 큰 상처를 줄 수 있다. 이러한 피해는 피해자의 자살과 같은 극단적인 행동으로 나타날 수 있다.

6 사이버일탈의 대처방안

첫째, 입법을 통한 사이버 범죄에 대한 처벌이 강화되어야 한다. 최근 인터넷기반 스마트폰 채팅앱, SNS 등을 통해 성적 유인, 성매매 알선이 빈번하게 이루어지고 있으며, 아동·청소년 대상 성착취 범죄로 이어지고 있지만, 이에 대한 규제가 이루어지지 않고 있어 대응 방안이 입법적으로 모색될 필요가 있다. 정보통신망을 이용한 아동·청소년 대상 성적 유인, 권유 행위를 적발하고 처벌할 수 있는 제도가 마련되어야 하고, 채팅앱 등 성매수를 위해 사용되는 애플리케이션 등에 경고문구 삽입, 온라인 성착취를 경험하거나 시도할 때 즉각 신고할 수 있도록 24시간 신고 체계를 연결할 수 있는 시스템을 마련하도록 법·제도적 개선이 필요하다. 아울러, 성매매와 성착취 위험에 노출될 수 있는 온라인 환경 개선, 또래상담 등 모니터링과 조기 개입을 통한 피해 예방을 적극 추진하고 채팅앱에 대한 규제와 감시기능을 강화할 필요가 있다.

둘째, 청소년들을 위한 예방 교육이 필요하다. 정기적으로 청소년들에게 사이버일탈의 심각성과 올바른 인터넷 이용 교육이 이루어져야 한다. 사이버공간을 벗어나서 생활하기 어려운 청소년들의 상황을 이해하고, 보다 건전하게 인터넷, 스마트폰을 이용할 수 있도록 교육해야 한다. 사이버 중독의 위험성에 대해서도 정기적인 검사가 이루어져야 하고, 부모들의 관리 감독의 필요성도 알려야 한다. 사이버일탈에 따른 범죄 내용들을 교육하고, 이에 대한 처벌 규정들도 알려주어야 한다.

스스로 인터넷, 스마트폰 사용을 조절하기 어려운 청소년의 경우는 전문적인 상담을 받을 수 있도록 정보를 제공해야 한다. 인터넷, 스마트폰의 중독적 사용과 더불어 음란물 이용으로 인해 성 비행의 문제가 발생하지 않도록 청소년 스스로 충동 조절 또는 자기조절 훈련을 통해 자기통제력이 향상될 수 있도록 교육이 이루어져야 한다.

셋째, 지역사회에서의 관심과 노력이 필요하다. 청소년들의 인터넷 과다 사용을 억제하기 위해 지역사회와 기업의 노력이 필요하다. 정부 차원의 규제의 한계를 보완하기 위해 셧다운제도를 개인 스마트폰 게임에까지 확대하여야 한다. 청소년들이 자주 이용하는 인터넷 게임, 스마트폰 게임에 셧다운 시스템을 탑재하여 스스로 통제하기 어려운 청소년들의 과다 사용을 제재할 수 있어야 한다.

아울러 청소년들이 가상공간에서 보내는 시간을 단축할 수 있도록 지역사회 내에 청소년 이용 시설, 문화 시설 등이 확충되어야 한다. 오프라인에서 대면으로 사람들과 의사소통하고 관계를 형성할 수 있도록 다양한 청소년 여가 프로그램들이 개발되어야 한다.

생각해보기!

중고거래 플랫폼 활용한 청소년 대상 범죄 주의보

10대 청소년 A군은 지난해 온라인 중고거래 플랫폼 '당근마켓'에 "아이폰8 판매합니다"라는 제목의 게시물을 올린 뒤 메시지를 하나 받았다. "물건이 마음에 든다. 한동네에 사니 지금 바로 만나 거래하자"는 내용이었다. 구매 희망자는 A군 집에서 멀지 않은 서울 동대문구 한 길가를 약속 장소로 제안했다. 현장에 가니 A군 또래로 보이는 청소년이 오토바이를 탄 채 기다리고 있었다. 그는 A군에게 "전화기 상태를 살펴보겠다"고 말하며 물건을 건네받은 뒤 외투 주머니에 넣고는 그대로 도주했다.

경기 남양주시에 사는 10대 청소년 B군은 온라인 중고거래 플랫폼 '번개장터'에 아웃도어 의류 판매 글을 올렸다가 피해를 보았다. "나와 친구가 돈을 모아 그 옷을 사려고 한다. 한동네에 살고 있으니 지금 나와달라"는 메시지를 받고 나간 장소에는 역시 또래로 보이는 청소년 두 명이 서 있었다. 그중 한 명인 C군이 B군에게 "옷을 내게 주고 내 친구 D와 같이 현금자동입출금기에 가서 돈을 받으라"고 했다. 그 말을 믿고 옷을 건넨 뒤 D군과 함께 현금자동입출금기에 간 B군은 그곳에서 D군에게 "지금 내 계좌에 5만 원밖에 없다"는 말을 들었다. B군이 판매 글에 적어놓은 해당 옷 가격은 15만 원이었다. 그런데 D군은 B군에게 "C가 내 계좌로 10만 원을 입금하기로 해놓고 약속을 어겼다. 나도 C에게 속은 것"이라며 "지금은 5만 원밖에 못 주겠다"고 했다. 두 사람은 그 자리에서 C군에게 전화를 걸었지만 그의 전화기는 이미 꺼진 상태였다.

최근 지역 기반 온라인 중고거래 플랫폼에서 10대를 상대로 한 또래 범죄가 잇달아 벌어지고 있다. 곽혜숙 한국지능정보사회진흥원 수석연구원은 "과거 청소년 대상 사이버 범죄의 주 무대는 카카오톡, 페이스북 등 소셜네트워크서비스(SNS)였다. 요즘엔 당근마켓 · 번개장터 같은 지역 기반 중고거래 플랫폼 또한 범행 도구로 많이 사용되는 것으로 보인다"고 밝혔다.

직접적 이유는 해당 서비스를 이용하는 청소년이 급증했기 때문이다. 번개장터 관계자는 "지난해 상반기(1~6월) 데이터를 분석한 결과 앱 이용자의 84% 이상이 MZ세대(밀레니얼 세대+Z세대, 1980년생부터 2004년생까지 출생자)였다. 그중 약 15%가 10대이며, 10대 이용자 비율은 계속 빠른 속도로 상승하고 있다"고 밝혔다.

지역 기반 중고거래 플랫폼이 범죄 공간으로 악용되는 또 다른 이유는 '이웃끼리 직거래하자'며 피해자를 유인하기 쉬워서다. 당근마켓은 이용자 위치를 파악해 반경 6km 이내(서울은 반경 4km) 사람끼리 중고물품을 직거래할 수 있도록 하는 플랫폼이다. 번개장터 또한 구매자 위치를 중심으로 2~10km 안에 있는 사람과 물건을 사고팔 수 있게 하는 '우리 동네' 서비스를 운영한다. 당근마켓이나 번개장터 우리 동네에 물건을 올리면 판매자의 위치 정보가 시·군·구는 물론 동(洞) 단위까지 표기된다. 10대 범죄자들은 이 기능을 활용해 자기가 잘 아는 지역에 등록된 중고물품 가운데 10대가 올린 것으로 보이는 것을 골라낸다. 이후 메시지나 채팅을 통해 "한동네에 살고 있으니 지금 만나 거래하자"라며 불러내 중고품이나 현금을 갈취한다.

문제는 10대 상당수가 이런 피해를 당해도 수사기관에 신고하지 않는다는 점이다. 전문가들은 10대의 경우 부모 몰래 중고거래한 사실을 들켜 혼날까 봐 또는 자기 주소지를 아는 가해자에게 2차 피해를 당할까 봐 등 여러 이유로 신고를 꺼린다고 말한다. 이 때문에 관련 범죄가 점점 기승을 부린다는 지적이 있다.

최근에는 가해자가 직접 판매글을 올려 범행 대상을 물색하는 신종 수법도 등장했다. 10대 E군과 F군은 지난해 한 업자로부터 미등록 오토바이를 구매한 뒤 당근마켓에 판매 글을 올렸다. 10대 G군이 구매 의사를 밝히자 E군은 "사는 곳을 알려주면 내가 오토바이를 갖고 가겠다"고 제안해 그의 주소를 파악했다. G군은 자기 아파트 단지에서 E군에게 80만 원을 주고 오토바이를 산 뒤 주차장에 세워뒀다. 이후 E군과 한패인 F군은 해당 아파트 단지 주차장을 돌아다니며 해당 오토바이를 찾아내 번호판을 훔쳤다. 며칠 뒤 E군이 G군에게 "오토바이 잘 타고 있느냐"는 메시지를 보내자 G군은 "번호판이 사라졌다"고 털어놓았다. E군은 "번호판 없는 오토바이를 타고 다니면 경찰 단속에 걸린다. 차라리 나한테 다시 팔면 어떻겠느냐"고 제안해 헐값만 주고 오토바이를 돌려받았다. 이 사건은 이대로 끝나는 듯했으나, E군과 F군에게 비슷한 수법으로 사기를 당한 또 다른 피해자가 수사기관에 신고하면서 G군 피해 사실까지 드러났다.

부산 해운대구에 사는 10대 H군은 지역 기반 중고거래 플랫폼을 통해 스마트폰을 판매하려다 또래에게 폭행 피해를 당하기도 했다. 지난해 11월 말, H군이 스마트폰을 직거래하러 나간 현장에는 또래로 보이는 청소년 3명이 나와 있었다. 이들은 H군에게 "스마트폰 가격을 7만 원 깎아달라"고 요구했고, H군이 거절하자 욕설을 퍼부으며 위협했다. 급기야 일행 중 한 명이 H군에게 "나와 싸워서 이기면 돈을 더 주겠다"며 주먹질까지 했다. 그들의 공갈과 폭행에 겁을 먹은 H군은 당초 10만 원에 팔려 했던 스마트폰을 3만 원만 받은 채 넘겼다. 가해자들은 H군에게 "상호 합의하에 거래가 성사됐으니 나중에 딴소리하지 마라. 이상한 얘기 하고 다니면 네가 몰래 중고 거래한 사실을 집과 학교에 알리겠다"고 협박했다. 이 사건은 H군이 피해 사실을 부모에게 알려 경찰이 수사에 착수한 상태다.

온라인 중고거래 플랫폼을 성범죄 무대로 악용하는 이들도 있다. 수법은 이렇다. 먼저 10대 여성이 올린 것으로 보이는 중고 의류 판매 글을 검색한다. 이후 자기도 여성인 것처럼 가장해 채팅 메시지를 보낸다. "내 남자친구가 노출 있는 옷을 좋아한다. 가슴 부분이 어느 정도 파였는지 궁금하니 직접 옷을 입고 사진을 찍어 보내달라" 같은 식이다. 사진을 받고 나면 "가슴이 크다" "몸매가 좋다" 등의 메시지를 지속적으로 보내며 성희롱하거나, 해당 사진을 유출하겠다고 협박하며 자기 요구를 들어주도록 강요하기도 한다. 이때 피해자가 가해자의 성희롱성 발언이 담긴 채팅 화면을 갈무리해 신고하면 형사처벌도 가능하다. 경찰청 관계자는 "가해자가 다른 사람 개인정보로 회원 가입을 한 경우 등엔 신상정보 확인이 어려울 수 있다. 그래도 피해가 발생하면 적극적으로 신고하는 게 문제 해결의 지름길"이라고 당부했다.

지역 기반 온라인 중고거래 플랫폼에서 발생한 범죄를 신고하지 않을 경우 추가 피해가 이어질 수 있는 점도 문제다. 노윤호 변호사(법률사무소 사월)는 "중고거래 범행 대상을 물색한 가해자는 보통 피해자에게 '지금 거래하고 싶으니 연락처와 위치를 알려달라'고 해 각종 개인정보부터 확보한다"며 "피해자의 얼굴, 주소, 연락처 등을 모두 알고 있는 가해자가 2차 범죄를 할 가능성을 배제할 수 없다"고 지적했다. 이 때문에 전문가들 사이에서는 "플랫폼 사업자의 책임 있는 관리감독이 필요하다"는 목소리가 높다. 이은희 인하대 소비자학과 교수는 "사업자가 플랫폼 서비스를 제공해 놓고 그 안에서 일어나는 불법 행태를 지켜보기만 하는 건 무책임한 행동"이라며 "10대를 포함한 이용자에게 거래 과정에서 불법을 저지를 시 플랫폼 사업자로부터 고발당할 수 있다는 점을 분명히 알려야 한다"고 말했다.

중고거래 플랫폼 이용자를 대상으로 한 디지털 리터러시(literacy) 교육이 필요하다는 의견도 제기된다. 디지털 리터러시는 온라인 정보를 자기 목적에 맞게 사용할 수 있도록 하는 교육을 의미한다. 당근마켓 번개장터 같은 플랫폼은 중고거래를 목적으로 만든 곳이다. 이용자 대부분은 이 목적에 맞게 플랫폼을 이용한다. 가입자 가운데 다른 의도를 가진 이를 구분하기는 사실상 쉽지 않다. 특히 사회

경험이 많지 않고 판단 능력이 완성되지 않은 10대의 경우 더욱 그렇다. 곽혜숙 한국지능정보사회진흥원 수석연구원은 “누구든지 정보통신망을 이용해 공포심이나 불안감을 유발하는 메시지를 반복적으로 상대에게 전해서는 안 된다. 10대에게 이 사실을 숙지시키고 온라인 중고거래 플랫폼을 이용할 때 ‘거래과정에서 상대에게 수치심이나 혐오감을 주는 발언을 하지 않는다’ ‘상대를 겁박하며 거래를 강요하지 않는다’ 같은 내용을 주지시킬 필요가 있다”고 말했다.

노윤호 변호사는 “중고거래 범죄피해를 당하지 않는 최선의 방법은 구매자든 판매자든 의심스러운 거래에 응하지 않는 것”이라며 “중고거래에 앞서 경찰청에서 제공하는 ‘사이버캅’ 앱을 통해 판매자 관련 사기 신고 접수 이력이 없는지 살펴보는 게 좋다”고 조언했다. 노 변호사는 또 “10대는 직거래 시 보호자와 동행하는 게 바람직하다”며 “만에 하나 범죄피해를 당할 경우 즉시 경찰에 신고해야 한다”고 강조했다.

김건희 기자

신동아(2021년 2월호)

원문 https://shindonga.donga.com/3/all/13/2424514/1

CHAPTER

09

성일탈

본 장에서는 청소년의 성일탈에 관해 소개한다.

청소년의 성의식의 변화를 성의식 실태를 통해 알아보고, 성일탈의 유형인 성비행, 성범죄, 성매매의 개념과 실태와 청소년 성일탈의 원인을 파악하고자 한다. 청소년 성일탈을 방지하기 위한 대처방안을 살펴보고자 한다.

학습목표

1. 청소년의 성의식의 변화와 성의식 실태를 파악할 수 있다.
2. 청소년 성일탈의 개념과 유형을 설명할 수 있다.
3. 성비행, 성범죄, 성매매의 실태를 파악할 수 있다.
4. 성일탈의 원인을 이해할 수 있다.
5. 청소년 성일탈 방지를 위한 대책을 설명할 수 있다.

Keywords

성의식, 성일탈, 성비행, 성범죄, 성매매

청소년기는 급격한 신체 변화에 자신의 신체에 대한 지대한 관심을 갖게 되는 시기이다. 성호르몬의 영향으로 성인의 신체적 특징이 나타나게 되고, 이성에 대한 성적 호기심도 증대되는 시기이다. 본인의 성적 변화를 어떻게 받아들이느냐에 따라 자아상 형성에도 영향을 미칠 수 있으며, 이성과의 관계에서 성적 충동을 어떻게 해결하느냐에 따라서 추후 이성 관계에도 영향을 미칠 수 있다.

본 장에서는 먼저 청소년의 성의식 변화를 살펴보고, 청소년의 성 관련 일탈 문제의 개념과 실태 등을 알아보고자 한다. 청소년기에 문제시되고 있는 성폭력, 성매매, 미혼모 문제를 중심으로 성일탈 문제를 검토하고자 한다.

1 청소년의 성의식의 변화

성의식이란 성에 대한 가치관이라고 간단하게 정의내릴 수 있다. 성의식은 일반적으로 성에 대해 보수적인지, 개방적인지 태도의 정도가 어느 수준인지에 따라 건전한 성의식과 그렇지 못한 성의식으로 구분하는 경향이 있다. 이러한 구분도 어떠한 의식을 보수적 또는 개방적 태도라고 여기는지, 어떠한 의식을 긍정 또는 부정적인 태도라고 인식하는지는 각 개인이 처한 시대 및 사회적 맥락에 따라 다를 수 있다. 우리나라에서는 혼인 관계 안에서, 성인이 된 이후 남녀의 애정 관계를 바탕으로 하고 있으며, 남녀 평등적이고, 상호 합의하에 책임 있는 성행동을 추구하는 것을 바람직한 성의식이라고 볼 수 있다(백혜정 · 김은정, 2008: 16).

성행동이란 성과 관련하여 겉으로 드러나는 행동이라고 정의내릴 수 있다. 성행동에는 손잡기, 포옹, 키스, 성관계, 출산, 낙태 등 다양한 행동이 포함된다. 신체적 접촉이 있는 성행동을 직접적인 성행동으로, 신체 접촉이 없는 영상물, 만화, 잡지 등을 통한 음란물에 접촉하는 것은 간접적인 성행동으로 구분할 수 있다. 직접적인 성행동에는 사회적 규범 내에서 두 사람 사이에 존재하는 사랑이나 친밀감을 표현하는 행위를 적절한 행동으로, 폭력이나 강요에 의한 사회적 규범에서 벗어난 성행동은 부적절한 행동으로 구분할 수 있다.

청소년의 성의식과 성행동은 밀접한 관련이 있다. 청소년 개인이 보이는 성 개방성 및 허용성의 정도가 그들의 성행동에 영향을 미치고 있으며, 반대로 성행동도 성의식에 영향을 미치고 있었다. 여기서 성행동은 성적 피해를 말하며, 성적 피해를 당한 이후 적절한 조치가 취해지지 않을 경우 개인에게 왜곡되고 혼란스러운 성의식이나 행동을 형성하는 원인이 될 수 있다.

2 성일탈의 개념

청소년의 성일탈은 성비행과 성범죄를 포함한다. 성비행은 「형법」상 성범죄는 아니지만 행위자가 청소년이기 때문에 문제가 되는 지위비행을 말하며, 예를 들어 이성과의 성관계 및 성접촉, 인터넷매체를 기반으로 한 음란물 접촉 및 탐닉이 해당된다. 청소년 성범죄는 현행법을 위반하는 범죄행위를 말하며, 예를 들어 강간, 성추행, 성희롱, 성매매, 성도착증상 등이 해당된다.

성비행의 유형은 상대방 없이 혼자서 행하는 일신적 성비행과 상대방과의 관계에서 발생하는 대인관계 성비행으로 구분된다. 일신적 성비행은 성인에게는 성범죄에 해당되지 않지만 청소년이기 때문에 문제가 되는 비행이 해당된다. 대인관계 성비행은 성인에게도 성범죄로 규정되는 범죄를 말한다.

〈표 9-1〉 성일탈 유형

유형		내용
일신적 성비행	음란물 탐닉	사이버 섹스중독으로, 인터넷과 스마트폰상에서 선정적인 이미지, 야한 게임 및 동영상, 음란 소설과 만화, 음란 채팅과 메일 등에 자주 접촉하여 경험하는 비행
	대체물품 비행	청소년들이 성기대체물품을 사용하거나 여성전용 물건을 접촉하거나 사용하는 행위, 이성복장을 착용하여 일신상의 성적 만족을 느끼는 행위를 말함
	지나친 자위행위	자위행위는 청소년기의 자연스러운 현상이나 그 정도가 지나칠 때는 비행으로 간주되기도 함
대인관계 성비행: 상대방의 동의에 의한 성비행	이성과의 성행위	가벼운 신체접촉, 키스와 애무, 성교행위 등 포함
	성매매	청소년에게 금품 또는 재산상의 이익이나 편의제공 등의 대가를 제공하거나 이를 약속하고 성교행위를 하는 것을 의미함. 유사성행위도 포함. 성매매 집결지 출입이나 유흥업소를 통한 성매매도 해당됨
	유사 성행위	성교 이외의 다른 신체적 접촉을 통한 성행위로 키스방, 마사지업소 등과 같은 업소에서 행해지는 것. 신체내부로의 성교행위가 아니더라도 그 행위가 성교와 유사하고 성교와 유사한 정도의 성적 만족을 얻기 위한 행위라면 유사성교행위에 해당됨
대인관계 성비행: 상대방의 동의에 의하지 아니한 성비행	강간	주로 폭행이나 협박에 의해 이루어지는 경우가 대부분
	강제추행	성폭력범죄처벌특례법에서 삽입을 제외한 성적인 신체접촉을 통해 성적 모욕을 느끼게 하는 행위. 포옹, 키스, 애무, 옷 벗기기, 손 집어넣기, 손가락 삽입, 여성 성기에 이물질 투입, 남성 성기를 여성의 구강 또는 항문에 삽입하는 비행을 포함
	간음	부부가 아닌 남녀가 성관계를 맺는 것을 말함. 강간, 간통, 성매매를 포함하며, 미혼인 사람의 성교도 포함. 하지만 청소년들은 위계나 위력에 의한 간음과 추행은 법적인 처벌 대상이 됨
	가벼운 추행	폭행, 협박, 위계, 위력보다는 약한 신체적 추행으로 주로 껴안기, 키스, 애무, 손잡기 등이 해당됨
	언어적 희롱	노골적 음담패설, 여성의 가슴, 음부, 체격 등 신체부위와 관련된 조롱, 여성생리와 관련된 놀림, 성과 관련된 진한 농담 등
	시각적 희롱	성기를 노출하여 보이기, 옷 위로 성기 만지는 모습 보이기, 과다한 신체노출로 속살 드러내기, 음탕한 눈빛으로 쳐다보기, 훔쳐보기 등.
	음란물 희롱	음란한 포르노 사진 및 동영상, 그림, 글, 책, 도색잡지 등 보이기, 성기대체물 보이기 등(전화, 우편, 컴퓨터, 스마트폰 등 통신매체 이용행위 포함)
	행위요구희롱	술좌석 옆자리 앉히기, 술 따르게 하기, 주무르기 요구 등

출처: 이완희 외(2017). p.310.

청소년들에게 주로 발생하는 성일탈은 스마트폰이나 인터넷을 통한 음란물탐닉 관련 성비행, 스마트폰 랜덤채팅을 통한 성매매, 이성과의 성행위 및 유사성행위, 성추행 및 여러 유형의 성희롱 등이 해당된다(이완희 외, 2017: 308-309).

3 청소년 성일탈 유형

1) 성비행 실태

청소년의 음란매체 접촉 실태는 여성가족부에서 전국 초등학교 4학년~6학년, 중학교, 고등학교 재학 중인 학생들 16,500명 대상으로 조사한 「2018년 청소년 매체이용 및 유해환경 실태조사」를 통해 알아보고자 한다. 본 조사 결과 중 최근 1년 동안 학교급별 성인용 영상물·간행물 이용률은 초·중·고생 전체 평균 39.4%였으며, 고등학생은 53.3%가 성인용 영상물을 본 경험이 있었다. 주된 특징은 초등학생의 이용률이 지속적으로 증가하고 있었으며, 인터넷 환경의 발전과 스마트폰의 증가로 초등학생도 성인용 영상물에 쉽게 접촉할 수 있는 환경이 되었음을 알 수 있다.

〈표 9-2〉 학교급별 성인용 영상물·간행물 이용률

연도	성인용 영상물 이용률(%)				성인용 간행물 이용률(%)			
	전체	초등학교	중학교	고등학교	전체	초등학교	중학교	고등학교
2016	41.5	18.6 (5~6학년 16.1)	42.4	58.0	22.0	11.8 (5~6학년 9.3)	22.5	29.1
2018	39.4	19.6 (5~6학년 17.7)	41.6	53.3	23.3	13.2 (5~6학년 10.6)	25.0	29.8

출처: 여성가족부(2018). 2018년 청소년 매체이용 및 유해환경 실태조사.

성인용 영상물 이용 경로를 보면, 청소년의 28.2%는 '인터넷 포털 사이트'를 통해 성인용 영상물을 본 적이 있다고 응답하였으며, 17.7%는 '인터넷 실시간 방송 및 동영상 사이트'를 통해 성인용 영상물을 시청하였다고 응답하였다. 전반적으로 남학생이 여학생보다 매체별 성인용 영상물을 시청한 경험이 현저하게 높았으며, 스마트폰을 통해 SNS(16.5%), 스마트폰 앱(11.0%)을 통해 성인용 영상물을 접했다는 응답도 적지 않았다.

〈표 9-3〉 최근 1년간 이용 경로별 성인용 영상물 시청 경험(복수응답) (단위: %)

구분		TV방송		인터넷 포털 사이트		인터넷 실시간 방송 및 동영상 사이트		인터넷/모바일 메신저		SNS		파일 다운로드 사이트		스마트폰 앱	
		2016	2018	2016	2018	2016	2018	2016	2018	2016	2018	2016	2018	2016	2018
전체		13.8	12.9	27.6	28.2	19.1	17.7	10.0	10.5	18.1	16.5	10.4	6.6	11.2	11.0
성별	남자	16.3	15.2	37.4	37.5	21.6	20.8	12.4	12.9	19.8	18.7	15.2	9.4	15.1	14.0
	여자	11.1	10.4	17.0	18.2	16.3	14.2	7.3	8.0	16.2	14.1	5.0	3.6	6.9	7.9
학교급	초등학교	10.0	9.5	10.3	10.6	13.1	13.8	9.8	10.3	7.1	6.2	3.2	2.6	10.4	11.2
	중학교	12.7	12.6	30.4	31.0	19.4	20.2	10.5	11.5	19.8	18.7	6.6	5.8	11.0	11.5
	고등학교	17.7	15.7	38.2	39.8	23.2	18.7	9.6	9.8	24.9	22.8	19.0	10.4	11.8	10.5

주: 1) 무응답을 제외하고 분석한 결과임.
2) 2016년도 Social Network Services(SNS)의 예시는 페이스북, 카카오스토리, 트위터, 인스타그램, 블로그, 인터넷 카페 등이었으나, 2018년도는 페이스북, 카카오스토리, 트위터, 텀블러, 인스타그램, 블로그, 인터넷 카페 등으로 변경하여 질의함.
3) 2016년도 '성인용 영상물'의 용어를, 2018년도는 '성인용 TV 프로그램, 영화, 동영상 등'으로 변경하여 질의함.

출처: 여성가족부(2018). 2018년 청소년 매체이용 및 유해환경 실태조사.

청소년 폭력 피해 경험의 경우, 최근 1년 동안 다른 학생이나 친구, 선후배 등으로부터 경험한 성폭력 피해율 조사 결과를 보면 전체 성폭력 피해율은 2.8%였다. 성폭행 피해 유형별로 살펴보면 '말이나 눈짓, 몸짓으로 성적 모욕감을 주거나 괴롭힘을 당함'이 1.7%로 가장 많았으며, '고의로 신체를 건드리거나 몸을 의도적으로 계속 따라다니면서 괴롭히는 스토킹을 당함'이 0.4%, '사이버 조건 만남 유인을 당하거나 강요 받음'이 0.2%, '강제로 성관계 시도를 당함'이 0.1% 순으로 나타났다. 지난 2016년 조사 결과와 비교해 보면, 전체 피해율은 0.4%p 증가하였으며, 특히 여자 청소년과 중·고등학생의 피해율이 증가하였다.

〈표 9-4〉 **청소년 성폭력 피해 경험(복수응답)**

(단위: 명, %)

구분			사례수	청소년 성폭력 피해율[1]	성폭력 유형별 피해율(복수응답)					
					의도적으로 계속 따라다니면서 괴롭히는 스토킹을 당함	말이나 눈짓, 몸짓으로 성적 모욕감을 주거나 괴롭힘을 당함	고의로 신체를 건드리거나 몸을 밀착시킴을 당함	강제로 성관계 시도를 당함	사이버(인터넷) 스토킹이나 성희롱을 당함	사이버(인터넷) 조건만남(성매매) 유인을 당하거나 강요 받음
전체		2016	(15,623)	2.4	0.4	1.4	1.0	0.1	0.5	-
		2018	(15,604)	2.8	0.4	1.7	1.0	0.1	0.6	0.2
성별	남자	2016	(8,147)	2.4	0.6	1.3	1.4	0.2	0.3	-
		2018	(8,089)	2.4	0.4	1.5	1.2	0.1	0.4	0.2
	여자	2016	(7,476)	2.5	0.3	1.5	0.6	0.1	0.7	-
		2018	(7,514)	3.1	0.4	1.9	0.8	0.2	0.8	0.2
학교급	초등학교	2016	(4,460)	3.2	0.6	1.8	1.4	0.1	0.2	-
		2018	(4,732)	2.7	0.3	1.8	0.8	0.2	0.5	0.2
	중학교	2016	(5,247)	2.4	0.3	1.4	1.0	0.1	0.6	-
		2018	(4,921)	3.2	0.4	1.8	1.2	0.1	0.6	0.2
	고등학교	2016	(5,917)	1.8	0.4	1.0	0.8	0.2	0.5	-
		2018	(5,951)	2.5	0.4	1.5	1.0	0.1	0.7	0.2

주: 1) 제시된 성폭력 유형에 대해 한 가지라도 경험해 본 적이 있는 응답자 비율임.
2) 무응답을 제외하고 분석한 결과임.

출처: 여성가족부(2018). 2018년 청소년 매체이용 및 유해환경 실태조사.

성폭력 가해자 유형은 주된 가해자 유형은 '같은 학교 다니는 사람'이 73.5%로 가장 많았으며, 여성 피해자의 경우 '잘 모르는 사람'으로부터 피해를 당했다는 응답이 16.1%로 남자 피해자보다 높게 나타났다.

〈표 9-5〉 청소년 성폭력 가해자 유형 (단위: 명, %)

구분			사례수	같은 학교 다니는 사람	같은 학교에 다니지는 않지만 같은 동네 사는 사람	사이버공간에서 새로 알게 된 사람	잘 모르는 사람	기타
전체		2016	(373)	73.7	6.8	3.8	15.1	0.6
		2018	(474)	73.5	7.5	6.2	10.7	2.1
성별	남자	2016	(191)	86.2	5.0	0.9	6.6	1.2
		2018	(193)	83.9	5.0	4.3	4.3	2.5
	여자	2016	(182)	60.6	8.7	6.8	23.9	0.0
		2018	(231)	64.8	9.6	7.8	16.1	1.6
학교급	초등학교	2016	(139)	85.2	5.0	1.0	7.1	1.7
		2018	(126)	75.6	8.2	6.1	9.2	0.9
	중학교	2016	(125)	75.3	3.1	4.9	16.7	0.0
		2018	(152)	77.8	5.6	6.3	10.3	0.0
	고등학교	2016	(109)	57.1	13.5	6.0	23.4	0.0
		2018	(145)	67.1	8.9	6.2	12.6	5.2

주: 1) 최근 1년 동안 다른 학생이나 친구, 선후배 등으로부터 성폭력을 당한 적이 있다고 답한 응답자에 한함.
2) 무응답을 제외하고 분석한 결과임.

출처: 여성가족부(2018). 2018년 청소년 매체이용 및 유해환경 실태조사.

2) 성범죄 실태

2011년부터 2017년까지 아동·청소년대상 성범죄로 신상정보등록이 된 범죄자 분석을 통해, 현행 성폭력 범죄로 처벌받은 가해 청소년 현황과 피해 현황을 살펴보고자 한다.

미성년자에 의한 성범죄자는 2011년 154명에서 2013년에 279명까지 2배 가량 증가하였다가 2014년 이후로는 다소 감소 추세를 보여 2017년에는 229명으로 전년도에 비해 나타났다. 미성년 강간범죄자는 매년 130명 전후로 증감을 반복하였으나, 2013년은 예외적으로 230명의 높은 비율을 보였으며, 이후 감소추세를 보였으나 2016년 165명, 2017년 181명으로 예년에 비해 다소 증가한 것으로 나타났다. 미성년 강제추행범죄자는 2012년을 제외하고, 2011년 26명에서 2015년 91명으로 지속적인 증가추세를 보이다가 2017년 35명으로 전년(80명)에 비해 2배 이상 감소하였다.

미성년자에 의한 성폭력범죄의 경우 2011년부터 2013년까지 80% 이상이 강간범죄로, 강제추행 비율보다 월등히 높게 나타났으나, 2014년부터 강간범죄가 감소추세를 보이다 2017년에는 79%로 다시 증가하였다. 반면 성인에 의한 성폭력범죄의 경우 매년 강제추행의 비율이 강간비율보다 높게 나타났으며 2배 안팎의 비율 차이를 보였다. 2017년도에는 강간의 비율은 전년도에 비해 다소 감소했지만, 전체 성폭력범죄의 수는 지난 7년 사이 가장 높은 것으로 기록됐다.

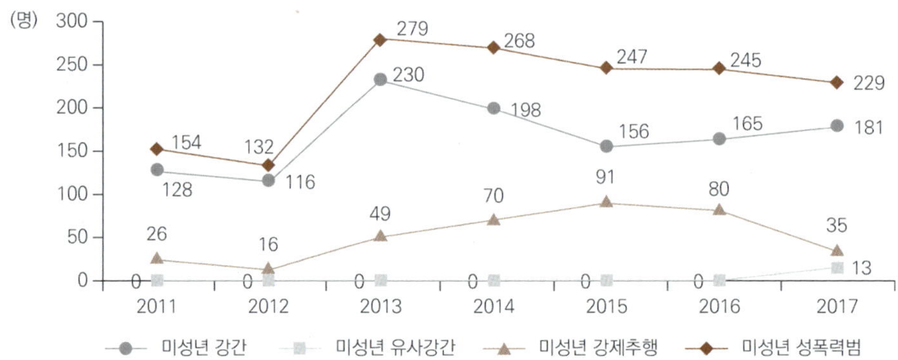

출처: 여성가족부. 아동 · 청소년대상 성범죄의 발생추세와 동향분석 2011-2017.

[그림 9-1] 미성년 성폭력범죄자 연도별 추세

아동 · 청소년대상 성범죄피해자 평균연령을 살펴보면, 2011년 성매매 알선이 16.0세로 가장 높았으며, 뒤이어 성매매 강요 15.3세, 강간 14.2세, 강제추행 12.8세의 순으로 나타났으며, 2017년 역시 성매매 알선이 15.7세로 가장 높았으며, 뒤이어 성매매 강요 15.4세, 강간 14.8세, 강제추행과 유사강간 14.3세의 순으로 나타났다. 또한 성매매 알선을 제외한 모든 성범죄유형에서 2011년도에 비해 2017년 피해자 평균 나이가 소폭 증가하였다.

〈표 9-6〉 아동· 청소년대상 성범죄피해자 평균 연령 변화

(단위: 세)

구분		강간	유사강간	강제추행	성매매 강요	성매매 알선
평균연령	2011	14.2	-	12.8	15.3	16.0
	2017	14.8	14.3	14.3	15.4	15.7

출처: 여성가족부. 아동 · 청소년대상 성범죄의 발생추세와 동향분석 2011-2017.

아동 · 청소년대상 성범죄의 가해자와 피해자와의 관계를 살펴본 결과, 2011년에 비해 2017년에는 관계의 양상이 다양해진 것으로 나타났다.

강간의 경우 모르는 사람에 의한 범죄는 2011년 30.9%에서 2017년 16.4%로 크게 감소하였으며, 동네 사람/안면 있는 사람에 의한 피해자가 30.7%로 가장 높게 나타났다. 그 다음으로는 인터넷채팅으로 만난 사람(17.0%), 모르는 사람(16.4%) 순으로 나타났다. 2011년에 비해 2017년에는 친구에 의한 피해가 4.8%에서 8.2%로, 권력관계에 있는 사람에 의한 피해의 비율이 2.0%에서 6.6%로 크게 증가한 것으로 나타났다.

강제추행의 경우, 모르는 사람에 의한 범죄 비율은 2011년 58.6%에서 2017년 52.8%로 소폭 감소했지만, 권력관계에 있는 사람에 의한 범죄비율이 2011년 5.2%에서 2017년 19.8%로 크게 증가한 것으로 나타났다. 뒤이어 동네사람/안면 있는 사람에 의한 범죄 비율은 2011년 20.6%에서 2017년 13.9%로 다소 감소하였다.

유사강간의 경우 동네사람/안면 있는 사람에 의한 피해자가 41.2%로 가장 높게 나타났고, 모르는 사람(14.4%), 인터넷채팅으로 만난 사람(13.4%), 친구(8.2%)의 순으로 나타났다.

〈표 9-7〉 아동 · 청소년대상 성범죄피해자와 가해자와의 관계 변화 (단위: 명(%))

구분	강간		유사강간		강제추행	
	2011	2017	2011	2017	2011	2017
모르는 사람	220(30.9)	106(16.4)	-	14(14.4)	706(58.6)	1,158(52.8)
친부(모)	49(6.9)	50(7.7)	-	3(3.1)	50(4.1)	68(3.1)
의부(모)	44(6.2)	52(8.0)	-	7(7.2)	51(4.2)	57(2.6)
친척	44(6.2)	34(5.2)	-	6(6.2)	42(3.5)	57(2.6)
친구	34(4.8)	53(8.2)	-	8(8.2)	11(0.9)	30(1.4)
동네 사람 / 안면 있는 사람	158(22.8)	199(30.7)	-	40(41.2)	248(20.6)	305(13.9)
인터넷채팅으로 만난 사람	149(20.9)	110(17.0)	-	13(13.4)	34(2.8)	70(3.2)
권력관계에 있는 사람	14(2.0)	43(6.6)	-	6(6.2)	63(5.2)	435(19.8)
기타	0(0.0)	1(0.2)	-	0(0.0)	0(0.0)	14(0.6)
계	712(100.0)	648(100.0)	-	97(100.0)	1,205(100.0)	2,194(100.0)

*강간 52명, 유사강간 3명, 강제추행 66명 미상

출처: 여성가족부. 아동 · 청소년대상 성범죄의 발생추세와 동향분석 2011-2017.

4 청소년 성매매

1) 청소년 성매매의 개념과 유형

성매매란 불특정인을 상대로 일정한 대가를 주고받기로 하고 성관계 또는 유사 성행위를 하는 매매행위인 성을 사고파는 행위 성매매를 뜻한다. 청소년 성매매는 청소년의 보호와 규제를 목적으로 하는 「청소년 보호법」의 기준인 19세 미만을 청소년이 일정한 대가를 받고 성관계를 매매하는 행위를 뜻한다. 현행법상 청소년 성매매에 대한 정의 규정은 「청소년 보호법」과 「아동 · 청소년의 성보호에 관한 법률」 두 곳에 규정되어 있다. 먼저 「청소년 보호법」상 청소년 성매매는 동법 제26조 제2항(청소년 유해행위의 금지)에 의거, '청소년에 대하여 금전 기타 재산상의 이익을 제공하거나 제공할 것을 약속하고, 성교 또는 신체를 이용한 유사성교를 하는 행위'를 말한다. 또한 「아동·청소년의 성보호에 관한 법률」상 청소년 성매매는 동법 제2조 제2호에 의거, '청소년의 성을 사는 행위' 즉, '청소년, 청소년을 알선한 자 또는 청소년을 실질적으로 보호·감독하는 자 등에게 금품이나 기타 재산상 이익, 직무·편의제공 등 대가를 제공하거나 이를 약속하고 청소년과의 성교행위 또는 청소년과의 구강·항문 등 신체의 일부 또는 도구를 이용한 유사성교행위를 하는 것'을 말한다라고 되어 있다.

청소년 성매매의 피해 유형은 크게 기존의 성매매업소를 통한 성매매와 인터넷채팅, 휴대전화매체 등에 의한 직접적 연결에 의한 성매매로 나눌 수 있는데, 특히 최근에는 스마트폰의 보편화로 채팅 앱을 통한 성매매 상대와의 만남이 더욱 자유롭게 변화되면서, 청소년 성매매가 단순한 용돈벌이의 형태로만 이루어지는 것이 아닌 다양한 형태의 청소년 성매매 유형이 나타나고 있다.

(1) 공갈형 성매매

공갈형 성매매는 성매매 청소년이 성매수자를 협박하여 금품 등을 갈취하는 형태로서, 최근 청소년들 사이에서 이러한 성매매 범죄가 유행처럼 퍼지고 있는 상황이다. 이러한 형태의 성매매는 개인보다는 집단적으로 많이 행해지고 있는데, 청소년 성매매 자체가 위법임을 알고 있는 청소년들이 이를 악용하여 청소년 성매매 남성에게 경찰에 신고할 것이라 협박하여 금품을 갈취한다.

(2) 생계형 성매매

생계형 성매매는 대체로 가출청소년들이 집을 나와 경제적 어려움을 해결하기 위한 방법으로 모텔과 여관, PC방 등에 머물며 여러 성매수자를 상대로 경제적 어려움을 해결하는 유형이다. 과거에는 생계형 성매매가 경제적 형편이 어려운 가정의 청소년들에게서 주로 발생되었지만, 최근에는 대체로 가출로 인해서 발생하고 있다.

(3) 강요형 성매매

성매매에 의존하는 기간이 길어질수록, 청소년들의 성매매는 조직적으로 변하며 강한 범죄성향을 보이게 된다. 그 결과 최근에는 '또래포주'라는 새로운 형태의 성매매가 나타나기도 했는데, 이는 또래 청소년에게 성매매 강요는 물론이고, 성폭행, 구타, 감금, 갈취 등을 이용하여 성매매를 강조하는 조직적 특성을 띠기도 한다.

2) 청소년 성매매 실태

2016년 십대여성인권센터에서 성매매에 이용된 아동·청소년 103명을 대상으로 실태조사한 내용을 바탕으로 성매매 피해 청소년의 인권 실태를 파악하고자 한다.

성매매 피해 청소년의 학교 재학 여부를 살펴보면, 재학 중인 경우가 62명(60.2%)이었으며, 41명(39.8%)은 학교에 다니고 있지 않았다. 학교에 재학 중인 경우 62명의 경우 다니고 있는 학교의 종류는 '고등학교' 38명(61.3%), '중학교'와 '대안학교' 각각 12명(19.4%)이었다. 만 13~14세의 경우, 중학교 재학 6명, 대안학교 재학이 5명으로 이미 중학교 1~2학년 또래부터 45.5%가 정규 학교 체계에서 벗어나 있음을 볼 수 있다.

가출 경험을 살펴보면, 전체 응답자 103명 중 87명(84.5%)이 가출 경험이 있다고 응답하여 성매매에 이용된 아동·청소년의 가출경험은 매우 높게 나타났다. 가출 경험은 만 15~16세의 경우 40명 중 36명으로 90.0%, 만 13~14세의 경우 11명 중 9명으로 81.8%, 만 17~18세의 경우 52명 중 42명으로 80.8%의 순서로 높았다. 가출 경험자 87명을 대상으로 처음 가출한 나이를 조사한 결과, 처음 가출한 나이가 '만 14세부터 만 16세'까지는 47명(54.0%), '만 13세 이하'에 가출한 경험자가 22명(25.3%), '17세 이상'이 12명(13.8%) 등으로 조사되었으며, 처음 가출을 한 평균 나이는 14.4세였다. 특히 만 13세 이하의 가출경험자가 22명이나 되는 것은 이미 초등학생 때부터 가출을 경험한 것으로 매우 심각한 상황이라는 것을 알 수 있다.

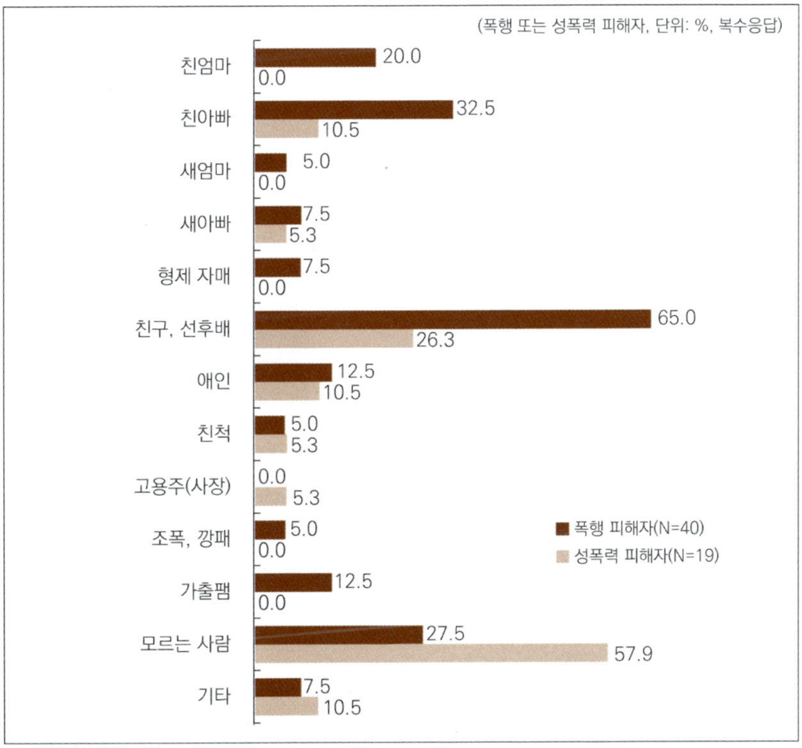

출처: 십대여성인권센터(2016). 성매매에 이용된 아동·청소년 실태조사.

[그림 9-2] 폭행 및 성폭행 가해자

성폭력을 당한 경험자(N=19)를 대상으로 성폭력의 가해자를 조사한 결과는 '모르는 사람'의 응답률이 57.9%로 가장 높았으며, 그 다음으로 '친구, 선후배' 26.3%, '친아빠', '애인', '기타'가 각각 10.5% 등의 순서였고, 기타의 경우 아빠 친구, 동네 할아버지로 나타났다.

처음 성매매를 경험한 나이는 '13세 이하' 9명(8.7%), '14~16세' 59명(57.3%), '17세 이상' 33명(32.0%) 등 응답자 103명 중 68명(66%)이 중학생 나이인 14~16세에 처음 성매매를 경험한 것으로 나타났으며, 초등학생 나이인 13세 이하의 경우도 9명이나 응답하였다. 성매매 시작 연령은 평균 만 14.7세(15.7세)로 이것은 현재 우리 사회의 성구매자, 성매매 알선업자들은 중학생을 성매매에 이용하고 있다는 것을 보여준다.

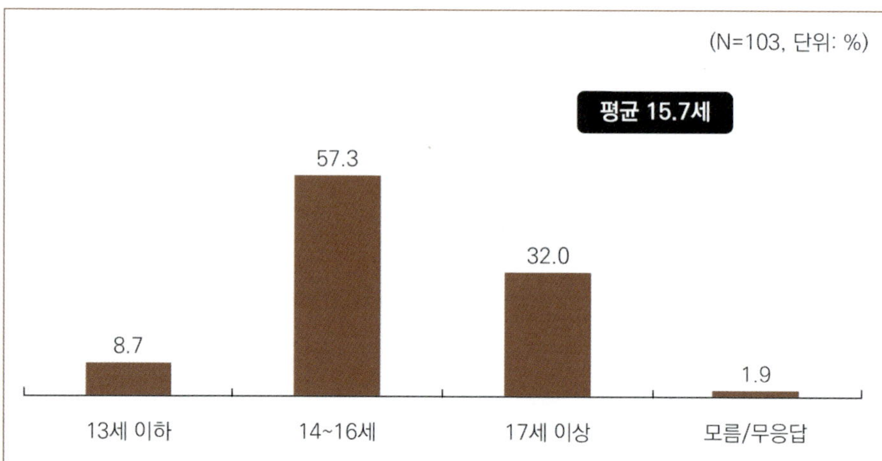

출처: 십대여성인권센터(2016). 성매매에 이용된 아동 · 청소년 실태조사.

[그림 9-3] 처음 성매매를 경험한 나이

처음 성매매를 하게 된 이유(복수응답)로는 '잘 곳이 없어서' 35.0%라는 응답이 가장 많았으며, 그 다음으로 '돈을 준다는 유혹에 의해서' 32.0%, '막연히 돈을 많이 벌고 싶어서' 31.1%, '화장품/옷 구입을 위해' 30.1%,

'친구의 권유' 29.1%, '호기심에' 27.2%, '다른 일자리가 없어서' 26.2%, '배가 고파서' 25.2%, '강요에 의해서'와 '유흥비가 필요해서' 15.5.%, '사람 만나는 게 재밌어서' 11.7%, '부모에 대한 반항심으로', '술에 취해서', '성폭행 후 자포자기해서' 6.8%, '모름/무응답' 3.9%, '성형비 마련' 2.9%, '빚이 있어서', '기타'가 2.9%의 순이었다.

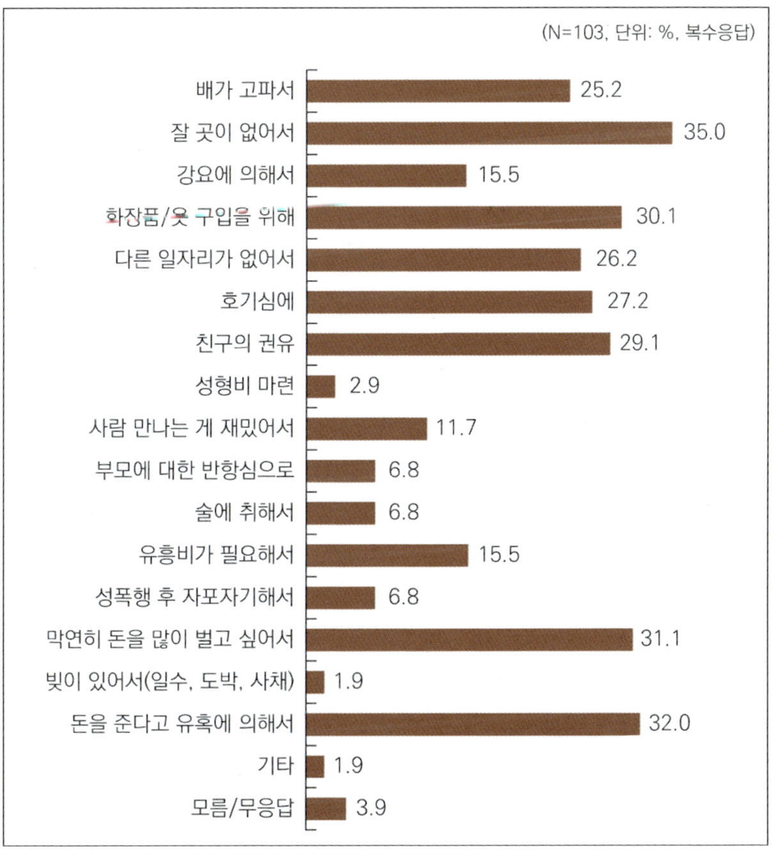

출처: 십대여성인권센터(2016). 성매매에 이용된 아동 · 청소년 실태조사.

[그림 9-4] 처음 성매매를 하게 된 이유

'잘 곳이 없어서'(35.0%) 처음 성매매를 하게 되었다는 응답은 가출상태의 절박성에서 기인한다고 볼 수 있다. '다른 일자리가 없어서'(26.2%)와 '배가 고파서'(25.2%) 역시 같은 맥락에서 나온 이유라고 볼 수 있을 것이다. 그러나 '막연히 돈을 많이 벌고 싶어서'(31.1%)와 '화장품/옷 구입을 위해'(30.1%)는 가출상태의 절박성에 원인이 있다기보다는 돈을 많이 벌고 싶은 욕망과 기존 입시 위주의 학교에 대한 부적응과 자유 추구와 같은 사회 문화적인 요인이 작용했다고 볼 수 있다.

지금까지 경험한 성매매 유형(복수응답)으로는 '1:1 조건만남'이 88.3%로 다른 성매매 유형에 비해 압도적으로 높았다. 그 다음으로 '애인대행' 13.6%, '키스방'과 '노래방' 각각 9.7%, '보도방' 8.7%, '대딸방' 7.8% 등의 순이었고, 단란주점, 룸살롱 4.9%, 성매매 집결지도 3.9%, 티켓다방과 안마시술소도 1.0% 있었다. 미성년자 업소 고용이 불법화되어 있기 때문에 아동청소년 대상 성매매 이용의 방식이 사이버상에서 이루어지는 1:1 조건만남 형식이 압도적으로 높다는 것을 알 수 있다. 업소형인 키스방, 노래방, 보도방, 대딸방, 단란주점/룸살롱, 티켓다방, 안마시술소의 형태도 많게는 10명에 달하고 있다는 것은 단속이 제대로 이뤄지지 않음을 알 수 있다.

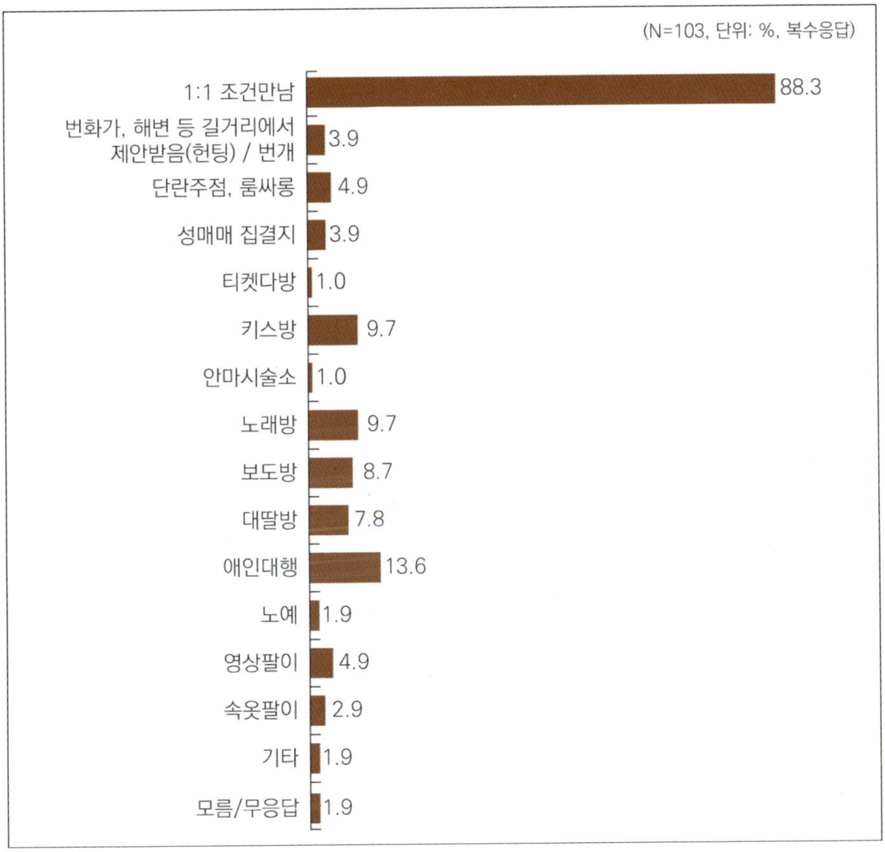

출처: 십대여성인권센터(2016). 성매매에 이용된 아동 · 청소년 실태조사.

[그림 9–5] 경험한 성매매 유형

5 청소년 성일탈의 원인

청소년 성일탈의 원인을 개인적 측면, 가족 측면, 또래집단 측면, 사회적 측면으로 구분하여 그 원인을 정리하고자 한다(오봉욱 외, 2020: 264-266; 이완희 외, 2017: 330-341).

1) 개인적 요인

청소년 성매매는 개인적 측면에는 낮은 자존감, 낮은 자기통제감, 개방적 성태도, 자극추구성향 등이 있다. 자극추구성향이 높을 경우 많은 자극에 노출되어 왔거나 혹은 많은 자극에 노출되고 싶어하여 다양한 성적 경험을 선호하게 된다. 성적 경험을 갈망하는 청소년은 자연스럽게 성에 대한 허용성이 높기 때문에 실제로 성적 행동이나 성일탈행동을 행할 가능성이 높다.

청소년기에 형성된 성태도는 일생 동안의 성태도를 좌우하며, 청소년기의 건전한 성태도는 정신 건강에 도움을 주지만 그렇지 못한 경우에는 좌절감과 성적 일탈행위를 보이게 된다. 개방적인 성태도를 가질수록 성관련 경험에 적극적인 태도를 취할 수 있으며, 이로 인해 성일탈 상황에 노출될 가능성이 높다.

성매매 청소년의 경우는 호기심, 유흥비와 생활비 마련, 놀이와 여가생활, 성적 탐닉 같은 물질주의적 가치관과 왜곡된 성 가치관의 결합이 청소년 성매매의 원인이 되고 있다. 또는 빈곤과 같은 개인적 경험과 정서적 취약성, 낮은 자아존중감, 열악한 생활환경들이 결합되어 성매매에 빠지게 된다는 의견도 있다. 또한 청소년 성매매를 경험한 청소년의 경우 학교 중퇴, 가출 경험과 밀접한 연관이 있는 것을 알 수 있다.

2) 가족 요인

청소년 성매매는 가족의 특성과 관련되어 있다. 부모의 이혼과 불화, 부모와의 갈등, 부모의 무관심, 가정의 빈곤 등이 부모의 자녀에 대한 지도역량을 약화시킴으로써 청소년들이 방황하게 되고 비행에 노출되기 쉽다. 청소년 성매매 또한 청소년이 가족과 튼튼한 유대를 유지하지 못해 가족기능이 약화되고 가출을 조장함으로써 가출이 장기화되면서 성매매에 빠져들게 된다는 것이다.

한편 가정에서의 학대가 청소년 매춘과 밀접한 관계가 있다는 연구들도 많다. 매춘경험이 있는 조사대상자의 60%가 어린 시절 신체적 학대가 있었다는 연구도 있으며 어린 시절 가족으로부터 성적 학대를 받은 사람들의 경우 성적 학대의 발생시기, 가해자 유형, 학대의 지속기간 등이 매춘과 관계가 있다고 보고된 바 있다.

즉, 어린 시절 가족으로부터 학대받은 사람들은 다른 사람이 자신을 성적 대상으로 이용하거나 학대할 수 있다고 생각하기 쉬우며 성적 학대를 당한 청소년들은 스스로 자신의 성적 존재로서의 가치를 낮게 인식한다는 것이다.

3) 또래집단 측면

청소년기는 또래의 영향력이 크므로 어울리는 친구들이 어떤 친구인가에 의해 청소년의 삶이 좌우된다. 친구의 부추김, 소개, 청소년 성매매에 대한 또래 집단의 허용적 문화 등이 청소년 성매매의 중요한 요인이 되고 있다. 즉, 청소년들은 주로 또래집단의 네트워크의 결과로 성매매에 휘말리는 경향이 있다.

4) 사회적 측면

청소년 성매매는 근본적으로 우리 사회의 왜곡된 향락문화, 돈으로 성을 사서 즐기는 문화에 의해 발생하고 지속된다. 또한 매스미디어의 발달은 서구문화를 대량 유입함으로써 성개방 풍조를 가져왔고, 특히 인터넷의 발달은 음란물 접촉을 보편화시켰으며 인터넷 채팅 사이트의 대화방이 청소년 성매매의 주요 창구로 활용되기에 이르렀다.

청소년의 성매매 문제는 도덕성이나 정서적 취약, 가정환경 등의 개인적 요인에만 기인한 것이 아니라 이를 조장하는 사회, 문화적 분위기가 반드시 존재한다는 의견이다. 우리 사회는 청소년 성의 상품화와 물질만능주의가 이미 고착화 돼 있는 구조이기 때문에 청소년들이 언제든 성매매에 쉽게 접근할 수 있으므로 이러한 사회구조를 우선 바꾸는 것이 급선무라 하겠다.

6 청소년 미혼모

1) 미혼모 개념

미혼모란 자의든 타의든 결혼하지 않은 상태에서 자녀를 가진 여성을 말한다. 미혼모 문제는 성과 관련된 중요한 사회 문제의 하나로 미혼모 자신의 심리적, 정신적 피해는 물론 태어난 아이의 양육에도 큰 문제가 된다.

특히 10대 미혼모 문제는 태어날 아기의 건강문제뿐만 아니라 임신으로 인한 모체의 신체적 손실과 위험이 성인보다 크기 때문에 더 심각한 문제이며 아이가 축복받지 못하고 태어날 경우가 많아 개인적으로도 사회적으로 불행한 일이 되고 있다.

2) 청소년 미혼모 실태

성에 대한 개방적 태도, 혼전 순결에 대한 개념의 약화와 함께 피임에 관한 실질적 교육 부재, 청소년의 자기조절능력 부족 등으로 인해 10대 여자 청소년 미혼모 수가 지속적으로 증가하고 있다. 우리나라에 미혼모에 대한 공식통계는 없다고 알려져 있으나 국가청소년위원회 국정감사의 발표자료(2006)에 따르면 한국의 미혼모 청소년은 5천 명에서 6천 명으로 되는 것으로 추산된다. 2002년부터 2006년까지 만 19세 이하 여성의 출산 아동은 17,317명에 달하는 것으로 나타나 연평균 청소년의 자녀출산이 3,500여 건에 이르는 것으로 추정할 수 있다(김성이 외, 2011).

우리나라의 미혼모에 대한 사회적 지원과 서비스는 매우 제한되어 있는데 이는 미혼모의 발생 원인을 개인의 부도덕한 성행위의 결과로 간주하고 그 책임을 미혼모 개인에게 돌리기 때문이다. 그 결과 다수의 미혼모들이 사회적인 냉대와 재정적, 정서적 지원 부족으로 소외된 생활을 하고 있으며, 특히 어린 청소년들일수록 가족에게 임신 사실을 알리지 못하고 미숙하게 대처하는 경우가 많아 임신으로 인한 학업중단, 불투명한 진로, 빈곤층 전락 등의 고통을 겪고 있다.

현재 미혼모 청소년에게서 태어난 아기들은 대부분 국내외 입양을 통해 타인에 의해 길러지고 있다. 가장 큰 문제는 입양을 선택하는 대신 반인륜적인 방법으로 영아를 유기하는 청소년 미혼모들이 증가하고 있다는 것이다. 이에 종교단체를 중심으로 버려지는 아이를 보호하기 위해 '베이비박스'를 설치하는 등의 대책이 시행되고 있다.

3) 미혼모 증가 원인

우리나라에서 청소년 미혼모가 증가하는 이유로는 개인적 차원으로는 낮은 자아존중감, 약물남용, 성학대, 피임에 대한 지식과 정보결핍 및 사용 거부, 학업성취에 대한 의지결여 등이 있다. 가족 및 지역사회의 원인으로는 교육적 성취의 기회부족과 학교중퇴, 가족환경, 성행동을 하는 또래, 가족지지의 결핍 등이 있으며, 사회환경적 요인으로는 사회복지, 의료, 교육체계의 부적절성 등이 있다.

4) 청소년 미혼모에 대한 개입방안

최근 학생 미혼모에 대한 관심이 커지면서 임신 및 출산으로 인해 휴학이 필요한 경우 병가 등으로 처리하여 복학에 어려움이 없도록 학생 미혼모를 지원하는 방안과 시설과 인력 등 여건을 갖춘 미혼모 시설을 대안교육기관으로 지정하는 등 지원방안이 대두되고 있다.

개인적 차원에서는 정신적, 육체적 성숙과 함께 경제적으로도 자립할 수 있는 능력을 갖추어 혼인을 통해 부모가 될 수 있는 나이까지 성충동을 억제하고 성적욕구를 조절하는 노력이 필요하다.

학교 차원에서는 성평등과 인권에 대한 교육을 실시하고 올바른 성지식에 대한 정보를 제공하며 인간관계 교육과 의사결정능력을 키우는 능력, 생명에 대한 존중감을 키워주는 교육을 실시해야 한다.

가족 차원에서는 가정환경이 청소년의 가치관과 태도에 막대한 영향을 미치므로 부모가 적절히 관심을 갖고 지도감독함으로써 청소년들이 성에 대한 올바른 태도와 이해를 가질 수 있도록 해야 한다. 또한 가족이 안정되어 있을 때는 성적인 충동을 억제할 수 있으며 친밀한 부부관계는 미혼모 발생을 예방하는 데 중요하므로 안정된 가정분위기를 조성해야 한다.

여성가족부는 2016년부터 청소년 한부모(미혼모 부)에게는 자녀가 있을 시 월 10만 원의 자립 촉진수당을 지급하고 있다. 보다 정부 차원에서 청소년 한부모가 자녀를 양육할 수 있는 환경을 조성이 필요하며, 국민들이 청소년 미혼부모에 대한 인식개선에도 힘써야 한다.

생각해보기!

먹여주고 재워줄게…집밖 청소년에 뻗치는 '검은 손길'

부산에 사는 영희(가명 · 13)는 2016년 부모가 이혼한 뒤부터 어머니와 함께 살았다. 홀로 생계를 꾸리는 어머니는 날마다 늦은 밤 귀가했고, 영희를 전남편에게 보내려고 했다. 모녀간 대화는 없었다. 영희는 학교에서도 겉돌았다.

2018년 초등학교 5학년이었던 영희는 어느 날 6학년 선배가 알려준 부산진구 서면의 대형 오락실 ㅅ게임랜드에 갔다. 그곳에는 비슷한 처지의 친구들이 있었다. 영희는 이들과 어울리면서 담배를 피우고, 술을 마셨다. 이후 일주일에 두세 차례는 집을 나와 친구들의 자취방이나 모텔을 전전했다. 또래들과 알고 지내며 종종 용돈을 주던 원아무개(20)씨를 알게 된 것도 그즈음이었다.

원씨가 돌변한 것은 1년여 만이었다. 지난해 12월 영희 등과 함께 사하구 장림동의 한 모텔에서 술을 마시던 원씨는 영희를 다른 객실로 불러내더니 성관계를 요구했다. 영희는 거부했지만 "같이 지내는 친구를 죽을 정도로 때리며 괴롭히겠다. 가출도 잦았으니 경찰에 신고하겠다"는 협박에 저항할 수 없었다. 원씨는 이후 "돈을 벌 수 있는 성매매를 하자"고 제안했고, 견딜 수 없었던 영희는 그를 피해 다녀야 했다.

원씨를 피하느라 결석이 잦았던 영희를 학교가 학업중단 위기 학생으로 분류하고 전문기관에 상담을 의뢰했고, 영희는 상담에서 이런 사연을 털어놨다. 지금 한 청소년 보호시설에서 중학교 입학 검정고시를 준비 중인 영희는 네일아트도 배우고 있다. 보호시설 관계자는 "영희는 지금도 길을 가다 20대 남성과 마주치면 몸을 떤다. 겉으로는 씩씩해 보이지만, 여전히 상처가 크다"고 말했다.

중학교 2학년인 초록(가명 · 14)이는 성적 문제 탓에 어머니와 갈등을 겪다 지난 9월 가출했다. 이틀 동안 부산진구 서면의 노래방과 피시방을 전전했다. 돈이 떨어지자 잘 곳이 없었다. 페이스북으로 알게 된 한 언니는 유흥업소에서 일하면 돈도 벌고 잘 곳도 마련된다고 했다. 노래방에서 알게 된 한 오빠는 함께 모텔로 가자고 했다. 두려움에 집으로 돌아갔지만, 부모님 잔소리에서 벗어난 해방감을 잊지 못해 다시 일주일에 2~3일씩은 집에 들어가지 않는 일이 반복됐다.

초록이는 지난 9월 말, 비슷한 처지의 친구와 동래구의 한 골목에서 원씨와 그의 후배를 만났다. 원씨는 이따금 초록이에게 용돈을 주고 술, 담배를 사주던 이였다. 일행은 함께 술을 마셨고, 원씨와 그의 후배는 초록이와 친구를 해운대구 한 모텔로 데려가 성폭행하려 했다. 초록이는 화를 면했지만, 친구는 원씨에게 성폭행을 당하고 말았다.

부산 남부경찰서는 지난 10월 가출청소년들을 성폭행한 혐의(아동·청소년의 성보호에 관한 법률 위반 등)로 원씨 등 3명을 구속했다. 원씨 등은 지난해부터 숙박업소 등지에서 알고 지내던 가출청소년들을 협박해 성폭행한 혐의를 받고 있다. 경찰은 이들이 가출청소년에게 성매매를 알선한 정황도 파악해 조사하고 있다.

■ 가출청소년, 그루밍 범죄에 쉽게 노출 한국청소년정책연구원은 2018년 기준으로 가출 경험이 있는 청소년이 전체 청소년의 3.5%를 차지한다고 추정했다. 2018년 만 6~17살 사이의 학령인구가 567만여 명인 점을 고려하면, 19만8천여 명이 가출 경험을 지닌 것으로 추산된다.

청소년을 집 밖으로 떠미는 가장 큰 요인은 '부모와의 갈등'이었다. 한국청소년정책연구원이 펴낸 '2019 가정 밖 청소년 실태와 자립지원 방안 연구 보고서'를 보면 부모 혹은 가족과의 갈등이나 다툼 탓에 가출했다는 응답이 49.7%로 나타났다. 부모 등 가족과의 폭력을 피하려고 가출했다는 응답도 24.5%를 차지했다. 중·고·대학생 선교단체인 '에스에프시(SFC) 청소년교육센터'가 부산에서 운영하는 위기학생 학업복귀지원센터 '틴스토리'의 박용성 센터장은 "부모의 관심 부족으로 자식이 가출해도 알아차리지 못하는 사례도 많다"며 "부모-자식의 갈등으로 가정 밖 청소년이 반복적으로 발생한다"고 말했다.

가출한 여성 청소년들은 술, 담배, 용돈 등을 주고 모텔을 잡아주는 이들에게 금세 의존하게 된다. 이들이 사회관계망서비스(SNS) 등을 통해 자신들이 가출했다는 사실을 알고 접근했다는 사실을 잘 모르고, 그루밍 범죄에 쉽게 노출된다. 원씨 같은 이들은 상대가 정신적으로 길들었다고 판단하면 돌변해 성폭행이나 성매매의 가해자가 된다. 이를 거절하면 신체사진을 찍어 협박하는 경우도 있다.

탁희욱 틴스토리 사무국장은 "학교 밖 여성 청소년은 자신을 돌보는 데 취약하다. 형편없는 인간관계도 붙들고 싶어 한다"며 "이런 심리 탓에 거리에서 만난 '오빠'한테 성범죄피해를 보아도 자신을 피해자로 생각하지 않는다. 경찰에 신고조차 하지 않는 경우가 적지 않다"고 말했다. 한 여성 청소년은 〈한겨레〉에 "가출한 뒤 평소 돌봐준 오빠에게 금전 등의 도움을 많이 받았다. 당시에는 오빠들이 해달라는 일(성매매)을 해야 한다고 생각했다"고 말했다.

■ 처벌 강화됐지만…사회안전망 시급 정부는 지난 5월 미성년자를 대상으로 한 성범죄 처벌 기준을 강화했다. 상대방 동의 여부와 상관없이 성관계할 경우 강간죄로 처벌하는 나이 기준을 13살 미만에서 16살 미만으로 넓혔다. 아동, 청소년을 유인해 길들여 성적인 착취를 하는 그루밍 범죄를 염두에 둔 조치였다. 미성년자 성폭행 범죄는 준비나 모의만으로도 처벌하는 예비·음모죄도 신설했다.

하지만 전문가들은 청소년들의 가출 악순환을 막고, 이들이 범죄피해자 또는 가해자가 되지 않도록 하기 위해서는 안전망 강화가 먼저라고 짚었다. 김희진 한국청소년정책연구원 선임연구위원은 "청소년복지지원법 등 관련 법률을 개정해 지원의 법적 기반을 마련하고, 전문적 · 종합적 자립체계를 만들어 가정 밖 청소년을 건강한 사회구성원으로 이끌어야 한다"고 말했다. 처벌보다, 그런 환경에 노출되지 않는 사회적 환경 구축이 우선이라는 얘기다.

가출청소년을 접하는 일선에서의 적극적인 움직임도 중요하다. 지난해 9월 아버지의 학대로 집을 나와 부산의 한 가출팸(가출청소년의 집단생활체)에서 지내던 지영(가명 · 18)이는 경찰에 구조돼 보호시설에서 학업에 복귀했다. '위기청소년 맞춤 선도 지원책'을 만들어 시행하고 있는 부산지방경찰청은 전담경찰관을 둬 지영이와 일대일 상담을 진행하고, 지난 3월 난소염으로 병원에 입원하자 지자체 등과 함께 치료비를 지원하기도 했다. 기초생활보장 수급자 등록도 도왔고, 지영이는 내년 2월 고등학교 졸업을 앞두고 있다. 올해 부산에서만 경찰이 이 프로그램에 따라 지자체, 청소년 보호시설 등 기관과 손잡고 청소년 82명에게 도움의 손길을 내밀었다. 이주연 부산진서 여성청소년계 학교전담경찰관은 "'한 아이를 키우려면 온 마을이 돌봐야 한다'는 말처럼 가정 밖 청소년 문제에 지역사회가 지속적인 관심을 가지고 보살핌과 체계적 지원 등에 힘을 모았으면 한다"고 말했다.

한겨레신문 김영동 기자 ydkim@hani.co.kr

등록 :2020-12-09 04:59 수정 :2020-12-09 09:51

원문보기:
https://www.hani.co.kr/arti/area/yeongnam/973374.html#csidx2498591fbc15306b560957425900b53

CHAPTER

10

자살 및 자해

본 장에서는 청소년 자살 및 자해의 문제와 대책을 소개한다.

청소년 자살의 개념, 특성과 원인을 살펴보고 국내 청소년 자살의 실태를 파악해 보고자 한다. 또한 청소년 자해의 개념, 증상, 실태를 살펴보고, 전체적으로 청소년 자살 및 자해를 예방하고 돕기 위한 대처방안을 제시하고자 한다.

학습목표

1. 청소년 자살의 개념과 특성, 원인을 설명할 수 있다.
2. 청소년 자살의 현황을 파악할 수 있다.
3. 청소년 자해의 개념과 특성, 증상을 설명할 수 있다.
4. 청소년 자해의 실태를 파악할 수 있다.
5. 청소년 자살 및 자해를 예방하기 위한 대처방안을 설명할 수 있다.

Keywords

청소년 자살, 청소년 자해

1 청소년 자살

1) 청소년 자살의 개념

자살(自殺)의 사전적 정의는 행위자가 자신의 죽음을 초래할 의도를 가지고 자신의 생명을 끊는 행위를 통칭하는 말이다. 즉, 자살이란 '자발적으로 그리고 의도적으로 자신의 생명을 끊거나 끊으려고 시도하는 행동 혹은 그러한 경향'으로 정의할 수 있다. 지나친 흡연, 과도한 음주, 위험한 운동, 위험한 직업, 섭식 장애, 과도한 업무 등은 분명히 자발적으로 자기 파괴적인 행동을 하는 경우이긴 하지만 그 행동이 자신의 목숨을 끊으려는 의도를 분명히 내포하지 않는 경우는 '유사자살'이라 하여 자살의 하위유형으로 분류하기도 한다.

자살이란 자살 생각, 자살 계획, 자살 시도 및 자살완료를 포함하는 과정적 개념으로 여러 가지 요인들의 상호작용에 의해 결정되는 다차원적 행동이다(한국청소년 · 상담복지개발원, 2018). 자살을 시도하는 사람 모두가 동일한 과정을 거쳐서 자살을 하는 것은 아니다. 이러한 측면에서 자살 행동은 자살 생각, 자살 시도, 자살 완료로 크게 나뉜다.

자살 생각은 '자살을 행하는 것에 대한 생각이나 사고'로 정의할 수 있으며, 죽기 위한 계획을 구체적으로 생각하는 행동, 사고, 정서를 의미한다. 자살 생각은 우리가 살아가면서 누구나 한번쯤 일시적으로 갖는 '인생이 가치 없다' 또는 '죽고 싶다'는 생각과 같은 보편적인 현상에서부터 자신이 정말 죽으려고 구체적인 계획을 세우는 것까지를 포함한다. 자살 생각은 자살에 대한 자기 몰입적인 생각으로서 자살의 위험이 증가한다는 것을 의미하지만, 자살 생각에 반드시 자살 행동이 수반되는 것은 아니다. 선행연구에 따르면, 청소년기에 자살 생각을 한 사람은 미래에 자살을 시도할 확률이 11배나 증가한다고 하였다. 이렇듯 자살 생각은 자살 시도와 자살 행동의 요인이 되기 때문에, 청소년 자살에 대한 대부분의 연구에서 자살 생각을 미래의 자살 행동에 대한 중요한 지표로 간주하고 있다.

자살 시도는 자살하기 위해서 실제 행동으로 표현하는 것을 의미한다. 자살 시도는 자기 스스로를 해칠 수도 있다고 믿는 자발적인 행위만을 언급하는 것이기 때문에 목숨을 잃을 수도 있고 그렇지 않을 수도 있다. 자살 시도는 자살 완료의 경우와는 달리 정식으로 보고되지 않기 때문에 정확한 수치를 알기는 매우 어렵다. 아마도 완료된 자살보다 훨씬 높은 비율인 8배, 심지어 50~200배에 이를 것으로 추정되기도 한다. 또한 자살을 시도해 본 대한민국 청소년이 10.8%~12.0%로 나타난 실태를 통해 볼 때, 청소년의 자살 위험성은 심각한 문제라고 할 수 있다.

자살 완료는 자살 행동의 결과가 죽음으로 나타나는 것으로서 실제로 목숨을 잃는 자기 지시적인 행동을 지칭한다. 자살 행동을 하는 청소년 중에는 법과 규범을 위반하는 청소년이 많으며, 특히 소년원이나 교도소에 수감되어 있는 청소년이 일반 청소년에 비해 자살 행동의 위험이 극단적으로 높다.

OECD 회원국의 최근 자살률(표준인구 10만 명당) 평균은 11.5%인데, 한국은 24.6명(2016년)으로 가장 높은 자살률을 보이고 있으며, OECD 평균보다 2.1배 높다. 일본은 15.2명(2016년)으로 6위, 미국과 핀란드는 13.9명으로 8위, 영국은 7.3명으로 29위를 차지하고 있다.

통계청에서 조사한 2018년도 국내 사망원인 통계에 의하면 2018년 자살자 수는 전년 대비 9.7% 증가하였으며('17년 12,463명→'18년 13,670명), 자살률(인구 10만 명당 명)은 9.5% 증가('17년 24.3명→'18년 26.6명)한 것으로 보고되고 있다. 자살률 최고치를 기록하였던 2011년 대비 자살자 수는 14.1% 감소('11년 15,906명→'18년 13,670명)하였으며, 자살률은 16.1% 감소('11년 31.7명→'18년 26.6명)하였다.

연령대별 자살자 수는 50대(2,812명)가 최다이며, 자살률은 전반적으로 연령대가 높을수록 증가하여 80세 이상(69.8명)이 최고를 기록하고 있다. 하지만 80세 이상 연령층을 제외하면, 증가율이 가장 높은 연령대는 10대(22.1%)이다. 최근 5년간 자살률의 연평균 증감률은 10대 6.5% 증가하였고, 20대 이상 연령대는 모두 감소하는 추세이다.

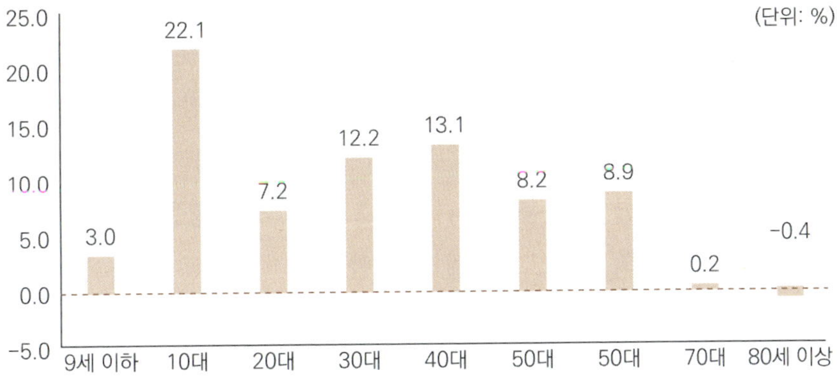

출처: 통계청. 2017~2018년 사망원인통계.

[그림 10-1] 2017-2018년 연령대별 자살률 증가률

2) 청소년 자살의 특성

청소년 자살을 오랜 시간에 걸친 연구를 통해 청소년 자살의 다양한 현상을 살펴본 결과, 청소년 자살은 '아동기에서 성인기로 넘어 가는 과정에서 생물학적, 정서적, 사회문화적 힘이 서로 상호작용하면서 발생하는 어려움의 결과'로 볼 수 있으며, 청소년 자살의 특성을 다음과 같이 요약 정리할 수 있다(박석원, 2019: 7-10).

(1) 충동성

청소년기 자살은 대체로 사전 계획 없이 충동적으로 발생한다. 청소년기는 생애주기 중 신체적, 인지적, 사회적으로 가장 많은 변화가 나타나는 시기이고, 청소년기에 수행해야 할 많은 과업들이 존재하지만 아직은 인지적으로 미성숙하고, 정서적으로 불안정하기 때문에 순간적 우울감이 충동적 자살로 이어질 가능성이 높을 수 있다.

(2) 역설성

많은 청소년들이 자신의 심리적 괴로움을 타인에게 알리기 위한 의사표현의 수단으로 자살 행동을 선택하는 경우가 있다. 일반 성인처럼 자살이 궁극적 목표가 되어 생을 완전히 마감하는 것이 아니라, 자신의 불안한 정서적 상태와 절박한 요구를 알리는 신호로서 자살 행동을 선택하고, 도움을 요청하는 하나의 신호로 이해해야 한다.

(3) 민감성

청소년들은 사소한 이유로 인해 자살을 선택하는 경우가 있다. 청소년기에는 작은 스트레스원에도 쉽게 자극을 받아 자살이라는 극단적이고 치명적인 행동을 할 수 있다는 것이다. 이것은 청소년기의 급변하는 신체 변화와 인지적, 정서적 변화로 인해 발생하는 특징과 연관된다고 볼 수 있다.

(4) 과도한 자아중심성

청소년기의 특징인 개인적 우화 현상으로 인해 자신은 무슨 행동을 해도 죽지 않는다는 사고를 하게 되고, 이러한 특징이 자살을 시도해도 본인은 죽지 않을 것이라는 믿음을 갖게 될 수 있다. 자살을 비롯해 청소년들의 위험한 행동들이 증가하는 이유도 이러한 높은 자아중심적 성향으로 볼 수 있다. 자아중심성이 높은 청소년의 경우 위험 행동을 비롯한 자살 행동이 증가할 수 있다.

(5) 왜곡된 삶과 죽음에 대한 인지

청소년기에는 죽음에 대한 환상을 가지고 있어 죽음을 긍정적이고 비현실적으로 받아들이는 성향이 나타날 수 있다. 인터넷이나 판타지 게임, 소설, 웹툰 등의 영향으로 청소년들은 죽음에 대한 강한 환상을 가지고 있을 수 있다. 청소년기에 발생하는 어려움과 스트레스에서 벗어나기 위해 죽음을 하나의 도피수단으로 받아들 수 있으며, 자살이 문제의 해결이라는 비현실적인 환상을 갖게 될 수 있다.

(6) 정신질환과의 낮은 연관성

성인의 경우 자살은 우울증이나 조현병 등과 같은 정신과적 질환에 의해 발생하게 되지만, 청소년기의 자살은 이러한 정신질환과의 연관성은 낮은 것으로 나타난다. 청소년들은 스트레스에 대한 극단적인 대처반응으로 자살을 선택하게 되고, 우울증으로 인한 사망은 적은 것으로 조사되었다. 청소년 자살 사망자의 경우 충동적인 욕구, 타인을 조종하려는 마음, 자신에게 부당한 대우를 했던 가족 또는 친구들에 대한 보복 등이 결정적 요인이 되었다고 보고되고 있다. 하지만 청소년 자살을 촉발하게 되는 요인으로 갑작스런 성적 하락, 대인관계 갈등, 상실의 경험이 촉발요인이 될 수 있다고 보고되고 있다.

(7) 높은 모방 및 동반 자살 가능성

청소년기는 독립된 성인을 향한 과도기를 거치게 된다. 하지만 아직은 자신이 외부 환경을 통제하고, 조절하는 능력은 미숙하여서 외부 환경의 영향을 많이 받게 되는 시기이다. 청소년기 자살은 외부 요인의 영향을 강하게 대처하지 못하여 발생할 수 있고, 내적 동기보다는 외적 요인에 의해 영향을 받기 쉽다. 청소년기에는 존경하는 인물, 주변인, 연예인의 자살에 쉽게 영향을 받으며, 친했던 또래와 동반 자살을 시도하는 경향을 보이게 된다.

청소년의 자살 징후(한국자살예방협회, 2014)에는 즉시 도움이 필요한 고위험군의 자살 징후는 수면, 진통제, 감기약 등 자살목적으로 약을 모아서 감춤, 위험한 물건(칼 등)을 준비하여 감춤, 자해나 자살사이트를 자주 검색함, 일기, 그림, 노트 등에 죽음을 암시하는 표현을 많이 함, 자신에게 중요한 물건을 다른 사람에게 주면서 주변을 정리하며, 유언장을 작성함 등이며, 자살한 이후 주위 사람들이 어떻게 반응할 것인지, 죽음 이후 무슨 일이 일어나는지에 대해 관심을 보이는 것도 직접적인 자살 징후로 알려져 있다.

다급한 상황은 아니지만 관심을 기울여야 하는 간접적인 자살 징후는 죽음에 대해 관심을 보이거나 농담인 듯 자살 계획을 말함, 주변 사람들을 피하고 가족이나 친구와 대화하지 않음, 자신을 비하하는 발언을 많이 함, 평소와 다르게 이해할 수 없을 정도로 반항적인 행동을 함, 성격이 급해지거나 쉽게 화를 냄, 극도의 불행감과 무기력을 보임, 자신의 삶이 무가치하거나 아무도 자신에게 관심을 가지지 않는다고 말함, 식사와 수면습관에 큰 변화를 보임, 용모에 변화가 나타남(체중 증가 또는 감소), 머리나 옷차림에 신경을 쓰지 않음, 약이나 알코올을 지나치게 복용함, 안절부절못하거나 전전긍긍하는 등 불안 증세를 보임 등이다. 일부 청소년들은 자살을 미화하거나 평소 우울했던 것에 반해 이유 없이 갑자기 편하게 보이거나 즐거워하는 모습을 보이며, 자신의 우울감을 해소하기 위해 비슷한 문제를 경험하는 다른 사람에게 과도하게 의지하는 모습을 보이기도 한다.

3) 청소년 자살의 원인

일반적으로 자살에 이르게 하는 위험요인으로 가족력, 부모의 정신건강 문제, 신체/성 학대 등을 들 수 있다. 개인적 정신건강 문제로는 우울장애, 조울장애, 물질남용/의존, 외상 후 스트레스 장애, 공황장애, 공격성, 충동성 혹은 심한 분노 폭발의 병력 등을 포함한다(대한소아정신의학협회, 2012: 383-388).

(1) 사회적 요인

사회적 환경의 위험요인으로 손상된 부모-자녀관계, 학교생활의 어려움, 사회적 고립, 부모와의 갈등과 같은 스트레스 문제 등을 말한다. 특히 가족과의 관계에서 부모 별거, 이혼, 아동 학대 등의 가족 부화 등이 위험요인이 되었으며, 최근에는 또래의 괴롭힘이 큰 영향을 주고 있다.

또한 인터넷 등의 미디어 매체를 통해 쉽게 접근할 수 있는 자살 정보 사이트의 영향도 점차 증가하고 있다.

(2) 심리적 요인

일반적으로 공격성과 충동성이 청소년 자살행동과 높은 연관성이 있다고 보고되고 있다. 충동성과 공격성은 청소년 자살에 큰 영향을 주지만, 나이가 증가할수록 연관성은 적어진다. 청소년 자살의 가장 주된 요인은 우울장애를 들 수 있다. 우울한 청소년 중 35~50%가 자살시도를 하고 있으며, 심한 우울장애를 가진 청소년은 5~10%는 진단받은 후 15년 이내에 자살을 수행한다고 보고하고 있다.

(3) 괴롭힘 및 인터넷 요인

청소년기에 괴롭히거나 괴롭힘을 경험했던 청소년들이 자살, 자해와 연관성이 높았으며, 최근에는 이메일, 휴대폰 메시지, SNS 등을 통해서 괴롭힘이 나타나는 경우가 많기 때문에 주의를 기울여야 한다.

청소년은 미디어에서 본 자살행동을 모방하는 경우가 많으며, 자살시도 방법을 인터넷을 통해 정보를 얻는 경우가 많다. 반면 자살시도를 예방하고 방지하는 정보를 제공하는 인터넷 사이트를 통해 자살 예방에 도움이 되는 경우도 있다.

4) 청소년 자살현황

2018년 청소년(9~24세) 자살 현황을 보면, 청소년 자살자 수는 827명, 자살률(인구 10만 명당 고의적 자살 사망자수)은 9.1명으로 전년 대비 자살자 수가 105명(14.5%) 증가하였으며, 자살률은 1.4명(17.8%) 증가하였다. 최근 5년간 청소년 자살률의 연평균 증감률은 5.2% 증가하고 있다. OECD 회원국의 청소년 자살률 평균은 5.9명이고, 한국은 8.2명(2016년 기준)으로 10위를 차지하고 있으며, OECD 평균보다 1.4배 높다.

청소년 자살률이 가장 높은 국가는 뉴질랜드로 123명(2013년)이며, 리투아니아가 11.1명(2017년), 핀란드가 9.2명(2014년)으로 3위이며, 가장 낮은 국가는 그리스로 1.4명(2015년)이다.

〈표 10-1〉 **2014~2018년 청소년(9~24세) 자살 현황** (단위: 명, 인구 10만 명당 명)

	2014년	2015년	2016년	2017년	2018
자살자 수	742	708	744	722	827
자살률	7.4	7.2	7.8	7.7	9.1

출처: 통계청. 2014~2018년 사망원인통계.

성별 청소년 자살률은 남자(10.0명)가 여자(8.1명)보다 1.2배 높고, 전체 자살사망자 중 남자는 57.6%, 여자는 42.4% 비율 차지하고 있다.

〈표 10-2〉 2018년 성별 청소년(9~24세) 자살 현황 (단위: 명, 인구 10만 명당 명)

성별	자살자 수	백분율	자살률
남자	476	57.6	10.0
여자	351	42.4	8.1
전체	827	100.0	9.1

출처: 통계청.

청소년의 자살 수단은 추락(39.3%)이 가장 많았고, 뒤이어 목맴 280명(33.9%), 가스 중독 127명(15.4%) 순으로 많았다. 추락으로 인한 자살 비율은 전체 연령(16.6%)보다 22.7%p 높으며, 목맴은 전체 연령(52.1%)보다 18.2%p 낮았다.

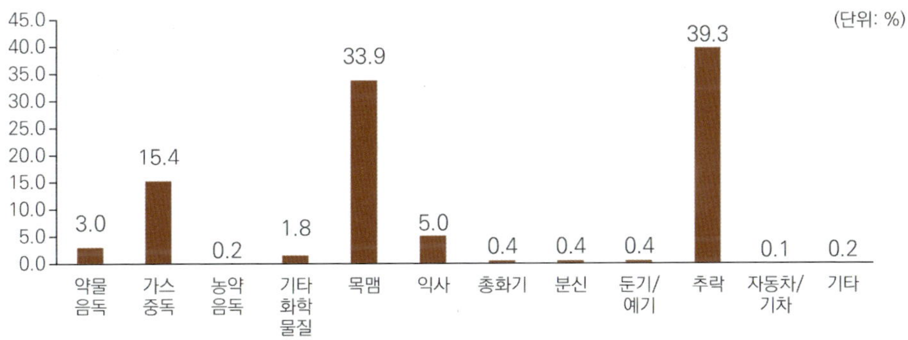

[그림 10-2] 2018년 수단별 청소년(9~24세) 자살 비율

2018년 연령대에 따른 동기별 자살 현황을 살펴보면, 10~20세는 정신적·정신과적 문제가 41.8%로 가장 높았으며, 가정 문제가 15.6%, 남녀 문제가 9.2%로 나타났다. 다른 연령대에 비해 10대는 가정 문제로 인한 자살 비율이 높았으며, 기타와 미상 비율이 15.4%로 높게 나타났다.

〈표 10-3〉 2018년 연령대에 따른 동기별 자살 비율 (단위: 명, %)

		가정 문제	경제 생활 문제	육체적 질병 문제	정신적·정신 과적 문제	직장 또는 업무상의 문제	남녀 문제	사별 문제	학대 또는 폭력 문제	기타	미상	전체
9세 이하	자살자수	0	0	0	0	0	0	0	0	0	0	0
	백분율	0.0	0.0	0.0	0.0	0.0	0.0	0.0	0.0	0.0	0.0	0.0
10~20세	자살자수	58	16	9	155	9	34	0	0	57	33	371
	백분율	15.6	4.3	2.4	41.8	2.4	9.2	0.0	0.0	15.4	8.9	100.0
21~30세	자살자수	66	243	32	516	91	125	5	0	35	83	1,196
	백분율	5.5	20.3	2.7	43.1	7.6	10.5	0.4	0.0	2.9	6.9	100.0
31~40세	자살자수	189	748	69	596	117	121	6	0	35	124	2,005
	백분율	9.4	37.3	3.4	29.7	5.8	6.0	0.3	0.0	1.7	6.2	100.0
41~50세	자살자수	236	992	170	761	117	80	20	0	59	181	2,616
	백분율	9.0	37.9	6.5	29.1	4.5	3.1	0.8	0.0	2.3	6.9	100.0
51~60세	자살자수	194	876	351	872	108	51	18	0	63	163	2,696
	백분율	7.2	32.5	13.0	32.3	4.0	1.9	0.7	0.0	2.3	6.0	100.0
61세 이상	자살자수	300	515	1,798	1,271	45	8	60	0	77	251	4,325
	백분율	6.9	11.9	41.6	29.4	1.0	0.2	1.4	0.0	1.8	5.8	100.0
미상	자살자수	0	0	0	0	0	0	0	0	0	7	7
	백분율	0.0	0.0	0.0	0.0	0.0	0.0	0.0	0.0	0.0	100.0	100.0
전체	자살자수	1,043	3,390	2,429	4,171	487	419	109	0	326	842	13,216
	백분율	7.9	25.7	18.4	31.6	3.7	3.2	0.8	0.0	2.5	6.4	100.0

1위 2위 3위

출처: 경찰청. 2018년 변사자 통계.

2018년 질병관리본부 청소년건강행태조사에 의하면, 전체적으로 우리나라 청소년의 자살생각률은 13.3%이며, 자살계획률은 4.4%, 자살시도율은 3.1%로 조사되었다. 성별에 따른 학교급별 자살생각 현황을 보면, 자살생각률은 여학생(17.4%)이 남학생(9.8%)보다 7.8%p 높고, 여학생은 중학생(18.6%)이 고등학생(16.4%)보다 2.2%p 높고, 남학생은 고등학생(9.7%)이 중학생

(9.4%)보다 약간 높았다. 최근 5년간 여학생은 2015년에 13.9%로 감소한 이후 지속해서 증가하는 추세이고, 남학생은 2017년까지 감소하는 추세였으나 2018년에 약간 증가하였다.

〈표 10-4〉 **2014~2018년 성별에 따른 학교급별 청소년 자살생각 현황 추이** (단위: 명, %)

구분		2014		2015		2016		2017		2018	
		대상자 수	자살 생각률	대상자 수	자살 생각률	대상자 수	자살 생각률	대상자 수	자살 생각률	대상자 수	자살 생각률
전체		72,060	13.1	68,043	11.7	65,528	12.1	62,276	12.1	60,040	13.3
남자		36,470	11.0	35,204	9.6	33,803	9.5	31,624	9.4	30,463	9.6
	중학교	18,563	10.4	17,858	9.1	16,742	9.4	15,652	9.3	15,328	9.4
	고등학교	17,907	11.5	17,346	10.1	17,061	9.6	15,972	9.6	15,135	9.7
여자		35,590	15.4	32,839	13.9	31,725	14.9	30,652	15.0	29,577	17.4
	중학교	17,593	16.6	16,441	14.5	15,477	14.8	15,233	16.4	14,901	18.6
	고등학교	17,997	14.2	16,398	13.4	16,248	15.0	15,419	13.8	14,676	16.4

출처: 질병관리본부. 2014~2018년 청소년건강형태조사.

폭력으로 인한 병원 치료 경험이 있는 학생의 자살생각률을 조사하였다. 여기서 폭력 경험이란 최근 12개월 동안 친구, 선배, 성인에게 폭력(신체적 폭행, 협박, 따돌림 등)을 당한 경우를 말한다. 2018년 폭력으로 인한 병원 치료 경험이 있는 학생의 자살생각률은 42.3%, 약물 경험이 있는 학생의 자살생각률은 39.4%, 우울감 경험이 있는 학생의 자살생각률은 38.2%로 주관적 건강상태, 스트레스 인지, 우울, 수면부족, 음주 등의 다른 요인보다 높은 자살생각 요인으로 나타났다.

(단위: %)

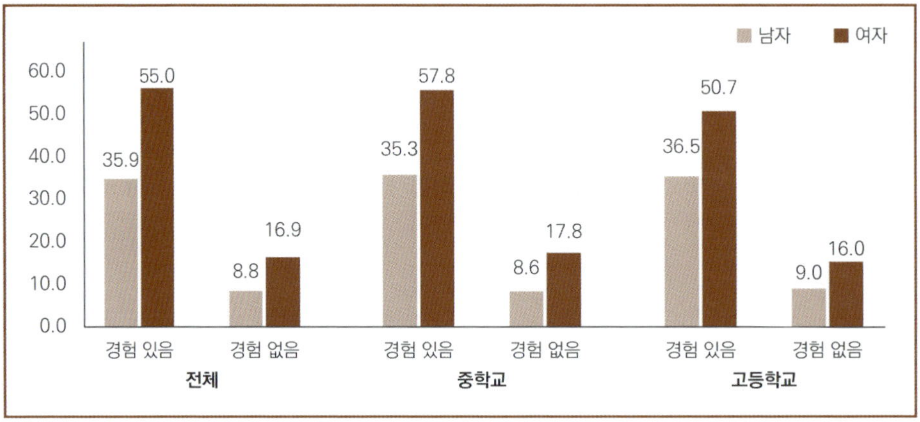

[그림 10-3] 2018년 폭력으로 인한 병원 치료 경험에 따른 청소년 자살생각률

2 청소년 자해

1) 청소년 자해의 개념

자해행동의 사전적 의미는 사회적으로 용납하기 어려운 목적과 방법으로 고의로 자신의 신체에 직접적으로 해를 입히거나 흉터를 남기는 일이다. 특히 자살 의도가 없는 자해 행동은 죽고자 하는 명백한 의도 없이 주로 부정적 정서를 다루는 방법의 일환으로 자신의 신체에 고의로 해를 가하는 행동을 뜻한다. 자해 행동을 야기하는 원인이나 종류, 특성 등은 다양하며, 자해 행동을 보이는 사람들 간의 이질성도 크다. 청소년부터 초기 성인기 집단의 자해 행동 유병률이 높고, 경계선 성격 장애나 우울, 불안, 외상 후 스트레스 장애, 섭식 장애 등의 정신건강 문제가 있는 집단의 유병률이 높은 것으로 보고된다.

비자살적 자해란 죽고자 하는 의도 없이, 스스로 자신의 신체 부위를 직접적이고 고의적으로 손상시키는 행위로 정의한다. 그래서 자해행위와 자살의도를 구분하는 것은 죽을 의도가 있느냐 없느냐가 중요하며, 자살의도라고 평가하기 위해서는 자해행동을 함에 있어서 죽을 가능성을 당사자가 인식하고 있어야 하는 것이다. 자해행위란 죽을 의도가 없다는 것이 전제가 되어야 한다. 그러나 실제로 죽을 의도가 애매하거나 중간적인 경우가 많고, 더욱이 은폐되거나 과장되기 때문에 자해행위에서 자살의도를 구별해나가는 것이 힘들다.

자해행위는 직접적이며, 치사성이 낮고, 반복적인 행동을 말한다. 최근 문헌에서의 자해행위는 신체 조직의 손상과 긴장 완화를 목적으로 타인의 도움 없이 스스로 사기 자신의 신체에 의도적이고 반복적인 위해를 가하는 행위라고 구분하고 있다.

일부 자해행위자들은 자해행위를 통해 스스로 고통을 처리하여 화를 진정시키며 자신의 힘든 마음을 위로하는 경우가 있다. 또한 자신의 감정을 전달하고자 하는 마음과 동시에 이를 감추고 싶어 하는 양면적인 특성을 지니고 있다. 자해행위은 충동적으로 시작하며, 자신의 신체의 일부에 상처를 내어 스스로를 고통스럽게 하는 대리적 행동으로 오히려 내면의 부정적 정서를 진정시키며 자신의 심리적 고통을 대신할 수 있도록 한다. 다른 대안적 선택이 부재한 상황에서 자해가 반복되는 중독적인 특성을 지니고 있다고 보고되고 있다.

DSM-V 진단기준 (비자살성 자해 Non-Suicidal Self-Injury)

A. 지난 1년간, 5일 또는 그 이상, 신체 표면에 고의적으로 출혈, 상처, 고통을 유발하는 행동(예: 칼로 긋기, 불로 지지기, 자르기, 과도하게 문지르기)을 자신에게 스스로 가하며, 이는 단지 경도 또는 중등도의 신체적 손상을 유발할 수 있는 자해 행동을 하려는 의도에 의한 것이다(즉, 자살 의도가 없음)
   ※ 주의점: 자살 의도가 없다는 것이 개인에 의해 보고된 적이 있거나, 반복적인 자해 행동이 죽음에 이르게 하지는 않을 것이라는 점을 개인이 이미 알고 있었거나 도중에 알게 된다고 추정된다.

B. 개인은 다음 중 하나 또는 그 이상의 기대하에 자해 행동을 시도한다.
   1. 부정적 느낌 또는 인지 상태로부터 안도감을 얻기 위하여
   2. 대인관계 어려움을 해결하기 위하여
   3. 긍정적인 기분 상태를 유도하기 위하여
   ※ 주의점: 개인은 원했던 반응이나 안도감을 자해 행동 도중에 또는 직후에 경험하게 되고, 반복적인 자해 행동에 대한 의존성을 시사하는 행동 양상을 보일 수 있다.

C. 다음 중 최소한 한 가지와 연관된 고의적인 자해 행동을 시도한다.
   1. 우울, 불안, 긴장, 분노, 일반화된 고통, 자기비하와 같은 대인관계 어려움이나 부정적 느낌 또는 생각이 자해 행위 바로 직전에 일어남
   2. 자해 행위에 앞서, 의도한 행동에 몰두하는 기간이 있고 이를 통제하기 어려움
   3. 자해 행위를 하지 않을 때에도 자해에 대한 생각이 빈번하게 일어남

D. 행동은 사회적으로 제재되는 것이 아니며(예: 바디 피어싱, 문신, 종교적 또는 문화적 의례의 일부), 딱지를 뜯거나 손톱을 물어뜯는 것에 제한되지 않는다.

E. 행동 또는 그 결과는 대인관계, 학업 또는 다른 중요한 기능 영역에서 임상적으로 현저한 고통이나 방해를 초래한다.

2) 청소년 자해행동의 유형

- 칼로 베거나 긋는 행동(cutting)
- 화상 입히기(burning)
- 할퀴기(scratching)
- 신체부위 때리기(hitting)

- 상처 난 곳의 치료를 방해하거나 훼방 놓기
- 머리카락 뽑기(trichotillomania)
- 독극물이나 이물질의 섭취

3) 청소년 자해의 특징

청소년들이 보이는 자해 징후에는 원인을 알 수 없는 손목, 가슴, 팔, 허벅지 등에 난 상처, 옷이나 이불 등의 핏자국, 칼, 바늘, 유리 조각 등을 소지함, 상처에 대해 얼버무림, 날씨에 맞지 않게 긴 옷을 입고 다님, 밴드를 자주 붙임, 멍한 모습을 자주 보임, 주변 사람들을 피하고 가족이나 친구와 대화하지 않음, 열등감, 수치심, 무기력감을 보임, 자기 비난을 자주 함, 쉽게 화를 냄 등이다(한국청소년상담복지개발원, 2018).

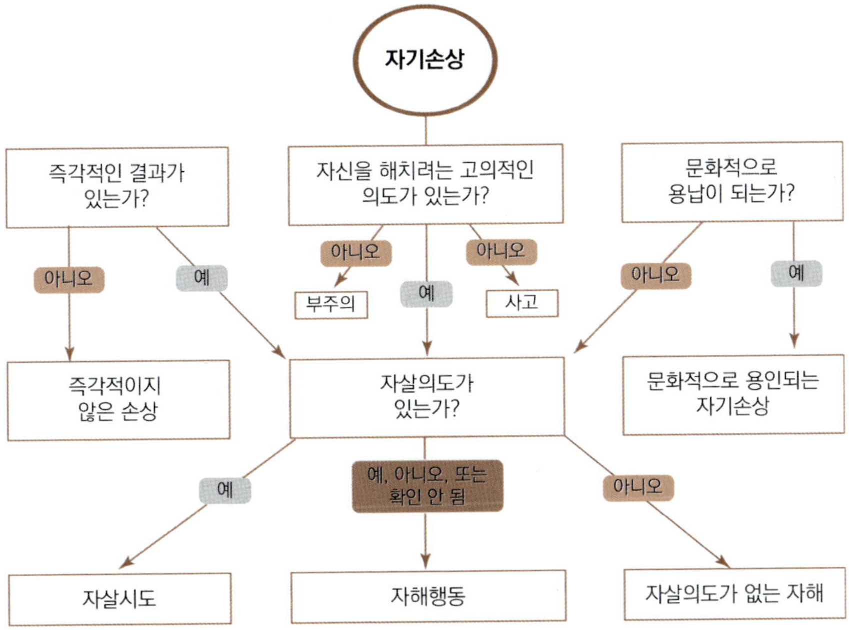

[그림 10-4] 자해행동을 지칭하는 용어 구분

출처: Power & Brown(2010) 발췌.

청소년 자해는 스트레스와 같은 부정적인 정서로 인하여 자해가 발생한다고 볼 수 있다. 평소 부모나 친구에게 스트레스를 표현하지 못하고 참다가 더 이상 억제하기 어려울 때 자해를 택한다는 것이다. 과거 자해 경험이 있는 청소년들을 인터뷰한 결과, 이들은 자해를 통해 스트레스, 우울, 불안, 무력감 등 부정적인 감정이 줄어들고, 자신에 대한 죄책감이 없어지고, 공허한 삶에 살아 있다는 느낌을 받는다고 보고하고 있다.

4) 청소년 자해의 요인

청소년 자해의 요인은 사소한 이유에서부터 심각한 이유까지 다양한 이유가 있다. 자해 동기는 정서적 학대, 성적 학대, 약물 의존, 섭식 장애, 낮은 자존감, 완벽주의 성향, 심리적 외상이나 학대 경험 등이 자해와 관련 있다고 알려져 있다.

많은 자해 행위자들은 자신의 상처나 흉터를 스스로 의식하고 있으며, 타인에게 그들의 상처를 감추기 위해 필사적인 노력을 하며, 자신의 행동에 대해 죄책감을 느끼기도 한다. 이것은 자해 행위가 자신의 삶을 끝낼 목적이 아니라 정서적 고통이나 불편감을 경감시키기 위한 하나의 대처기제로서 자해를 사용하고 있다고 볼 수 있다. 자해는 병적인 형태의 대처 방법이며, 자살은 피할 수 없을 때 의지하는 방법으로 간주할 수 있다.

청소년 자해의 가장 일반적인 동기는 긴장 이완으로 보는 경우가 많다. 자해는 불안, 우울, 스트레스, 정서적 무감각, 실패감과 자기-혐오의 감정과 같은 격렬한 감정들을 일시적으로 경감시키는 하나의 대처기제로 기능을 하는 것이다. 과거에 자신의 삶에서 경험했던 고통을 그때는 본인이 어떻게 할 수 없었지만, 지금의 자해가 고통을 처리하는 한 가지 방법이 될 수 있다고 인식하게 된다(이동훈 외, 2010: 6-10).

(1) 생물학적 요인

신경전달물질 세로토닌에 의해 지배되는 신경계의 기능 저하는 자살 의도를 포함하는 충동, 공격성을 지니게 한다는 연구 결과가 있다. 부적절한 내인성 마약 분비나 도파민계의 조절 장애가 자살 의도의 발생에 관여하고 있으며, 유전자이상으로 인하여 성염색체이상으로도 자해 행위를 촉발시킬 수 있다고 보고하고 있다.

(2) 심리적 요인

자해는 어린 시절의 학대 및 방치와 연관이 있으며, 부모님의 이혼, 수술 경험, 신체적, 성적 학대 경험과 관련이 있다고 보고하고 있다. 불안정한 애착이나 아동기 분리 불안, 정서적 학대가 자해 가능성을 높일 수 있다는 결과도 보고되었으며, 심리적인 다른 이유로는 가족이나 친한 친구와 같은 가까운 대상을 잃었거나 가정 폭력을 목격했을 경우, 혹은 가족 중 자해했던 사람이 있었던 경험도 청소년 자해 행동의 원인이 될 수 있다고 보고되고 있다.

(3) 정신장애와의 연관성

자해하는 청소년들은 다른 정신장애가 공존하는 경우가 적지 않다. 자해 행동이 정신장애와 함께 나타나는데, 특히 섭식장애의 경우 자해와 연관성이 높으며, 근본적 원인으로 아동기 외상 경험이 영향을 준다고 주장하기도 한다.

5) 청소년 자해 현황

2018년 교육부가 전국 중·고등학교 학생을 대상으로 진행한 '학생정서·행동특성검사' 설문조사 결과, '자해를 한 적이 있나'라는 질문에 전체 중학생 51만 4,710명 중 4만 505명(7.9%)이 '자해 경험이 있다'고 답했다. 중학생 100명 중 8명꼴로 자해를 하고 있는 셈이다. 고등학생은 45만 2,107명 중 2만 9,026명(6.4%)으로, 중학생보다는 비율이 낮았다.

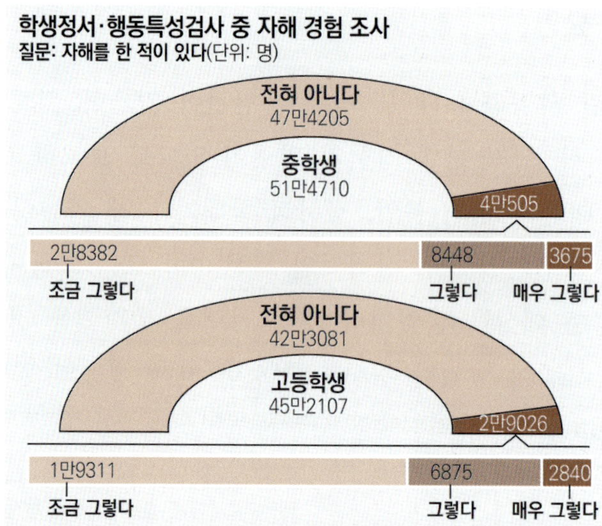

출처: 교육부(2018). 학생 정서·행동 특성검사.

[그림 10-5] 청소년 자해 경험 조사

한국청소년상담복지개발원에서 전국 230개 청소년상담복지센터 상담실적을 분석한 결과, 청소년의 호소 문제는 대인관계, 인터넷 사용, 학업/진로, 정신건강 순으로 나타나 청소년들이 다양한 스트레스를 경험하는 것으로 보인다. 특히 이들 중 2018년 자해 관련으로 상담받은 실적이 총 27,976건으로, 이는 2017년에 비해 3배 이상 늘어난 수치인 바, 자해 청소년에 대한 전문적인 상담 및 개입이 시급한 것으로 나타났다.

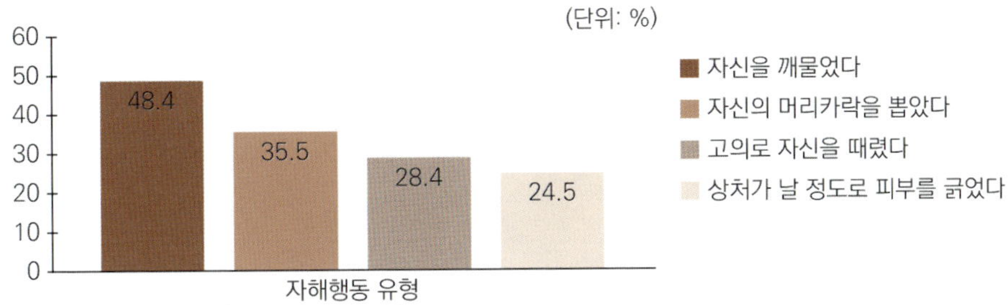

출처: 송현주(2017). 청소년의 비자발적 자해행동에 관한 연구. 정서행동연구, 33(4), 257-281.

[그림 10-6] 청소년의 자해행동 유형

3 자살 및 자해의 대처방안

1) 청소년 자살 예방을 위한 지원체계 구축

가장 중요한 것은 범 정부 차원에서 청소년 자살을 담당하는 중추적 기관이 마련되어야 한다. 중앙부처 간, 중앙부처와 지자체 간의 연계 · 협력을 담당하고, 청소년 자살을 총괄 · 조정하는 허브 기능을 담당하는 조직이 구비되어야 한다. 「자살예방 및 생명존중문화 조성을 위한 법률」이 2011년 3월에 제정되어 자살 예방 지원체계가 국가 및 지방자치단체가 자살 예방 정책을 수립하도록 규정하고 자살의 사전 예방, 자살 발생 위기에 대한 대응, 사후 대응 등 각 단계별 정책을 수립 · 시행하도록 규정하고 있으며, 중앙자살예방센터와 지방자살예방센터를 중심으로 자살예방 업무를 수행하도록 되어 있다. 하지만 아직 전국적으로 센터 설치가 미비한 상황이고, 정신건강증진센터 내에 자살예방센터를 설치할 수 있도록 규정하고 있으나 예산 부족으로 미설치된 지자체가 많은 실정이다.

여성가족부의 청소년상담복지센터, 교육부의 Wee센터의 경우 자살 문제만을 다루지는 않지만 청소년들을 위한 다양한 지원체계가 구축되어 있으므로 이를 활용하여 청소년 자살을 예방하는 역할을 수행하게 할 수 있다. 하지만 자살 예방만을 전문적으로 수행할 수 있는 기관의 설립 또는 기존 기관들의 역할 정립을 통해 총괄하는 허브 기관의 기능이 부여될 필요성이 있다.

2) 자살 관련 언론 보도 개선

청소년은 유명 연예인의 영향을 많이 받는 시기이다. 유명 연예인의 자살 사고 보도 이후 2개월간 평균 약 600명의 추가 자살 사망사고가 발생하고 있다. 청소년기는 베르테르 효과로 인해 청소년들의 모방 자살의 위험성이 크다는 것을 알 수 있다. 따라서 정부를 중심으로 언론사와 방송사와 공동으로 자살 보고 권고기준 준수를 위한 협약 체결 등을 추진할 필요가 있으며, 자살을 직접 보도하는 것을 자제하도록 유도할 필요성이 있다.

외국의 경우 자살 사망사건 발생 시 언론에서 자살이라는 용어를 사용하지 못하도록 하고 있다. 법 개정을 통해서라도 자살 사건 보도 시 자살이라는 용어 사용 및 자살 동기나 자살 방법을 구체적으로 보도하지 못하도록 하는 규정을 마련할 필요가 있다.

3) 청소년 자살 예방 게이트키퍼 양성

청소년을 대상으로 자살 예방 교육을 전문적으로 수행하고 자살 위험 대상자를 관리할 수 있는 게이트키퍼(gatekeeper)의 양성이 필요하다. 자살 예방 교육을 수행하는 전문 인력에 대한 훈련 시스템을 구축하고, 적절한 임금의 보상, 질 높은 교육을 할 수 있는 처우개선이 이루어져야 한다. 전문 인력 양상이 어려운 경우 부모 또는 교사들을 대상으로 자살 예방 교육이 실시될 수 있어야 한다. 청소년은 부모나 교사의 영향을 많이 받는 시기이기 때문에 게이트키퍼로서 부모와 교사들이 양성될 수 있도록 교육이 이루어져야 한다.

4) 입시 위주의 교육 탈피

청소년 자살의 근본적인 해결을 위해 경쟁적이고 입시 위주의 교육 환경의 변화가 이루어져야 한다. 청소년기는 또래와의 관계가 중요한 시기이지만, 입시 위주 환경에서는 옆의 친구가 경쟁 상대가 될 수밖에 없고, 일선 교육 현장도 입시 결과로 평가받는 분위기에서는 청소년의 인성 교육이 중요시될 수 없다. 따라서 장기적으로 기존 교육 현장의 변화를 위한 계획이 수립되어야 한다.

청소년이 가장 많은 시간을 보내고 있는 곳이 학교이므로, 학교 안에서 친구나 선생님들과 자신의 어려움을 소통할 수 있는 분위기가 조성된다면 많은 청소년의 자살 시도가 줄어들 수 있을 것이다. 아울러, 학교에서는 위험해 보이는 청소년을 사전에 발견하고, 이들에게 도움을 줄 수 있는 구체적인 방법들을 준비해 놓는 것이 필요하다. 따라서 병원이나 상담 전문가와의 적극적 연계, 도움을 받을 수 있는 다양한 기관의 전화번호 등을 알아 놓아야 한다.

5) 자해 청소년 이해하기

자해를 하는 청소년의 대처방법으로는 자해를 하는 청소년이 왜 자해를 하는지 알아야 한다. 그리고 자해의 발단을 파악해야 한다. 이에 자해 청소년이 겪고 있는 신체적·정신적 어려움에 귀를 기울여야 한다. 자해를 하는 학생들 중에서는 지나치게 압도되어 안정이 필요한 아이들, 극단적으로 자기비판과 자기혐오를 하는 아이들이 있다.

자해 청소년에게 관심과 애정, 격려와 칭찬을 해 주어 지속적인 관심을 가져야 한다. 자해 행동 교정을 우선시하는 것보다는 청소년의 어려움에 공감해 주고 보듬어주며, 격려를 해 주는 것이 필요하다. 대부분 자해를 했다고 하면 훈계, 무관심으로 상황을 해결하려고 하는 경우가 많다. 자해를 하는 청소년들을 자신의 상태를 제대로 이야기하지 못할 수도 있다. 이때 아이들에게 이야기를 하도록 강요하기보다는 자신의 이야기를 할 때까지 시간을 두고 기다려야 한다.

생각해보기

코로나 우울, 청소년사이버상담센터와 상의하세요!

여성가족부(장관 이정옥)와 한국청소년상담복지개발원(이사장 이기순)은 코로나19 발생 이후 비대면 청소년상담 창구인 '청소년사이버상담센터'를 이용한 청소년이 큰 폭으로 증가했다고 밝혔다.

(2019년 1월~11월) 224,347건 → (2020년 1월~11월) 295,227건 (전년동기대비 31.6%↑)

청소년사이버상담센터는 일상적인 고민이나 우울, 불안 등 심리적 어려움을 겪는 청소년이 온라인을 통해 상담받을 수 있도록 여성가족부 산하 공공기관인 한국청소년상담복지개발원에서 위탁받아 운영하고 있는 청소녀사이버상담 전문기관이다.

청소년사이버상담센터(www.cyber1388.kr)는 채팅 · 게시판 상담, 웹심리검사, 댓글 상담, 솔로봇 상담 등 온라인 서비스를 제공한다.

사이버상담 서비스를 이용하고 있는 청소년은 매년 증가하고 있다.

올해는 코로나19로 인해 비대면 일상이 장기화되면서 가족문제(2019년 24,559건 → 2020년 43,185건/75.8% 증)와 정신건강(2019년 56,659건 → 2020년 86,699건/53% 증) 영역의 상담이 큰 폭으로 증가한 것으로 나타났다.

특히, 코로나19 확산세가 커진 지난 3월부터 가족과 정신건강 영역의 상담이 증가되었으며, 지난 6월에 가장 크게 증가한 것으로 나타났다.

세부 상담내용으로는 가족문제의 경우 부모-자녀 간의 갈등이 32,648건으로 전년 대비 70.0%가량 증가하였고, 부모 외 가족구성원 간의 갈등은 4,827건으로 전년대비 2배 이상(116.0%) 늘어난 것으로 나타났다.

정신건강 관련 상담은 우울 · 위축이 43,545건으로 전년대비 59.3% 증가하였고, 강박 · 불안 영역의 상담건수는 21,049건으로 전년대비 86.4% 증가하였다.

한편, 여성가족부는 지난 9월부터 코로나19로 인한 비대면 상담 증가에 대응하고, 온라인상에서 위기청소년을 조기 발굴하여 지원하기 위해 '찾아가는 온라인상담'('사이버 아웃리치')을 확대 추진하였다.

사이버 아웃리치는 청소년 이용이 많은 야간시간(20시~04시)에 인터넷 카페, 블로그 등의 온라인 매체로 상담자가 직접 찾아가 위기 상황에 놓인 청소년을 지원하는 상담 활동이다.

청소년사이버상담센터 상담원 증원: (기존) 47명 ⇒ (변경) 67명

'사이버 아웃리치' 상담원은 사회관계망서비스를 이용해 위기에 노출된 청소년을 발굴하고, 의료 · 주거지원 등 필요한 자원을 연계하거나 상담을 통해 청소년이 심리적 안정을 찾을 수 있도록 지원하고 있다.

상담내용은 자살 · 자해 문제가 38.3%로 가장 많았으며, 성폭력 · 성매매 문제 29.8%, 가출 문제 14.6%, 가정폭력 문제 9.7%, 학교폭력 문제 7.6% 순으로 나타났다.

심리 상담과 더불어 청소년에게 도움을 줄 수 있는 유관기관과의 연계활동도 208건이 이루어졌다(청소년상담복지센터, 해바라기센터, 자살예방센터, 아동보호전문기관 등).

이기순 한국청소년상담복지개발원 이사장은 "청소년을 둘러싼 환경 변화에 맞추어 온라인상담 콘텐츠를 보강하고, 코로나 이후 시대에 적합한 상담서비스를 제공할 수 있도록 최선을 다하겠다."라며, "스트레스로 인한 우울, 불안 등을 느끼는 청소년과 부모는 언제든지 청소년사이버상담센터를 찾아 이용해 주길 바란다."라고 밝혔다.

이정옥 여성가족부 장관은 "코로나19의 장기화로 불안 · 우울 등을 호소하는 청소년이 증가하고 있어 위기청소년을 조기에 발견하고, 적절한 상담과 맞춤형 지원을 효과적으로 제공하기 위한 다양한 방안을 모색하고 있다."라며, "위기청소년 통합 지원을 위해 부처 간 경계를 넘어선 연계와 협력 방안을 마련하여 추진하겠다."라고 밝혔다.

학부모들은 청소년사이버상담센터를 많이 이용해 학생들의 우울한 마음들이 치유될 수 있길 바란다고 전했다.

배성태 기자

ENB교육뉴스방송(2020.12.17.)

원문 http://www.enbnews.org/news/articleView.html?idxno=22974

CHAPTER

11

학교 밖 청소년

본 장에서는 학교 밖 청소년에 관한 개념, 실태, 지원 기관 등을 소개한다.

학교 밖 청소년의 개념과 특성, 학교 밖 청소년의 실태, 학업중단 청소년 발생의 원인, 학교 밖 청소년 지원 제도와 기관, 해결 방안 등을 논의하고자 한다.

학습목표

1. 학교 밖 청소년의 개념과 특성을 파악할 수 있다.
2. 학교 밖 청소년 실태를 파악할 수 있다.
3. 학업중단 청소년의 원인을 설명할 수 있다.
4. 학교 밖 청소년 지원 제도 및 기관에 대해 이해할 수 있다.
5. 학교 밖 청소년을 위한 해결 방안을 제시할 수 있다.

Keywords

학교 밖 청소년, 학업중단 청소년

1 학교 밖 청소년의 개념과 특성

1) 학업중단 청소년의 개념

1990년 중반 및 후반부터 학교 밖 청소년에 대한 관심이 지속되었다. 학교를 떠난 중도탈락자, 자퇴생, 탈학교청소년, 학업중퇴 · 학업탈락 · 등교거부 청소년 등으로 혼용해 불러왔으나, 2002년 이후 정부 차원에서 '학업중단 청소년'으로 지칭하게 되었다. 2003년 「청소년기본법」에 학업중단 청소년 지원에 대한 법적 근거가 마련되었고, 2012년 개정된 「청소년복지 지원법」에는 학업중단청소년 지원을 위한 역할이 명확히 제시되어 있다.

2014년 「학교 밖 청소년지원에 관한 법률」이 제정되면서, '학업중단 청소년'의 명칭은 '학교 밖 청소년'으로 포괄적인 범주로 확대되어 불리게 되었으며, 이제는 '학교 밖 청소년'이란 명칭으로 통일되었다고 볼 수 있다. 일반적으로 학교 밖 청소년은 자의든 타의든 상관없이 어떤 이유에서든 정규 학교교육과정을 끝내지 않고 중도에 학업을 중단하고 학교를 그만둔 청소년을 의미한다. 정규학교에 재학 중이지 않은 청소년이라는 것은 학교에서의 학업을 중단한 중퇴 청소년, 근로 청소년, 비진학 청소년, 무직 청소년뿐 아니라 대안학교나 검정고시, 취업을 위한 훈련 등 다양한 형태의 학업은 지속하되, 넓은 의미로는 단지 국가가 규정한 교과과정을 가르치는 "학교"에 다니지 않는 모든 청소년을 포험하고 있다.

「학교 밖 청소년지원에 관한 법률」의 주요 내용을 살펴보면, 여성가족부 또는 "학교 밖 청소년 지원센터"를 설치 또는 지정할 수 있도록 했으며, 각 지자체가 운영하는 청소년상담복지센터를 학교 밖 청소년 지원센터로 지정하며 별도로 센터를 신규 설치하지 않고도 학교 밖 청소년 지원 인프라를 확충하도록 했다.

「학교 밖 청소년 지원에 관한 법률」 제2조(정의)

"학교 밖 청소년"이란 다음 각 목의 어느 하나에 해당하는 청소년을 말한다.
가. 「초 · 중등교육법」 제2조의 초등학교 · 중학교 또는 이와 동일한 과정을 교육하는 학교에 입학한 후 3개월 이상 결석하거나 같은 법 제14조제1항에 따라 취학의무를 유예한 청소년
나. 「초 · 중등교육법」 제2조의 고등학교 또는 이와 동일한 과정을 교육하는 학교에서 같은 법 제18조에 따른 제적 · 퇴학처분을 받거나 자퇴한 청소년
다. 「초 · 중등교육법」 제2조의 고등학교 또는 이와 동일한 과정을 교육하는 학교에 진학하지 아니한 청소년

학업중단과 관련하여 학교 밖 청소년을 자신의 결정과 의지에 따른 분류에 의하면 다음과 같이 분류할 수 있다.

(1) 자발형 학업중단청소년-탈학교형과 초학업형으로 구분

- 탈학교형: 원천적으로 학교제도 자체가 맞지 않아서 중퇴하는 청소년
- 초학업형: 학업 성취 기대수준이 학교에서의 학업수준보다 높아서 새로운 진로를 모색하는 중퇴 청소년

(2) 비자발형 학업중단청소년-개인부적응형과 환경불가피형으로 구분

- 개인부적응형: 학업, 비행, 심리, 정서, 교육 및 교사와의 관계 등의 문제 때문에 학교정책과 학업에 적응하지 못해 중퇴하는 청소년
- 환경불가피형: 가정의 경제적 곤란과 부정적인 사회 환경에 영향을 받아 중퇴하는 청소년

「학교 밖 청소년 지원 대책」(2015)에서 구분한 학교 밖 청소년 유형을 학

업형, 직업형, 무업형, 비행형, 은둔형으로 크게 5가지로 구분하였다. 윤철경 등(2015)의 연구에서는 2012년 6월 이후 학업을 중단한 청소년을 3년간 추적한 결과를 바탕으로 학업중단 청소년 유형별 비율을 제시하였는데 그 결과는 다음과 같다.

첫째, 학업형은 검정고시 준비 및 대학입시 준비 등으로 학업을 지속해 나가려고 하는 유형으로 50.4%가 해당하여 가장 많이 차지하였다.

둘째, 직업형은 직업기술을 배우는 유형으로 32.4%가 해당하였다.

셋째, 무업형은 특정목표 없이 아무것도 하지 않는 유형으로 11.1%가 해당하였다.

넷째, 비행형은 가출하거나 보호시설사법기관의 감독을 받는 유형으로 6.0%인 것으로 조사되었다.

다섯째, 은둔형은 사회적 관계를 맺지 않고 집에서 나오지 않는 유형으로 실태 파악에 어려움을 겪고 있는 것으로 나타났다.

2) 학업중단 청소년의 특성

교육통계연보(2011)에 따르면, 학업중단청소년은 해마다 6~7만여 명씩 발생하고 있고, 최근 5년간 학교를 중도에 그만둔 청소년의 수는 약 32만 명이다. 2003년 OECD 보고서에 나타난 우리나라 중학생의 학교에 대한 소속감 지수는 최하위 수준으로 보고되었다. 이는 학교에 대한 소속감을 갖지 못하여 정신건강 문제나 행동 문제를 일으키는 학교부적응청소년이 학업을 중단하고 학교를 떠나는 사례가 빠르게 늘고 있음을 보여준다.

빈곤·비행 등에 의한 전형적인 학업중단의 경우는 감소하고 있으며, 자발적인 중도탈락자가 증가하고 있다. 자발적 학업중단청소년은 주로 취업을 선택하거나 학교 이외에서의 교육 및 기술 습득을 선택하는 경우가 많다.

한편 학교중단 청소년은 학교를 대신할 대안을 찾지 않았으며, 자신의 진로를 위한 준비 시간이 거의 없는 것으로 나타났다. 이들은 중도탈락 이후에 무기력감, 자기비하감, 어디에도 소속되지 못한 것에 따른 불안, 부모와의 갈등, 비행의 유혹 등으로 심리정서적인 어려움을 겪곤 한다. 자발적 학업중단 청소년이라도 학력을 중시하는 사회적 분위기로 인해 부적응자, 낙오자, 실패자로 낙인찍히는 경우가 있어 심각한 위기상황을 겪는 경우가 있다.

학업중단이 지속되면 청소년들은 방황과 정체성 혼란을 경험하며, 학교나 가정 어디에서도 제대로 된 지원을 받지 못한 채 문제아로 방치되어 배회, 은둔 등의 니트(Not in Education, Employment or Training: NEET)형으로 전락하는 비율이 58.5%나 된다.

학업중단은 청소년 개인에게서 교육 기회를 박탈하고 진로탐색 및 선택, 사회성 기술의 발달 등 청소년 시기에 달성해야 할 발달과업을 성취할 기회를 잃게 하여 장기적으로는 안정적인 성인생활을 유지하는 데 많은 어려움을 겪게 한다. 학업중단은 건전한 사회관계를 형성할 수 있는 기회가 결여됨으로써 단순히 학교를 중단한 것이 아니라 삶의 발달 과정에서 필요한 기술 습득 및 기회를 상실하고 다양한 위험에 노출될 가능성을 높인 것을 의미한다.

학업중단청소년은 취업의 어려움, 낮은 수입, 열악한 근무 조건과 여기서 파생되는 다양한 고통을 경험하기 쉽다. 불완전 시간제 근로의 고용형태에서 저임금, 열악한 환경 등의 부당한 대우에 시달리거나 불건전한 유흥업소에 유입되어 종사하게 될 가능성이 높다. 안정적이지 못한 일자리의 반복으로 빈곤층에 머물러 있을 가능성이 높다.

2 학교 밖 청소년 실태

2018년 한국교육개발원(KEDI) 교육통계서비스에서는 초·중등교육기관의 학업중단 자료에 의하면, 청소년 학업중단율의 연도별, 학교급별 추이를 살펴보면 다음 표 11-1 및 그림 11-1과 같다. 의무교육 단계인 초등학교와 중학교의 학업중단율은 1990년도 이후로는 1% 이하 수준으로 유지되었으며, 고등학교의 경우, 전반적으로 초등학교 및 중학교보다 높은 학업중단율을 보이고 1985년도에는 3%까지 이르렀으나, 2010년도 이후로는 2% 이하 수준을 유지하고 있는 것으로 나타났다. 2017년도 학업중단율은 초등학교 0.6%(16,422명), 중학교 0.7%(9,129명), 고등학교 1.5%(24,506명)인 것으로 조사되었다.

〈표 11-1〉 연도별, 학교급별 학업중단율 (단위: 명, %)

연도	초등학교			중학교			고등학교		
	재적 학생수	학업 중단자	학업 중단율	재적 학생수	학업 중단자	학업 중단율	재적 학생수	학업 중단자	학업 중단율
1980	5,658,002	3,856	0.1	2,471,997	30,628	1.2	1,696,792	43,088	2.5
1985	4,856,752	1,636	-	2,782,173	29,410	1.1	2,152,802	63,841	3.0
1990	4,868,520	1,299	-	2,275,751	22,348	1.0	2,283,806	42,542	1.9
1995	3,905,163	1,219	-	2,481,848	24,567	1.0	2,157,880	53,743	2.5
2000	4,019,991	14,734	0.4	1,860,539	19,097	1.0	2,071,468	52,136	2.5
2005	4,022,801	18,403	0.5	2,010,704	15,669	0.8	1,762,896	23,076	1.3
2010	3,299,094	18,836	0.6	1,974,798	18,866	1.0	1,962,356	38,887	2.0
2015	2,714,610	14,555	0.5	1,585,951	9,961	0.6	1,788,266	22,554	1.3
2016	2,672,843	14,998	0.6	1,457,490	8,924	0.6	1,752,457	23,741	1.4
2017	2,674,227	16,422	0.6	1,381,334	9,129	0.7	1,669,699	24,506	1.5

출처: 한국교육개발원(2018). p. 55 재구성.

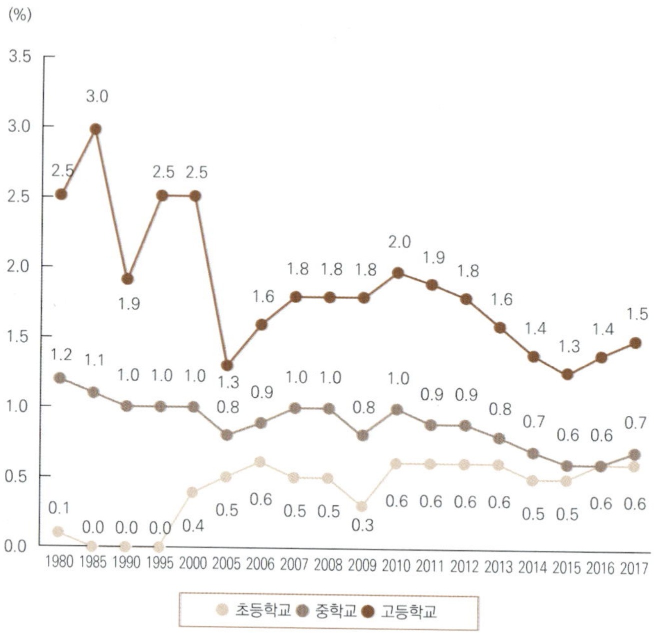

출처: 한국교육개발원(2018). p. 54.

[그림 11-1] 연도별, 학교급별 학업중단율

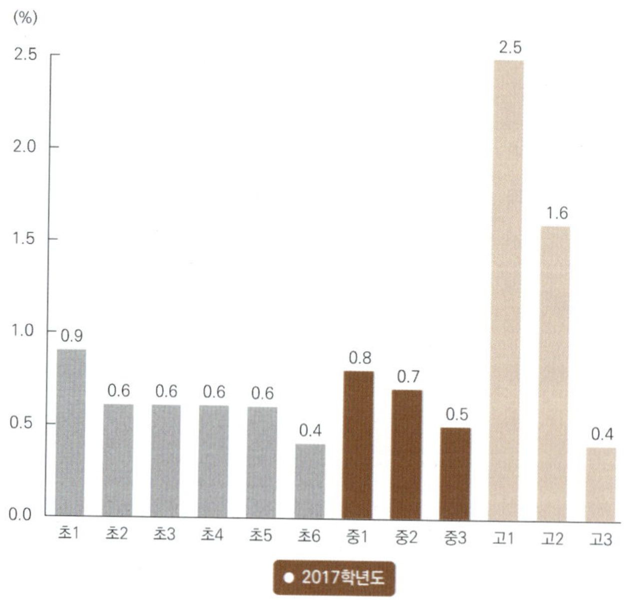

출처: 한국교육개발원(2018). p. 54.

[그림 11-2] 학년별 학업중단율(2017학년도)

그림 11-2에 의하면 초·중·고등학교 모두에서 최초 학년의 학업중단율이 가장 높게 나타났으며 주목할 만한 것은 고등학교 1학년의 학업중단율은 2.5%에 육박하는 것으로 조사되었다는 것이다. 향후 사회구성원으로서 진출하기 전 가장 중요한 고등학생 시기에 학업중단이 높다는 사실은 학업중단이 학교 밖 청소년 개인의 성장을 저해할 뿐 아니라 국가적으로도 인적자원 손실, 범죄율 증가 등 사회적 비용을 초래할 수 있어 이들에 대한 관심을 확대해야 함을 명백히 보여주고 있다.

〈표 11-2〉 학업중단 청소년 유형별 비율(학업중단 이후 3개년간 이행 경로 기준)

구분	정의	비율
학업형	검정고시 공부, 대학입시 준비, 복교 등	50.4%
직업형	직업기술을 배우는 경우, 아르바이트·취업 등	32.4%
무업형	특정목표 없이 아무것도 하지 않는 경우	11.1%
비행형	가출하거나 보호시설·사법기관 감독 받는 경우	6.0%
은둔형	사회적 관계를 맺지 않고 집에서 나오지 않는 경우	*미조사

출처: 윤철경, 성윤숙, 유성렬, 김강호(2015) 재구성.

2014년 기준 7세에서 18세 학령기 학생 중 학교 밖 청소년 규모는 약 40만 명에 이를 것으로 추정된다(윤철경, 성윤숙, 최홍일, 유성렬, 김강호, 2017). 또한 학업중단 이후 학생들을 추적한 한국청소년정책연구원의 「학업중단 패널 조사(2013-2015)」에 따르면, 학업중단 이후 학생들의 행보는 크게 학업형, 직업형, 무업형, 비행형, 은둔형 등으로 구분할 수 있다(표 11-2 참조). 해당 패널에서 2012년 6월 이후 학업을 중단한 청소년을 3년간 추적한 결과 학업형 청소년의 비율이 50.4%로 가장 많았고, 뒤를 이어 직업형 32.4%, 무업형, 11.1%, 비행형 6.0%의 순인 것으로 조사되었다.

여성가족부는 「학교 밖 청소년 지원에 관한 법률」에 따라 3년마다 실시하는 '학교밖청소년 실태조사'를 실시하여야 한다. 2018년 조사는 학교밖 청소년 지원센터, 내일이룸학교, 단기 및 이동쉼터, 소년원, 보호관찰소, 미인가 대안학교에 속해 있는 학교밖 청소년과 검정고시를 접수한 청소년 3,213명을 대상으로 설문 및 심층 면담을 실시하였다. 주요 조사내용은 학교 밖 청소년의 학업중단 시기와 사유에 관한 사항, 신체적 및 정신적 건강상태, 진로 계획 및 지원 프로그램 활용 현황이고, 학교 밖 청소년의 현황 및 실태 파악과 학교 밖 청소년 지원 정책수립을 위한 기초자료로 활용하기 위함이다. 주요 결과는 다음과 같다.

학업중단 시기와 관련하여, 학교를 그만두는 시기는 고등학교 때가 60.5%로 가장 많고, 그 다음 중학교(26.9%), 초등학교(12.4%)의 순으로 나타났다. 비행청소년(소년원, 보호관찰소 조사)의 경우 초등학교 시기에 학교를 그만두는 경우가 0.3%로 매우 낮은 반면, 고등학교 때 학교를 그만두는 경우는 78.3%로 매우 높게 나타났다. 지난 2015년 조사에 비해 고등학교 시기에 학교를 그만두는 비율이 10.2% 정도 높아진 반면, 중학교 시기에 학교를 그만두는 비율은 11.3% 정도 낮아진 것으로 조사되었다.

〈표 11-3〉 학업중단 시기 (단위: %)

구분		초등학교 때	중학교 때	고등학교 때	합계
연도별	2015년	11.3	38.2	50.3	100.0
	2018년	12.4	26.9	60.5	100.0
응답자 유형별	일반	15.3	28.2	56.2	100.0
	비행	0.3	21.4	78.3	100.0

출처: 여성가족부(2018). 2018년 학교밖청소년 실태조사.

학업중단 사유와 관련하여, 학교를 그만둔 사유는 학교에 다니는 게 의미가 없어서(39.4%), 공부하기 싫어서(23.8%), 원하는 것을 배우려고(23.4%), 학교 분위기가 나와 맞지 않아서(19.3%) 등의 순으로 나타났다.

〈표 11-4〉 학업중단 사유 (단위: %, 복수응답)

구분		학교 다니는 게 의미 없어서	공부하기 싫어서	원하는 것을 배우려고	학교분위기와 맞지 않아서	심리 · 정신적 문제	검정고시 준비
전체		39.4	23.8	23.4	19.3	17.8	15.5
성별	남자	38.7	27.8	19.5	15.9	13.4	15.7
	여자	40.2	19.6	27.5	22.9	22.3	15.4

출처: 여성가족부(2018). 2018년 학교밖청소년 실태조사.

학업중단 시 의논상대와 관련하여, 학교 밖 청소년들은 학교를 그만 둘 당시 주로 부모님이나 친구, 선생님과 의논한 것으로 나타났으나, 10명 중 1명의 청소년은 의논할 상대가 아무도 없다고 응답했다. 성별에 따라 여자청소년은 교사나 전문상담가와 의논하는 경향이 더 높고, 남자청소년은 선후배 등과 의논하는 것으로 나타났다.

〈표 11-5〉 학업 중단 시 의논상대 (단위: %, 복수응답)

구분		부모님	친구	학교 선생님 (담임+교과)	학교상담 선생님	형제자매	상담기관
전체		77.4	39.1	28.7	18.1	13.6	10.5
성별	남자	76.7	33.1	25.8	15.4	10.3	7.6
	여자	78.1	45.3	31.7	21.0	17.0	13.5

출처: 여성가족부(2018). 2018년 학교밖청소년 실태조사.

학업중단 시 정보제공과 관련하여, 학교를 그만둘 당시 학교에서 제공받은 정보는 검정고시 준비 방법이 42.1%로 가장 많았고, 청소년상담복지센터 등 청소년시설(40.4%) 및 학교밖청소년지원센터(37.7%) 안내, 학교 복학 절차(33.0%) 등의 순이었다.

〈표 11-6〉 학업중단 시 학교에서 받은 정보 (단위: %, 복수응답)

구분	검정고시 준비방법	청소년시설 (청소년상담 복지센터)	학교밖청소년 지원센터	학교 복학 절차	대안 교육기관	진로, 직업 교육 시설
전체	42.1	40.4	37.7	33.0	28.1	21.0

출처: 여성가족부(2018). 2018년 학교밖청소년 실태조사.

학교를 그만둔 것을 후회한 적이 있다고 응답한 청소년은 45.4%로, 후회한 적이 없다고 응답한 청소년(54.6%)보다 9.2%p 더 적은 비율을 보였다. 비행청소년 경우 일반 청소년보다 후회한 적이 17.1%p 더 높았으며, 그만둔 것을 후회한 이유는 다양한 경험부재(52.5%), 친구 사귈 기회 감소(50.1%), 교복 입을 기회 없음(47.9%) 등의 순이었다.

학업중단 후 어려움과 관련하여, 학교를 그만둔 후 겪는 가장 큰 어려움은 편견이나 무시 등 선입견(39.5%), 적성에 맞는 진로 찾기(28.0%), 무기력함(24.0%), 부모와의 갈등(23.9%) 순이며, 어려움이 없다고 응답한 경우도 26.9%를 보였다.

〈표 11-7〉 학업 중단 후 겪고 있는 어려움 (단위: %, 복수응답)

구분	선입견, 편견, 무시	진로찾기 어려움	없음	의욕없음 (무기력)	부모와의 갈등	일을 구하기 어려움	학교 친구와의 관계 단절
2015년	42.9	28.8	25.8	19.7	26.3	19.9	14.4
2018년	39.6	28.0	26.9	24.0	23.9	18.1	15.6

출처: 여성가족부(2018). 2018년 학교밖청소년 실태조사.

학업중단 후 생활실태와 관려하여, 학교 밖 청소년은 검정고시 준비, 진로상담, 대안학교, 직업기술 훈련 등 학업·진로탐색을 경험하며 미래를 준비하고 있는 것으로 나타났다. 학교 밖 청소년 2명 중 1명 이상(51.9%)은 근로경험이 있으며, 비행청소년이 일반청소년에 비해 25.8%p로 근로경험이 높았다. 한편, 근로경험이 있는 청소년 중 50.5%가 근로계약서를 작성

했으며, 32.8%는 부당한 일을 경험한 적이 있다고 답하였다.

〈표 11-8〉 학교를 업 중단 후 겪고 있는 어려움 (단위: %, 복수응답)

검정고시	진로상담	대안학교	심리상담치료	직업기술	병원입원	정규학교복교
75.5	47.9	27.8	27.8	26.3	17.8	4.1

출처: 여성가족부(2018). 2018년 학교밖청소년 실태조사.

진로에 대한 계획과 관련하여, 학업 중단 후 진로를 결정하지 못한 청소년은 35.0%로 가장 많고, 정규학교 복학(20.0%), 검정고시 준비(15.6%) 등의 순으로 나타났다. 지원필요성은 학교 밖 청소년은 검정고시 준비, 건강검진, 진학정보 제공 및 각종 질병치료, 진로 탐색 체험 순으로 정책 지원을 필요로 했다.

〈표 11-9〉 학교 밖 청소년 지원 정책별 필요성 평가

1순위	2순위	3순위	4순위	5순위
검정고시 지원	건강검진 제공	진학정보 제공	각종 질병치료	진로탐색 체험
2.95	2.94	2.88		2.86
6순위	**7순위**	**8순위**	**9순위**	**10순위**
청소년활동바우처	청소년전용일자리	직업교육훈련	각종 고민상담	학습진로멘토 등
2.86	2.84	2.82	2.79	2.78

출처: 여성가족부(2018). 2018년 학교밖청소년 실태조사.

3 학업중단 청소년의 원인

1) 개인적 요인

(1) 낮은 자아개념과 통제력 부족

낮은 자아존중감을 가진 학생은 학교 자체를 거부하거나 교육적 열의가 낮고, 성취동기가 낮아 학업 성취 열의가 부족하여 낮은 성적을 받게 되어 자아존중감의 상실로 다시 이어진다. 성취경험의 부재는 낮은 학업 성취도와 정서적 불안정으로 나타나 집중력 부족을 일으켜, 무단결석과 학업 중단으로 귀결될 수 있다.

(2) 사회관계 기술 미숙

충동에 대한 통제력 부족은 분노의 즉각적인 표출로 나타나면서 또래와의 갈등을 유발하고, 학교에서 문제 학생으로 낙인을 찍히게 될 수 있다. 학교에 대한 소속감의 부족은 주위의 관심을 끌기 위해 부정적인 태도를 취하기도 하고, 미래에 대한 기대수준이 낮고 의사소통 기술도 부족한 편이다.

2) 가정요인

낮은 사회경제적 지위, 소원한 한부모가정, 결손가정, 가족의 무관심, 자녀에 대한 낮은 기대수준 등으로 나타났으며, 구조적 측면에서 보면 부모의 이혼, 별거, 사망, 재혼 등에 따른 가족구성원의 결여, 낮은 사회경제적 지위 등, 가족구성원 간의 갈등, 바람직하지 않은 양육 태도와 방식, 낮은 기대, 무관심 등, 잦은 이사와 전학 등을 들 수 있다.

3) 또래요인

친구관계에서 배신, 따돌림을 당하는 경험, 잦은 전학으로 인한 친구관계 형성의 어려움을 겪고 있다. 학교에 친한 친구가 없어서, 주변에 학업을 중단한 친구가 있는 경우, 비행 경험이 있는 친구나 처벌 경험이 있는 친구와 친한 경우 등을 들 수 있다.

4) 학교요인

권위주의, 획일주의, 집단주의적으로 비민주적인 방식으로 운영되는 학교체계, 입시 위주의 경쟁적인 분위기, 비현실적인 학교 교칙, 학습 내용에 대한 불만, 교사의 차별과 낙인 등을 들 수 있으며, 대다수 학업중단청소년은 공부가 싫고, 학교 성적이 낮고, 학교에 대한 필요성을 느끼지 못하면서 학습에 대한 흥미가 부족하다. 학교에 대한 불만이 쌓이면서 학교 등교에 대한 두려움은 물론, 학교생활에 부적응을 보이게 된다. 교사의 지적과 징계, 차별에 대한 불만이 커지면서 교사와 학교에 대한 적대감과 갈등이 심화될 수 있다.

종합적으로 학업중단청소년은 점차 가정요인보다는 학교요인이나 사회환경요인이 더 많은 영향을 미치고 있다.

4 학교 밖 청소년 지원 제도 및 기관

1) 학업중단숙려제도

(1) 학업중단숙려제의 정의

학업중단숙려제란 학업중단 징후 혹은 의사를 밝힌 초·중·고 학생 및 학부모에게 Wee센터, 청소년상담복지센터 등에서 외부 전문 상담을 받으면서 2주 이상 학업중단을 숙려하는 기간을 갖도록 하는 제도이다. 학업중단 숙려기간은 학생이 자퇴 원서를 제출한 날의 다음날(공휴일 포함)부터 숙려기간을 부여하며 최소 2주 이상~3주(~50일) 이내의 숙려기간을 권장하고 있다.

(2) 대상

학업중단숙려제 적용 대상은 학업중단 의사를 밝힌 초·중·고교생 혹은 학업중단 위기에 처해 있다고 학교에서 판단한 초·중·고교생이다. 그러나 연락 두절되거나 행방불명 등으로 학업중단숙려제 운영이 불가능한 경우, 질병 치료, 해외출국 등 부득이하게 학업을 중단하는 경우, 학교폭력이나 학교교칙 위반을 이유로 한 퇴학의 경우 적용이 제외된다.

(3) 운영절차

학업중단숙려제의 운영절차는 그림 11-3과 같다.

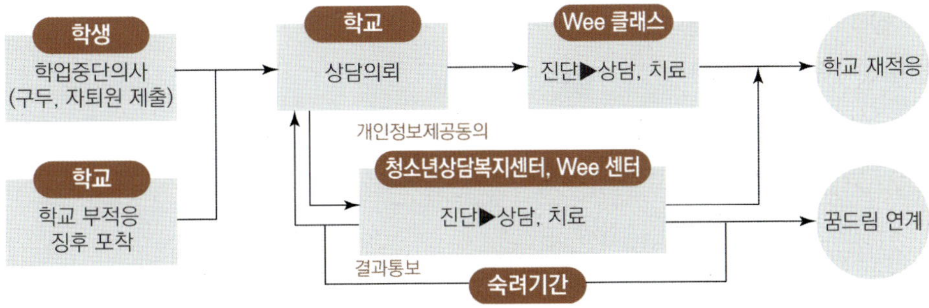

[그림 11-3] 학업중단숙려제 운영절차

먼저 학생이 자퇴 원서를 제출하거나 학교에서 상담의뢰가 오면 학교에서 Wee센터에 상담을 의뢰하게 된다. Wee센터에서는 학생 신난 빛 상담 치료를 제공하고 그 후 학생은 학교에 복귀하여 재적응하거나 학업 중단 의사를 밝혀 꿈드림센터로 연계된다.

2) 학교 밖 청소년 자립지원 “꿈드림센터”

(1) 서비스 개요

꿈드림센터는 「학교 밖 청소년 지원에 관한 법률」이 제정됨에 따라, 기존 두드림 · 해밀사업이 학교 밖 청소년 지원 사업으로 확대 변경되면서 시작되었다. 2019년 기준 꿈드림센터는 전국 219개 지역에서 운영 중이다.

(2) 서비스 대상

꿈드림센터의 서비스 대상연령은 9~24세 학교 밖 청소년으로, 「초 · 중등교육법」 제2조에 따라 초 · 중학교 3개월 이상 결석, 취학의무를 유예한 청소년, 고등학교 제적 · 퇴학처분을 받거나 자퇴한 청소년, 고등학교 미진학 청소년, 학업중단 숙려대상 등 잠재적 학교 밖 청소년 중 해당하는 청소년이 서비스를 받을 수 있다.

(3) 서비스 내용

꿈드림센터에서는 크게 6개 지원 서비스를 제공하고 있다. 첫째, "상담지원"으로 청소년 심리, 진로, 가족관계 등 상담 서비스를 제공한다. 둘째, "교육지원"으로 학업동기를 강화하고 검정고시를 통한 학력취득을 지원, 학업중단숙려상담 및 복교지원을 제공한다. 셋째, "직업체험 및 직업교육훈련 지원"으로 직업탐색 및 체험 프로그램이나 직업역량강화 프로그램을 제공한다. 넷째, "자립지원"으로 자기계발 프로그램, 청소년 근로권익 보호, 경제적으로 어려운 청소년 지원 서비스를 제공한다. 다섯째, "건강검진"으로 무료 건강검진 서비스 제공, 건강생활관리 및 체력관리 지원서비스를 제공한다. 마지막으로는 지역특성화 프로그램 등이 있다.

(4) 서비스 흐름도

꿈드림센터의 프로그램 흐름도는 그림 11-4와 같다.

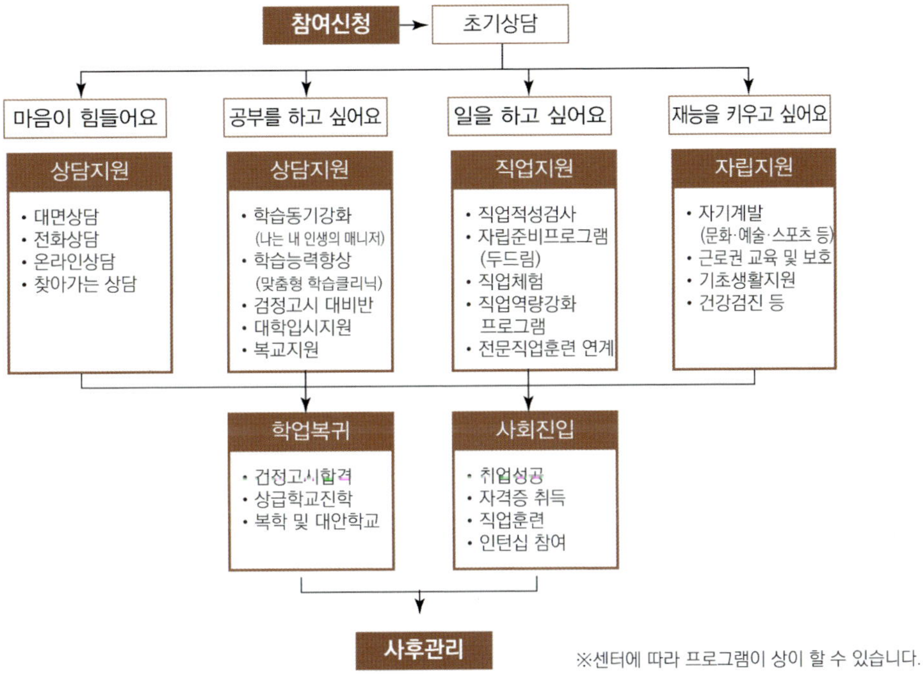

[그림 11-4] **꿈드림 프로그램 흐름도**

학교 밖 청소년이 꿈드림센터에 들어오면 초기 신청서를 제출하여 참여 의향을 밝힌다. 그 후 초기상담을 진행하면서 상담, 교육, 직업, 자립 영역 중 청소년이 희망하는 프로그램을 선택하여 지원을 받게 된다. 지원을 받은 후에는 학업에 복귀하거나 사회 진입으로 이어지며, 사후관리를 통해 지속적으로 서비스를 제공받을 수 있도록 한다.

5 학교 밖 청소년을 위한 대처방안

1) 학교 환경의 개선

학교 부적응은 학습부진을 초래하여 청소년이 학교로부터 멀어지게 하는 중요한 요인이 된다. 그 밖에 교사의 학생에 대한 관심 부족, 처벌체계가 비효율적이고 불공평하다는 생각, 반복되는 무단결석, 정학 등의 학교 처벌, 부정적인 학교 경험, 학업 성취의 어려움, 학교 상담기능의 약화 등으로 학교를 떠나곤 한다. 따라서 학교 내에서 학습부진학생에 대한 학습상담, 학습 코칭, 심리상담 등을 실시하고, 보다 전문적인 도움이 필요한 학생에 대해서는 학부모 상담을 거쳐 관련 기관에 연계하는 등 체계적인 지원책을 마련해야 한다.

학업중단청소년이 학교로 돌아올 수 있도록 학교 내 행정체계와 처벌체계에 대한 개선을 조속히 해야 하며, 복교하는 학생이 학업에 관심과 흥미를 가질 수 있도록 지속적인 복교 프로그램을 마련하여 이를 이수하도록 권장해야 한다.

2) 학교 밖 청소년 사회적 차별 종식

학교 밖 청소년에 대한 사회적 편견은 학교 밖 청소년이 경험하는 가장 큰 어려움이자, 청소년의 건강한 사회적 활동을 위축시키는 결과를 야기한다. 특히, 제도권 학교 교육을 기준으로 만들어진 '학교 밖 청소년' 명칭은 학교에 다니지 않는 청소년을 마치 정상이 아닌 것처럼 보이게 하고 차별하는 요소로 작용할 수 있기에 명칭 변경에 대한 논의가 필요할 것으로 보인다. 실제로 서울시에서는 2018년도에 '학교 밖 청소년'이라는 용어에 차별적 의미가 담겼다며 관련 조례 개정을 추진하기도 하였다. '학교 밖 청소년' 용어를 대체할 용어로 '미리 배움 청소년', '꿈 이루미', '비제도권 청소년'이 제안되기도 하였다.

3) 학교 밖 청소년을 위한 안전망 확보

지금까지의 학교 밖 청소년 지원사업은 아웃리치와 같이 학교를 떠난 청소년을 찾아다니는 형태로 전개해왔다. 그러나 이러한 경우 발견할 수 있는 청소년은 극소수에 불과하고, 이미 사회의 역기능을 경험하고 난 후 만나 처치한다는 한계가 있다. 그러므로 촘촘한 안전망을 짜는 것이 시급하다. 우선적으로 가동되어야 할 1차 안전망은 학교를 떠나거나 고등학교 진학을 포기하는 과정에서 이들에게 필요한 진로정보에 관한 서비스를 제공하는 것이다. 실제로 윤철경(2013)의 연구에서는 62.7%의 청소년들이 학교를 그만두는 과정에서 향후 진로나 서비스에 대한 정보를 전혀 접하지 못한 것으로 조사되고 있다. 「학교 밖 청소년 지원에 관한 법률」에서는 이에 대한 규정이 존재하긴 하나, 어떤 방식으로 제공되는 것이 효율적일지 구체적으로 제시하고 있지 않아 이에 대한 명시화가 필요하다.

2차 안전망은 관련 부처 간 정보공유 망이다. 보호관찰 대상 학교 밖 청소년, 소년원 퇴원 예정 학교 밖 청소년, 직업훈련기관에 속한 학교 밖 청소년, 대안교육시설의 청소년에 대한 정보공유가 여기에 해당할 것이다. 3차 안전망은 아웃리치를 통해 학교 밖 청소년을 발굴하는 안전망으로 1, 2차 안전망이 보다 확고하게 가동된다면 3차 안전망에 의해 발굴되는 청소년의 수가 감소할 것이다(여성가족부, 2014). 이를 통해 보다 체계적이고 안전한 학교 밖 청소년 지원 서비스가 이루어지길 바란다.

4) 대안교육 기관 확충

학교 밖 청소년들의 향후 진로 계획을 연구한 윤철경(2013)의 연구에 따르면 검정고시, 대안학교, 복학 등 학업을 지속하고자 하는 유형이 65.1%로 가장 많으며, 직업관련 계획을 가진 청소년이 16.4%, 미결정은 17.5%로 조사되었다. 우리나라에는 많은 대안교육시설이 있지만 교육부가 인가한 54개를 제외하면 매우 열악한 실정이며, 그마저도 학비가 매우 비싸 경제적 수준이 낮은 학생은 들어가기가 힘들다.

이병철(2007)의 연구에 따르면 경제적 수준이 낮은 학생이 학교생활 만족도가 낮은 것으로 조사되었는데, 이는 학업을 중단한 학생들의 가정의 경제적 수준은 높지 않을 것으로 추정할 수 있다. 즉, 비싼 교육비를 부담할 수 없는 환경에 있는 청소년들은 교육기회의 박탈로 인해 기회의 평등을 이루지 못하는 결과를 초래할 수 있다. 그러므로 공립 대안교육시설을 확충하여 학교 밖 청소년의 교육 기회를 보장하는 것이 필요하겠다.

생각해보기!

9월부터 초·중등 자퇴 청소년 정보 지원센터로 자동연계…장학금 대상 확대 논의도

여성가족부는 12~15일 3일간 '제 3기 학교 밖 청소년 지원위원회 3차 회의'를 진행하고 학교 밖 청소년 정보 자동연계 준비상황 등을 점검할 예정이라고 11일 밝혔다.

기존 제도에 따르면 학교를 그만둔 청소년의 동의를 받아야만 해당 청소년의 정보를 지원센터에 넘길 수 있었다.

하지만 정부 지원을 받지 못하는 학교 밖 청소년이 생길 우려가 제기됨에 따라 여가부는 '학교 밖 청소년 지원에 관한 법률'을 개정하고, 초등학생·중학생에 해당하는 학교 밖 청소년에 대해서는 사전 동의 과정 없이 상관없이 자동으로 지원센터에 이들의 정보가 넘어가도록 했다.

개인 정보 제공에 대한 동의는 사후에 진행하며, 제도는 9월 24일부터 시행된다.

회의에서는 본격적인 제도 시행에 앞서 기존 시스템 변경 상황과 새 제도 홍보 등이 잘 진행되고 있는지 등에 대해 점검한다.

아울러 한국장학재단 장학금 지원 대상을 재학생에 국한하지 않고 학교 밖 청소년까지로도 확대하는 방안에 대한 협의가 마무리 돼가는 가운데, 그간의 논의 상황을 한 번 더 되짚어 볼 예정이다.

회의를 주재한 김경선 여가부 차관은 "학령기 인구 감소에도 불구하고 매년 학업을 중단하는 청소년은 증가 추세에 있으며 이와 함께 학교 밖 청소년에 대한 체계적인 지원 필요성과 차별 개선 요구도 커지고 있다"고 진단했다.

이어 "지원센터가 학교 밖 청소년의 공적 지원기관으로 자리매김하도록 각계 의견을 수렴하는 한편 기관 간 후속 조치와 협업을 강화해 나가겠다"고 덧붙였다.

당초 오프라인에서 대면으로 개최될 예정이었던 회의는 신종 코로나바이러스 감염증(코로나19)의 급속한 확산으로 인해 수도권 거리 두기 단계가 4단계로 상향됨에 따라 서면으로 대체된다.

여가부는 학교 밖 청소년에 대한 지원을 꾸준히 강화한 결과 대학에 진학한 학교 밖 청소년은 2017년 616명에서 지난해 1천506명으로 2.4배로 증가했다고 밝혔다.

이 기간 검정고시에 합격한 학교 밖 청소년은 8천571명에서 1만856명으로 26.7% 늘고, 학업에 복귀하거나 사회로 진입한 비율은 31.1%에서 38.5%로 7.4%포인트 상승했다.

김주미 기자

키즈맘(2021.07.12)

원문 https://kizmom.hankyung.com/news/view.html?aid=202107123029o

CHAPTER

12

정신건강과 스트레스

본 장에서는 청소년기 정신건강에 대해 소개한다.

청소년기 정신건강의 개념과 정신건강 문제에 대해 파악하고, 심리적 부적응 양상과 주요 정신장애를 살펴보고, 청소년기 스트레스 문제와 대처방안을 살펴보고자 한다.

학습목표

1. 청소년기 정신건강 개념을 파악할 수 있다.
2. 청소년기 정신건강 문제를 이해할 수 있다.
3. 청소년기의 심리적 부적응을 이해할 수 있다.
4. 청소년기 주요 정신장애를 파악할 수 있다.
5. 청소년기 스트레스를 이해할 수 있다.

Keywords

청소년 정신건강, 청소년 정신장애, 청소년 스트레스

1 청소년기 정신건강 개념

청소년기 인지 기능은 양적, 질적으로 급격히 성장하는 시기이다. 신체적인 변화는 시각적으로 주목을 받을 수 있지만, 인지적 성장과 더불어 청소년의 정신건강에 대해서는 특별히 사건 사고가 발생하기 전까지는 관심을 받지 못하는 경우가 많다. 청소년들 대부분은 학업과 진학을 위해 대부분의 시간을 보내고 있기 때문에 청소년의 정신건강에 관해 부모들의 관심이 부족할 수 있으며, 자녀들의 정신건강을 위한 시간과 에너지를 쓰지 못하세 된다.

미국정신위생위원회의 정의에 의하면 '정신건강이란 다만 정신적 질병에 걸려 있지 않은 상태만이 아니고 만족스러운 인간관계와 그것을 유지해 나갈 수 있는 능력을 의미한다'고 한다. 질병에 걸려 일상생활의 지장이 있는 상태만이 아니라 만족스런 인간관계를 맺고 이를 유지할 수 있는 능력을 말한다. 결국 이것은 모든 종류의 개인적, 사회적 적응을 포함하여 어떠한 환경에도 대처해 나갈 수 있는 건전하고 균형 있고 통일된 성격의 발달을 의미하는 것이다.

본 장에서는 청소년기에 주로 발생하는 정신건강 문제와 정신질환 유형을 설명하고, 청소년들의 정신건강을 위해 어떤 사회적 노력이 필요한지 검토해 보고자 한다.

2 청소년기 정신건강 문제

일반적으로 청소년기에 가장 많이 제기되는 정신건강 문제는 우울장애, 자살, 학교공포 등이다. 우울장애가 발생하는 요인은 무단결석, 약물남용, 가출, 비행 등의 다양한 문제로 나타나기도 하고 신체적 증상 또는 성적 저하로 위장하여 우울증상이 나타나기도 한다. 이것을 '가면성 우울'이라고 말할 수 있다. 최근 청소년들이 자신에게 벌어진 문제들의 해결방법으로 자살을 선택하고 있는 것이 심각한 문제이다. 청소년 자살에 영향을 미치는 것은 주로 또래집단의 학교폭력과 집단따돌림, 성적비관 등이 원인이 되고 있다.

이처럼 청소년은 정신적 발달과정의 특성상 정상과 일탈, 준법과 불법 사이의 경계에서 왔다 갔다하는 불안정한 상태이기 때문에 그들에게 어떤 상황과 환경이 어떤 힘으로 작용하느냐가 매우 중요하다. 본인이 관심을 가지고 있고 소질 있는 어떤 대상에게 몰입하고 노력하는 신념이 강할수록, 학교나 공동체의 활동에 참여를 많이 할수록, 독서와 사색 그리고 대화를 통해 바른 신념을 정립하면 할수록, 청소년기의 표류상태에서 자기 나름대로의 자기통제력을 키울 수 있다고 보고되고 있다.

3 청소년기의 심리적 부적응

한 개인의 사고나 행동양식이 정상 또는 비정상으로 혹은 적응적인지 또는 부적응적인지를 판단하는 것은 매우 어려운 일이다. 현대인들은 개성을 중시하고 타인과 구분되는 나만의 특성을 추구하는 것을 선호하기 때문에, 다른 사람과 다른 독특한 몇 개의 행동양식을 쉽게 비정상인 것으로 간주하는 것은 무리가 따른다.

보통 심리적 부적응 상태란 한 개인이 갖고 있는 사고, 정서, 행동양식이 왜곡되거나 부적절해서 사회적 적응에 문제가 발생하는 상태를 말하지만, 어떠한 것을 기준으로 정할 것인지는 애매한 부분이 많다. 특히 청소년기는 일생 중 가장 과도기적인 발달상의 특성을 보이는 시기이다. 따라서 청소년들의 행동양식이 심리적 장애로 인한 것인지 혹은 발달 과정상 나타나는 불안정한 특성인지를 구분하는 것은 더욱 어렵다. 청소년의 심리적 장애를 다루는 데 있어서는 심리적 장애에 대한 일반적인 지식과 경험뿐 아니라, 청소년기 발달적 특성에 대한 충분한 고려를 바탕으로 한 주의 깊은 접근과 통합적인 접근이 필요한 이유가 된다.

4 청소년기 주요 정신장애1)

1) 주의력결핍 과잉행동장애 · 학습장애

(1) 주의력결핍 과잉행동장애

주의력결핍 과잉행동장애(attention-deficit/hyperactivity disorder, ADHD)는 부주의, 충동성과 과잉행동을 주된 증상으로 하는 신경행동적 증후군이다. 주로 7세 이전에 발병한다. 청소년기 ADHD의 유병률은 0.2~19.8%로 보고되며, 2009년 실시된 국내 정신질환 ADHD 유병률 조사에서 13.3%로 보고되었다. 환자 본인은 자신의 증상을 자각하지 못하는 경우가 많으며, 부

1) 본 내용은 대한소아청소년정신의학회, 「청소년정신의학」의 일부 내용을 발췌 정리함. 물질사용장애는 7장 약물남용에서 다뤘기 때문에 제외함.

모 등 오랜 보호자나 선생님들이 더욱 예민하게 인식하여 보고되는 경우가 많다. 과거에는 ADHD가 소아기에 나타나고 청소년기를 거치면서 호전된다고 여겼으나, 상당수 연구에 의하면 청소년기를 지나도 그 증세가 잔존하는 것으로 보고되고 있다.

ADHD의 핵심 증상은 부주의, 과잉행동, 충동성이다. 중학교 진학 이후 진단을 받는 경우가 있는데, 중학교가 공부의 양이 많아지고 외부에 도움받기를 거절하는 경향으로 인해 초등학교까지는 괜찮다가 중학교 올라가면서 ADHD 진단을 받는 경우가 생긴다. ADHD 청소년은 학업의 어려움을 겪는 경우가 많아 유급, 정학, 퇴학의 위험이 높고 특수학급에서 공부하는 경우가 많으며, 중도에 학업을 포기하는 위험도 높다. 청소년기에 자아정체성을 찾으려 하고, 더 넓고 깊은 또래관계를 형성하고 이성에 눈떠가는 시기에 ADHD 증세로 청소년기 과제 수행에 어려움을 겪게 되면서 낮은 자존감과 정서적인 어려움을 보이는 경우가 있다.

ADHD 청소년은 약물치료를 통해 증상을 조절하고 적응 능력 및 기능이 향상될 수 있다. 부모에게 ADHD에 대해 교육하고 다양한 문제들을 해결할 수 있도록 훈련하는 것도 도움이 된다. ADHD 청소년이 사회성이 떨어지는 경우, 사회기술 훈련, 우울증, 불안증을 동반한 경우 인지행동요법이 효과적일 수 있다.

(2) 학습장애

학습장애(learning disorder)는 낮은 지능, 불충분한 교육, 학습 동기 결여 등의 원인에 의한 것이 아니라 학업 성취에 기본이 되는 읽기, 쓰기, 수학 계산 능력을 습득하는 데 심각한 어려움이 있는 경우를 말한다. 학습장애의 일차적 원인은 선천적인 신경생물학적 결함에 있으며, 진단기준에 따라 재학 중인 아동과 청소년의 5~17.5%가 나타나고 있다고 보고된다.

① 읽기장애

읽기장애(reading disorder)는 난독증, 발달성 난독증, 선천성 단어맹증이라는 명칭으로 불려 왔다. 읽기장애는 개인에 따라 증상 정도가 다양하며, 난독증은 단어 수준에서 정확한 철자(맞춤법)를 인식하고, 글자를 소리로 해독하는 데 심각한 어려움을 가지게 된다. 문장을 읽어 나가는 속도가 늦거나, 읽는 속도는 정상이나 내용을 파악하는 독해력에 심각한 어려움을 보이는 유형도 포함된다. 읽기장애는 품행장애의 위험인자로 알려져 있으며, 소년범죄로 재판을 받게 된 청소년과 성인들의 30~50%에서 학습장애와 읽기장애가 많다고 보고되고 있다. 또한 읽기장애 청소년은 우울장애 공존율이 높게 나타난다.

청소년의 읽기장애 선별을 위해서는 가족력에 읽기장애가 있는지, 어려서 언어발달의 지체가 있었는지, 읽기에 어려움이 있다는 교사의 보고가 있었는지, 초등학교 고학년까지 한글맞춤법(철자)의 오류가 심각한 수준으로 나타났는지, 읽기를 싫어하거나 회피하는 경향을 갖고 있는지를 파악하는 것이 중요하다. 읽기장애 청소년을 위해서는 읽기에 초점을 맞춘 집중적인 특수교육적 개입이 필요하다.

② 쓰기장애

쓰기는 생각과 정보의 소통을 음성이 아닌 문자로 표현하는 언어의 형태이다. 글씨쓰기에는 보고 쓰기, 받아쓰기와 같은 기능적 글쓰기와 작문과 같은 창조적인 글쓰기가 있다. 학령기에 쓰기를 싫어하고, 피하며, 글짓기에 심각한 어려움을 보인다. 맞춤법, 띄어쓰기, 단어 선택, 문장 구성, 문법 등에 오류가 많고, 문장의 어휘력이 부족하고, 단어나 글자의 누락이 흔히 관찰되며, 문단의 구성과 줄거리가 어설프고, 빈약하다.

쓰기장애(disorder of written expression)는 좋아하는 주제로 한 간단한 작문

을 통해 특징적인 증상들을 직접 확인할 수 있으며, 표준화된 검사로 학업성취도 수준을 확인하여 진단할 수 있다. 철자 교육과 주제에 맞는 창조적인 사고 과정 증진에 비중을 둔 작문 훈련으로 치료가 가능하며, 전문적인 작문 훈련 프로그램의 도움을 받을 수 있다.

2) 품행장애 · 적대적 반항장애

(1) 품행장애

품행장애(conduct disorder) 란 타인의 기본 권리를 침해하거나 나이에 적합한 사회 규범이나 규칙을 위반하는 행동을 반복적이고 지속적으로 보이는 특징으로 하는 질환으로 가족, 학교, 사회적인 심각한 문제를 일으키고, 일부는 성인기 이후 반사회성 인격장애로 이행될 수 있다.

해외 연구에 의하면 10대 남자의 경우 많게는 10%, 여자의 경우 많게는 9%의 유병률이 보고되고 있으며, 사회경제적 지위가 낮은 가정의 자녀에게서 품행장애가 더 많이 발생한다고 보고된다. 일반적인 증상은 공격성으로 다른 사람들을 위협하거나 괴롭히고, 자주 몸싸움을 하기도 하고, 때로는 심각한 신체적 손상을 줄 수 있는 물건들을 사용하기도 한다.

일반적인 증상은 공격성, 재산의 파괴, 사기 또는 도둑질, 심각한 규칙 위반, 술, 담배 등의 약물사용, 성과 관련된 문제, 집단행동 등을 들 수 있다. 공격성의 특징은 다른 사람들을 위협하거나 괴롭히고, 자주 몸싸움을 하고 때로는 심각한 신체적 손상을 줄 수 있는 물건들을 사용하기도 한다. 방화, 타인의 물건 파괴, 학교 기물의 파괴 등 다른 사람에게 피해를 입힐 목적으로 다른 사람의 재산을 손상시키고, 거짓말, 문서 위조 등으로 타인을 고의적으로 속이고, 계획적 또는 충동적으로 다른 사람의 물건을 훔친다. 외박, 가출, 무단결석, 무단조퇴 등 집이나 학교에서의 규칙들을 자주 어기고, 금지된 약물을 사용하고 일부는 물질 중독의 진단에 해당하는 증상을 보이기도 한다. 성과 관련해서 무분별한 성행위 등이 문제가 될 수 있으며, 여자 청소년의 경우 성매매, 임신 등의 성적인 문제가 발생할 수 있으며, 집단따돌림, 집단구타, 폭력 조직 가담 등 집단적으로 타인에게 위해를 가하기도 한다.

품행장애의 생물학적 원인으로는 유전적 요인과 뇌기능 이상현상으로 안와전두피질, 변연계, 편도, 측두엽, 해마 등과 연관성이 있으며, 세로토닌 결핍이 충동성 및 공격성과 관련이 있다는 연구도 있다. 심박동 수의 감소 및 피부 전도 속도 감소 등 자율신경계의 활성 저하와 공격성 또는 반사회적 행동이 관련이 있다고 알려져 있다. 품행장애, 반사회적 인격장애의 경우 언어능력 저하를 보이는 경우가 있으며, 부모 간의 갈등, 가족 구성원 사이의 갈등, 심한 경제적 어려움, 양육 방식의 문제, 학대 등이 청소년비행과 연관이 있다.

특히 청소년기에는 또래들과 보내는 시간이 많기 때문에 또래들의 영향을 많이 받게 된다. 공격성을 가진 청소년들이 자신의 비행을 다른 또래들에게 보여줌으로써 자신의 존재를 과시하는 기회가 되기도 하고, 공격적인 성향의 아이들끼리 서로 호감을 갖고 집단으로 다니면서 공격적인 행동이 강화되기도 한다.

치료 방법으로는 문제가 되는 모든 영역(학교, 집, 친구 등)에 대한 다각적인 접근이 필요하며, 청소년 본인뿐만 아니라 가족, 친구, 학교 등 주변 환경이 동시에 치료의 목표 대상이 되어야 성공적일 수 있다. 청소년 개인에게는 사회기술훈련, 분노조절훈련 등이 도움이 되며, 인지치료를 통해 왜곡된 자아상의 교정, 낮은 자존감의 회복, 인지적 왜곡 등의 교정이 요구된다. 개인 정신치료와 집단치료, 작업치료, 심리극 등도 치료에 도움이 된다. 가족을 위해서는 부모훈련, 가족치료, 지속적인 상담이 필요하며, 약물치료만으로 품행장애를 충분히 치료하기는 어려우며, 다양한 상담적 접근이 필요하다.

(2) 적대적 반항장애

적대적 반항장애(oppositional defiant disorder, ODD)의 핵심 증상은 권위적인 인물과의 갈등이 나타나며, 문제행동도 그들과의 관계에서 주로 나타난다. 권위적인 인물에 대한 비협조, 반항, 적대적 행위, 어른들이 만든 규칙에 대한 적극적 거부, 어른들의 화를 유발하는 행위를 의도적으로 하기 등의 형태로 나타난다. 어른들의 일상적 요구를 자율권을 위협하는 것으로 인식하고 필사적으로 저항하며, 자신의 권리를 잃어버리더라도 부모와의 다툼에서 이기려 한다.

반항적 행동들은 수동적인 형태로 빈둥거리기, 꾸물거리는 행동으로 나타난다. 부모의 지시에 수동적 동의는 했으나 "못 들었어요"라는 말로 책임을 회피하고, 방 정리, 목욕하기, 단정하게 옷 입기, 욕이나 나쁜 말 하지 않기, 귀가시간 지키기, 결석하지 않기 등이 다툼의 주된 목록이 된다. 주로 주의력결핍 과잉행동장애(ADHD)가 가장 흔히 동반된다.

적대적 반항장애의 원인은 주로 기질적으로 연관이 있으며, 영유아기부터 섭식, 배변 훈련, 수면, 예절 바른 행동에 대해 아이들은 거부하고 부모들은 강요하는 양상이 반복되며, 성장하면서 부정, 반항, 비협조적 태도가 증가되어 정상적인 분리-개별화 과정이 진행되지 않게 된다. 애착이론에서는 불안정 애착과 관련이 있다고 하며, 인생 초기 부정적 경험이 적대적 조망을 형성한다고 추론하기도 한다. 낮은 사회경제적 상태는 가족의 스트레스를 증가시키고 가정불화, 가족 내 폭력, 낮은 유대감, 아동학대와 부모의 물질남용 또는 반사회적 인격장애가 반항적 행동의 위험을 높인다. 일관성 없는 부모의 양육 태도와 자녀의 나쁜 행동에 대해 단호한 처벌을 주저하는 경우도 원인이 된다.

이들을 돕기 위해서는 부모들은 그들의 의사소통 방식을 돌아보고, 자녀들과 소통할 수 있는 새로운 방식을 탐색해야 한다. 이를 위해 부모훈련 프로그램, 가족치료, 인지-행동치료, 사회기술훈련이 도움이 된다.

3) 불안장애

불안장애의 유병률은 일반 청소년에서 1~20%까지 상당히 높게 나타나며 주로 학교에서의 수행, 사회적 능력, 건강 등의 주제로 두려움과 걱정을 나타낸다. 불안으로 인한 내적 고통은 청소년 자신이 더 잘 인식하지만, 불안이 대인관계나 학교 기능에 미치는 영향에 대해서는 부모, 교사가 더 잘 알 수 있기 때문에 가급적 여러 정보원으로부터 정보를 얻는 것이 바람직하다.

불안 증상과 비슷한 양상을 나타내는 정신 혹은 신체 장애에 대한 감별이 필요하고, 초기 평가 단계에서 두통, 복통과 같은 신체 증상을 자주 보고하기 때문에 주의를 기울여야 한다. 불안으로 인해 학업이나 사회적 기능에 영향을 미치기 때문에 조기에 발견하는 것이 필요하고, 불안으로 인해 자신의 능력을 과소평가하고 문제해결 기술이 떨어져 자존감이 낮아질 수 있다.

(1) 특정공포증

정상적인 발달 과정에서 나타나는 두려움을 짧게 나타나고 고통을 유발하지 않지만, 공포증(phobia)은 특정 대상이나 상황에 대한 두려움이 지속되고 이를 피하려 하며 극심한 고통을 받는 등의 비적응적인 양상을 띠게 된다. 인지적으로 특정 대상을 두려워하고 대처할 수 없으며 그 대상으로 인해 손상을 입거나 나쁜 결과가 나타날 것이라고 생각한다. 생리적으로 심박동 수가 증가하고 땀을 흘리며 입이 마르고 속이 불편해지고 호흡에 변화가 온다. 특정 대상을 회피하거나 피할 수 없을 때는 얼어붙거나 경직된 자세를 취하게 되고 분노 발작을 나타내기도 한다.

(2) 사회공포증

사회공포증(social phobia)은 친숙하지 않은 동료와 함께 있는 사회적 상황이나 특정한 일을 수행해야 하는 상황에서 두렵거나 불편하게 느끼는 특징이 있다. 특정 사회적 상황에 지속적인 두려움을 나타내며 수줍음을 보이고 사회적으로 억압되게 된다. 불안 경향이 높고 부정적인 대처방식을 가지며 자신에 대한 사회적 평가에 대해 많은 걱정을 하고 민감한 증상이 나타난다. 대중 앞에서 연설하는 것에 대해 공포증이 가장 흔하고, 시험불안도 흔하게 나타난다.

(3) 범불안장애

범불안장애(generalized anxiety disorder)는 학업, 사회적 상호작용, 가족, 건강이나 안전 등 여러 영역에 대해 과도하고 조절하기 어려우며 지속되는 걱정을 하는 특징이 있다. 이들은 대개 완벽주의자이며 안심 받기를 원한다. 핵심 증상은 다양한 주제에 대한 과도한 걱정, 걱정을 통제하거나 조절하는 데 어려움, 걱정에 수반되는 신체 증상, 이러한 걱정으로 인한 기능 장애가 나타난다.

청소년들은 주로 건강, 학교, 재해 및 개인적인 위험에 대해 가장 많이 걱정한다. 안절부절하지 못함, 피곤함, 근육 긴장, 복통, 두통 및 수면장애와 같은 생리적인 증상이 동반되며, 증상이 지속되어 학업적 · 사회적 · 가족적 기능을 저해한다. 범불안장애를 보이는 청소년의 증상은 긴장, 염려, 안심에 대한 요구, 부정적 자기상, 신체 증상 순으로 나타난다. 이들은 작은 실수도 실패로 간주하는 경향이 있고, 완벽하지 못할 것 같은 일은 피하는 등 자기에 대해 비판적이다. 위협을 과도하게 받아들이고, 자신의 걱정과 관련하여 지속적으로 안심 받기를 원한다.

범불안장애의 원인은 유전적 요인이 30% 정도로 추정되며, 기질적 특성, 인지적 오류, 불안 민감도, 자기-조절 능력이나 문제해결 능력의 결핍과 같은 인지적 요인도 관련이 있다.

범불안장애를 보이는 청소년을 위한 치료에는 약물치료 외에 부모와 청소년에게 범불안장애에 대해 교육하고, 교사와의 상호작용에 관심을 기울여야 한다. 인지치료를 통해 청소년으로 하여금 불안감이나 신체 증상에 대해 갖고 있는 감정이나 이미지 또는 생각을 알아내고, 이러한 인지가 어떤 역할을 하는지 알게 해 주며 불안한 상황을 악화시키는 개인의 태도를 파악한다. 또한 노출 경험을 하게 해 주고 불안을 감소시키는 문제해결 능력과 대처방식을 가르쳐 주며 이러한 대처를 유지할 수 있도록 자기평가나 자기 강화 전략을 세우는 것이 필요하다.

(4) 공황장애

공황장애(panic disorder)는 예측하지 못한 강렬한 두려움이 반복해서 나타나는 질환으로 공황발작은 갑자기 시작되어 10분 안에 최고조에 이르게 되며 주로 심계항진(심장이 뛰는 것이 느껴져 불쾌한 기분이 드는 증상), 두근거림, 땀, 진전(몸이 떨리는 증상), 숨 막힘, 흉통, 오심(토할 듯하나 토하지 않고 불쾌감을 주는 증상), 복통, 어지러움, 비현실감 등의 인지적 혹은 신체적 증상들이 나타난다. 공황장애 환자들은 공황발작이 반복되는 것을 두려워하고, 발작이 발생한 특정 상황을 회피하기도 한다.

공황장애의 원인은 유전적, 기질적, 인지적, 가족적, 환경적 위험인자들이 복합적으로 작용하여 발생하는 것으로 추정된다. 공황장애 청소년들 90%는 다른 불안장애를 동반하며, 주요우울장애를 동반하는 경우가 매우 흔하다. 불안장애 중에는 외상 후 스트레스장애, 범불안장애와 흔히 동반되며, 신체형 장애와 물질남용장애의 위험이 높게 나타난다.

급성기 공황장애의 경우 우선 증상을 줄여주어야 하며, 주로 이완요법과 호흡훈련을 통해 스트레스에 대한 신경생물학적 민감성을 줄여주어야 한다. 신체 증상이 많아지는 것에 초점을 맞춘 노출요법(상상 및/또는 현실 속에서 공황 발작을 촉발한 원인에 환자를 점진적, 반복적으로 노출시키는 것)과 신체 증상을 잘못 해석하는 것에 초점을 맞춘 인지적 재구성이 포함되어야 한다. 이때 청소년이 공황발작의 유발요인을 이해하는 것이 필요하고, 경우에 따라 약물치료가 병행되어야 한다.

4) 외상 후 스트레스장애

외상 후 스트레스장애(posttraumatic stress disorder, PTSD)는 극심한 외상적 스트레스 사건에 노출된 후 특징적인 증상이 나타난 것을 말한다. 외상적 사건은 청소년이 죽음을 위협받는 실제적인 심각한 상태 또는 신체적 안전을 위협하는 사건에 대한 직접적인 경험(예: 친구의 죽음, 상해, 신체 건강을 위협하는 사건의 목격 등, 가족이나 친지의 예기치 못한 죽음이나 상해 및 이와 관련된 위협을 알게 되는 것, 실제적인 폭력이나 상해가 없는 상태에서 발달학적으로 부적절한 성적 경험 등)이 이에 해당된다.

PTSD에 대한 청소년기의 반응은 성인과 비슷하게 사회적 철퇴나 고립, 신체화 증상, 우울증이나 슬픔, 수면장애 등을 나타나게 되고 충동적이고 공격적인 행동으로 더 많이 표현되어 성적 도발 행위, 스릴 추구 행동, 약물남용과 같은 자기 파괴적 행동, 반복적인 가출 등이 있으며, 대인 공포적 행동이나 자기소외적 행동, 섭식 장애, 우울 증상, 낮은 자존감 등의 형태로 나타날 수도 있다.

외상적 사건을 경험한 모든 사람에게 이러한 증상이 나타나는 것은 아니며, 외상적 사건 이전이나 이후의 생물학적, 정신사회적 요소가 발병과 관련하여 중요한 요소가 된다. 외상적 사건을 경험한 후 PTSD가 발병하게 되는 위험인자로는 ① 아동기 외상의 경험, ② 경계성, 편집성, 의존성 또는 반사회적 인격장애의 특징이 있는 경우, ③ 부적절한 가족, 또래의 지지체계, ④ 여성, ⑤ 정신과 질환에 대한 유전적 취약성, ⑥ 최근의 스트레스가 되는 생활 변화, ⑦ 내적이기보다는 외적인 조절상황의 인식, ⑧ 최근의 과도한 알코올 섭취 등이다.

PTSD의 치료는 소아-청소년 정신과 의사의 조기 개입이 요구된다. 치료자는 인지행동치료, 정신역동 정신치료, 가족치료, 약물치료까지 통합적인 차원에서 개입이 이루어져야 한다.

〈표 12-1〉 아동기나 청소년기의 대표적인 불안 장애의 하위 유형 및 특징

장애	특징
분리불안장애	애착되어 있는 대상으로부터의 분리에 극심한 스트레스를 느끼거나 분리되어야 하는 상황을 피함.
공황장애	갑작스럽고 반복적인 극심한 불안 발작(attacks)을 경험함.
광장공포증	즉각적으로 피하기 어려운 장소나 상황에 처하는 것에 대해 두려움을 보임.
특정공포증	분리나 낯선 사람외의 특정 대상이나 상황에 대해 두려움을 느끼거나 회피함.
강박-충동 장애	반복적으로 떠오르는 비합리적인 생각 또는 충동을 느끼고, 반복적이고 비합리적인 행동을 계속함.
일반화된 불안장애	여러 가지 대상이나 상황 혹은 활동에 대해 빈번하고 극심한 불안 또는 걱정을 나타냄.
외상 후 스트레스 장애	커다란 사건(강간, 강도, 지진, 교통사고 등)의 경험 후 그 사건을 지속적으로 재경험하고 사건과 관련된 자극들을 피하고, 증가된 각성상태가 지속됨.

5) 기분장애: 우울장애 · 양극성장애

(1) 우울장애

청소년기 우울장애(depressive disorder)는 12~18세 사이에 나타나는 정동장애로서 증상의 중증도, 지속 정도에 따라 가장 경한 형태의 '우울 증상

을 보이는 적응장애'로부터 최소 2주 이상의 우울하거나 과민한 기분이 있지만, 주요우울장애 증상 중 5개 이내 증상만 나타나는 '특정 불능 우울장애', 진단기준보다 증상은 적으나 1년 이상 만성적인 상태가 지속되는 '기분부전장애', 가장 심각한 증상을 보이고 기능의 장애를 보이는 '주요우울장애'까지 여러 단계의 우울 상태로 나누어 볼 수 있다.

청소년기 우울장애에 흔히 나타나는 증상은 슬프거나 과민한 기분, 무쾌감증, 사회적 위축, 무가치감, 죄책감, 자살사고나 행동, 수면 변화, 동기나 집중력의 저하, 식욕의 변화 등으로 성인기와 유사한 증상이 나타난다. 사춘기의 정상적인 청소년들도 감정의 기복이나 우울한 기분을 경험할 수 있지만, 기능 저하 유무, 증상의 강도 및 기간, 외부 자극에 대한 반응도를 통해 우울장애와 구별할 수 있다. 우울장애가 있는 청소년들은 주로 과민성 증상이 우울증상보다 심한데, 부모들은 극도로 예민해진 자녀를 가족들이 어떻게 대해야 할지 부담스러워 하는 것이 문제라고 본다. 또한 청소년기 우울장애는 주로 성적 저하, 물질남용, 과도한 인터넷 사용, 자살시도, 행동 변화 등의 문제로 병원을 찾는 경우가 많다.

우울장애의 치료를 위해서는 우울장애의 정도, 동반질환 유무, 정신사회적 장애의 정도 등을 고려하여야 한다. 단기간이거나 복잡하지 않은 우울장애, 자살사고나 정신병적 증상을 보이지 않는 경우, 경도의 정신사회적 장애를 보이는 경우에는 먼저 교육이나 지지적 접근, 사례관리만으로 충분하다. 이것은 소아청소년기에는 모든 치료에 있어 위약 효과가 60%까지 보고되고 있기 때문이다. 지지적 치료 이후 4~6주 이후 반응 정도를 살펴보아야 한다. 중등도나 중증의 우울장애, 만성적, 반복적 우울장애, 자살, 초조성이 심하고 정신병적 증상이 있거나 심한 정신사회적 기능장애가 있는 경우는 다른 치료 방법을 선택하여야 한다. 중등도의 우울장애는 인지행동 치료나 대인관계 치료에 효과적이나 중증의 우울장애는 항우울제 치료가 필요하다.

청소년기 우울장애는 성인기까지 반복적으로 나타나거나 만성화될 가능성이 높은 장애로서 급성기 증상이 청소년 시기의 여러 가지 발달과업을 방해하는 것은 물론 만성화 과정을 통해 성인기로의 발달에 지속적인 영향을 미치게 된다. 이에 대한 예방을 위해 조기 발견과 진단, 증상의 호전이 아닌 완전 치료가 필요하며, 이를 위해서는 충분한 기간 치료를 하도록 해야 한다.

(2) 양극성장애

양극성장애(bipolar disorder)는 만성적이고 자주 재발하는 기분장애로서 종종 청소년기에 처음 발생한다. 제1형 양극성장애는 조증 또는 혼재성삽화가 있어야 하는데, 조증삽화는 비정상적이고 지속적으로 고조되고 팽창된 기분, 또는 쉽게 짜증을 내는 것과 같은 과민한 기분이 나타나는 것을 말하며, 혼재성삽화는 갑작스럽게 조증삽화와 우울증삽화가 혼재하는 것을 말한다. 제2형 양극성장애는 하나 이상의 주요 우울증삽화와 경조증삽화가 나타나는 특징이 있다.

청소년 양극성장애는 성인 양극성장애에 비해 나타나는 몇 가지 차이가 있다. 첫 기분 증상은 서서히 발생하며, 초기에는 증상의 정도가 심하지 않아서 전문적인 평가를 잘 받지 않는다. 첫 증상 발생한 이후 입원을 요할 만큼의 심한 기분삽화가 일어나기까지는 5년이 걸린다는 보고가 있다. 청소년 양극화장애는 절도, 도둑질, 기물파손, 등교 거부 등과 같은 심각한 행동 표출 증상으로 나타날 수 있고, 정신적 증상, 자살 시도, 부적절한 성적인 행동을 보이기도 하며, 발병 후 첫 1년은 폭풍처럼 매우 불안정한 상태로 나타나기도 한다.

청소년 양극성장애는 만성적이며 재발률도 높고 가족, 학교, 사회적 적응에도 부정적인 영향을 미치기 때문에 조기 치료가 매우 중요하다. 특히 자살의 위험도가 높거나, 정신병 증상을 가지고 있거나, 공격적이고 절제되지 않는 행동을 보일 때는 입원치료가 고려되어야 한다. 청소년 치료의 첫 과정은 환자와 치료적 동맹을 잘 맺는 것이 중요하다. 또한 가족들과도 진단과 가능한 치료방법에 대해 논의가 이루어져야 한다. 치료 목표는 증상을 감소시키고 병에 대한 교육과 정보를 제공하고 치료를 잘 유지하게 하여 재발을 방지하여 장기적인 장해를 감소시키며 정상 발달을 도모하는 것이어야 한다.

〈표 12-2〉 주요우울증, 기분부전장애, 조증에피소드의 진단기준

증상		진단기준
주요 우울증	1. 우울한 또는 과민한 기분 2. 흥미나 즐거움의 상실 3. 체중이나 식욕의 변화 4. 수면장애 5. 운동성 흥분 또는 지체 6. 피로감 또는 활력상실 7. 무가치한 느낌 또는 죄책감 8. 생각하거나 정신을 집중하거나 결정을 내리기 어려움 9. 죽음에 대한 생각 또는 자살생각 행동	5가지 이상의 증상이 2주 이상 지속됨
기분 부전 장애	1. 식욕부진 또는 과식 2. 수면장애 3. 활력부족 또는 피로감 4. 자아존중감 저하 5. 정신집중 또는 의사결정의 어려움 6. 절망감	우울한 기분과 함께 2가지 이상의 증상이 1년 이상 지속됨
조증 에피소드	1. 계속해서 의기양양하거나 과대망상을 하거나 과민한 기분 2. 자아존중감의 확장 3. 수면의 필요성 감소 4. 평상시보다 말이 많아짐 5. 사고가 질주하는 느낌 6. 산만함 7. 목표지향적 행동의 증가 또는 정신운동성 흥분 8. 즐거움을 주는 활동이 지나쳐서 부정적인 결과를 가져옴(예: 술자리에서 흥청망청하기, 무분별한 성적행동)	1번 증상과 함께 다른 증상이 3개 이상 나타남

6) 섭식장애

섭식, 비만, 신체상과 관련된 문제들 또한 많은 청소년들이 경험하는 심리적 부적응이다. 섭식장애는 체중증가에 대한 지나친 두려움이나 마른 몸매에 대한 강한 욕구, 다이어트에 대한 과도한 집착, 계속 굶거나 약을 먹는 부적절한 체중조절 행위 등의 질환을 말한다. 대표적인 유형은 거식증(anorexia nervosa)과 폭식증(bullimianervosa)이다.

(1) 거식증

신경성 식욕부진증(anorexia nervosa)이라 불리는 거식증의 주요 특징은 최소한의 정상적인 체중유지를 거부하는 것이다. DSM-IV-TR에서 제시하는 거식증의 진단기준은 표 12-3과 같다.

〈표 12-3〉 신경성 식욕부진증의 진단기준 및 관련행동

분류	내용
전반적 기준	1. 자신의 연령과 키에 맞는 정상적 수준의 85% 또는 그 이상으로 체중이 늘어나는 것을 거부함. 2. 체중 미달임에도 불구하고 뚱뚱해지는 것이나 체중 증가에 대한 강한 두려움을 보임. 3. 체중이나 체형과 관련된 불안한 경험, 이러한 요소들이 자존감에 미치는 부정적인 경향, 현재의 체중 미달이 건강에 심각한 위험요소가 된다는 사실을 부인함. 4. 초경은 시작된 이후라면 세 번 연속 생리가 없음.
관련된 행동들	1. 비교적 짧은 기간 동안 상당한 체중 감소가 있음. 2. 지나치게 말랐음에도 불구하고 계속적으로 다이어트를 함. 3. 체중감량 목표를 달성한 후 새로운 목표를 계속적으로 설정함. 4. 체중감량 목표를 달성된 이후에도 외모에 대한 불만족 및 뚱뚱하다는 느낌을 호소함. 5. 다이어트 집단에 참여하기보다는 혼자 다이어트를 함. 6. 제한된 음식섭취와 더불어 음식에 대해 비정상적인 관심을 보임. 7. 음식을 잘게 쪼갠다거나 아주 극소량의 음식을 먹을 때에도 먹기 전에 무게를 따져보는 등의 이상한 식습관이 생김. 8. 비밀리에 음식을 섭취함. 9. 강박적으로 운동을 함. 10. 대부분 우울해 보임. 11. 폭식과 하제를 사용함.

거식증을 가진 사람들은 체중과 몸매에 대한 중요성이 일반 사람들에

비해 상당히 왜곡되어 있고(대부분의 경우 지나치게 중요하게 생각하고), 체중이 느는 것을 자기 통제의 실패라고 본다. 거식증은 많은 경우 음식 먹는 것을 계속 거부함으로써 끝내는 죽음에 이르게 하는 위험한 심리 장애이다.

일반적으로 거식증은 개인의 연령이나 신장을 고려하여 정상체중의 15% 이상을 상실한 상태를 말한다. 거식증 행동에 따라 여러 가지 방식으로 신체 기능에 이상이 생기게 되는데, 뼈의 성장 지연, 빈혈, 건성피부, 저체온, 기초대사율 저하, 낮은 맥박, 추위에 대한 저항력 저하, 심장박동의 이상 등이 이에 해당된다. 거식증의 초발연령은 평균 17세이지만, 특히 위험한 연령은 14~18세이다.

(2) 폭식증

신경성 과식증(bulimia)이라 불리는 폭식증은 폭식의 행동이 특징이어서 엄청난 양의 음식을 먹고는 곧바로 설사제나 이뇨제를 복용하거나 단식이나 과도한 운동을 한다. DSM-IV-TR에서 제시하는 폭식증의 진단기준은 표 12-4와 같다.

〈표 12-4〉 신경성 폭식증의 진단기준 및 관련 행동

분류	내용
전반적 기준	1. 다음과 같은 특징을 가진 폭식행동 삽화의 반복 a. 대부분의 사람들이 비슷한 상황과 비슷한 기간 동안 먹는 것보다 훨씬 더 많은 양의 음식을 섭취 b. 폭식행동 삽화기간 중에 먹는 것을 멈추지 못하거나 통제감이 결여됨 2. 스스로 유발하는 구토, 설사제나 이뇨제 및 관장제, 기타 다른 약물의 오용, 지나친 운동, 단식기간을 포함해 체중증가를 막기 위한 부적절한 보상행동 3. 최소한 3개월 동안 일주일에 2번 이상 폭식행동과 보상행동 4. 자기지각에 부정적인 영향을 주는 신체상과 체중 5. 이러한 행동들이 신경성 식욕부진증 삽화기간에만 일어나는 것이 아님
관련된 행동들	1. 체중 증가 없이 많은 양의 음식 소비 2. 마약과 알코올 남용 3. 대부분 우울해 보임 4. 중요한 활동을 방해하는 지나친 운동 5. 증상을 숨기려는 시도

폭식증이 있는 사람들은 극도로 마르지는 않고 대개 평균 혹은 평균 이상의 체중을 보인다. 폭식증 환자들은 자신의 비정상적인 섭식행동을 지각하고 있으며, 먹는 것을 멈출 수 없는 자신에 대해 두려워하고, 그러는 자신을 비난하고 우울해한다. 과도하게 먹고는 토하거나 설사약을 먹음으로써 원상태로 회복하려 하는 순환적인 행동(binge-purge cycle)이 폭식증의 주요 특징이다. 이들은 대부분의 사람들이 하루에 섭취할 칼로리의 두 배가까이 되는 2,000~5,000칼로리를 폭식기간 동안 섭취하게 된다.

외모의 중요성에 대한 이러한 사회문화적 강조는 남성보다 특히 여성에게 강하기 때문에 섭식장애의 대부분이 여성 혹은 여자 청소년에게 많이 나타나는 것은 놀라운 일이 아닐 것이다. 여성의 미에 대한 사회적 압력은 메스미디어의 영향과 미를 통한 능력의 인정 등의 사례(예: 예쁘고 날씬한 여성의 취업이 잘됨)를 통해 개인의 태도에 영향을 미칠 수 있다. 특히 여성이 살이 찌는 것에 대한 부정적인 태도에 더 많이 노출되는 경우(예: 체조선수, 패션모델 등), 거식증이나 폭식증과의 관련성이 높다는 결과가 있다.

성욕 및 성숙에 대한 무의식적 두려움으로 인해 정신분석적 입장에서는 청소년들의 거식증을 사춘기 소녀가 사춘기 이전의 아동 상태로 남아 있으려고 하는 무의식적 노력 때문으로 본다. 즉, 아동기에 머물러 있음으로 사춘기에 당면하게 되는 어려움들, 예를 들어 부모로부터의 독립과 분리, 성적 성숙, 자신에 대한 책임 등을 회피하고자 하는 것이다. 거식증 환자들은 살이 빠져 자신이 성숙한 여성으로서의 체형을 갖지 않고, 월경 등이 중단됨으로써 자신이 성숙하지 않은 아동이라고 무의식적으로 생각한다.

거식증 환자의 가정은 일반 가정에 비해 가족 간의 응집력이 약하고, 서로에게 지지적이지 않고, 더 많은 갈등을 경험하는 경향이 있다(정현희, 1998). 또 다른 학자들은 거식증 환자가 음식을 거부하는 것은 부모로부터 애정을 받지 못한 것에 대한 분노의 표현이거나, 가족들의 관심과 애정을 자신에게 쏠리게 하려는 의도의 표현이라고 본다(정현희, 1998). 또한 거식증

아동의 가족들 간에는 여러 가지 공통적인 특징이 발견되었는데, 과도한 밀착, 과보호, 경직성과 갈등 해결의 부족 등이 그것이다(Minuchin, 1978). 폭식증의 경우에도 이런 특징들이 나타나 폭식증 소녀의 가정은 거부적이고 가족구성원들은 서로 무관심, 거절, 비난, 이해 양육 지원의 부족이 두드러지는 것으로 나타났다(Humpherey, 1988).

5 청소년기 스트레스

1) 스트레스 개념

스트레스는 성인뿐만 아니라 아동, 청소년 및 노인 등 전 연령대에서 나타난다. 스트레스는 스트레스를 일으키는 대상에 대한 생리적, 정서적 반응으로 개인의 내적 균형 상태를 깨뜨려 스트레스 반응을 유발하는 상황 및 환경이다.

스트레스라는 용어는 라틴어의 'stringer'에서 유래했으며 '팽팽하게 죄다'의 의미로 공학, 물리학뿐만 아니라 사회과학에서도 인간의 행동 및 경험을 설명하는 데 활용되었다. 하지만 스트레스의 의미는 시대에 따라 다르게 사용되어 왔다. 17세기에는 고난, 역경 등의 고통의 의미로 사용되다가 18~19세기에는 물질 혹은 사람의 힘이나 압력과 같은 의미로 쓰였으며, 19세기 말부터 20세기 초 의학과 생물학 분야에서 스트레스와 긴장이 질병의 원인으로 작용한다는 주장이 있었다.

스트레스 반응은 위험한 상황에 처한 개체가 생존하게 하고 먹이를 잡을 때 효율을 높이는 데서 시작되었다. 결국 스트레스란 인간이 환경에 잘 적응하고 변화하기 위한 기능이다. 개인이 감당할 수 있는 적당한 수준의 스트레스는 활력과 자기 계발, 건강증진에 도움을 주지만 스스로가 만들어낸 과도한 스트레스는 개인에게 정서적, 정신적 문제를 일으킨다. 이처럼 잘 관리되지 못한 스트레스는 건강을 해치고 질병을 유발하는 요인이다. 스트레스가 많거나 스트레스에 대처하지 못할 경우 정신적 장애가 발생할 수 있고 많은 연구에서도 스트레스를 유발하는 생활사건 등이 질병 요인으로 나타나고 있다.

스트레스가 심하면 우울증에 걸리거나 극단적인 경우 자살에 이르기도 한다. 이처럼 만성 스트레스는 현대인들에게 만병의 근원이며 일정 수준 이상의 스트레스를 지속적으로 받으면 신체적인 문제가 발생할 수 있다.

2) 청소년 스트레스의 주된 원인

입시위주의 교육과 이로 인한 경쟁적이고 강박적인 학습 환경이 청소년 스트레스의 주된 원인이라는 사실은 익히 알려져 왔다. 이로 인해 뒤떨어지면 '큰일이 발생한다'는 위기감, '더 열심히 하지 않으면 안 된다'는 불안감은 작은 일에도 불안하고 긴장하게 하여 우리 몸이 견뎌내지 못하게 한다.

우리나라 청소년의 학업 스트레스는 다른 나라보다 높은 수준인 것으로 조사된 바 있다. 한국보건복지포럼의 '한국 아동의 주관적 웰빙 수준과 정책 과제' 보고서에 따르면 우리나라 청소년의 학업 스트레스 지수는 50.5%로 나타나 한국 청소년 둘 중 하나는 공부로 스트레스를 받는 것으로 나타났다. 학교생활 만족도도 세계에서 하위권에 속해 전체 평균(26.7%)보다 8.2%p 낮은 18.5%에 머물렀다. 이를 바탕으로 분석한 청소년의 삶 자체에 대한 만족도도 조사대상국 27개국 중 가장 낮은 60.3%를 기록했다. 즉, 우리나라 청소년의 학업으로 인한 스트레스로 삶의 만족도는 최저 수준이며 이는 학력 위주의 경쟁적 학교 환경이 작용하기 때문이다.

과중한 학업과 치열한 입시경쟁 외에도 청소년기의 발달 특성상 겪을 수밖에 없는 스트레스들도 존재한다. 청소년기는 아동에서 성인으로 가는 과도기로 독립된 한 인격체로 성장하기 위해 종잡을 수 없는 감정적 폭풍을 겪는다. 이 시기에 경험하는 강렬한 감정들은 중요한 의미를 가지며 신체적, 심리적, 사회적으로 많은 변화를 경험하는 과정에서 여러 가지 부적응적 행동들을 나타내기도 한다. 이밖에 또래 집단과의 관계, 학교폭력, 사춘기 신체적 변화, 부모-자녀와의 관계 등이 스트레스 원인으로 작용한다.

3) 스트레스 관리방안

(1) 개인적 요인

똑같은 상황에 노출되어도 어떤 사람은 스트레스에 유연하게 대처하는 반면 어떤 사람은 그리 힘들지 않은 상황에서도 쉽게 흔들리고 심지어 사소한 스트레스로 인해 심각한 정신 증상을 앓기도 한다. 이는 사람마다 감정을 조절하고 충동을 다스리는 힘인 '자기 조절력'에 차이가 있기 때문이다.

스트레스를 불러일으키는 자극은 사람에 따라 어떻게 해석하는가에 따라 강도가 다르다고 느낀다. 청소년의 경우도 마찬가지다. 스트레스로 가득한 사회 환경, 대학입시 경쟁이 치열한 우리나라 교육 현실 속에서 청소년들은 다양한 스트레스에 노출될 수밖에 없다. 스트레스를 받지 않겠다고 모든 현실을 무시할 수 없는 상황이라면 주변의 모든 상황이 흔들려도 자신만은 흔들리지 않는 '자신을 다스리는' 기술을 익혀야 한다.

스트레스를 관리하는 데 있어 가장 중요한 것은 '예측 가능성'과 '조절 가능성'이다. 앞으로 가야 할 길을 예측할 수 있도록 조정하고 능력에 맞추어 속도를 조절하며 현재 상황을 장악할 수 있다고 느낄수록 주관적으로 느끼는 스트레스는 훨씬 줄어들고 심리적, 신체적 안정감은 커진다. 10대 청소년들은 앞날을 예측하기 어렵다고 느끼고 입시라는 커다란 임무 앞에서 무기력과 스트레스를 느낀다. 그러나 청소년기는 앞으로 해야 할 일이 명확하고 공부와 가족과의 관계도 속도 조절이 가능하다. 스트레스는 중력처럼 절대 없앨 수 없는 우리 몸의 기본 시스템이며 잘 관리하고 경영하려 적극적으로 노력해야 스트레스에 대처할 수 있다.

물론 근본적인 교육환경을 바꾸지 않고 청소년 개인에게만 스트레스에 대처하라고 하는 것은 문제가 있으나 외적 요인뿐만 아니라 내적 요인도 스트레스 유발에 작용하므로 스트레스 극복을 위해 생각을 바꾸고 변화를 주는 것은 중요한 부분이다. 우선 생각의 변화를 위해 자신의 기대나 욕구가 지나치지 않은지 점검하며 사고를 긍정적으로 전환시킴으로써 스트레스에서 벗어날 수 있다. 또한 생활양식을 점검하여 규칙적으로 생활하고 식사도 규칙적으로 하며 규칙적으로 운동할 때 스트레스를 발산할 수 있어 건강한 생활이 가능한 것으로 나타났다. 운동 역시 스트레스로 인한 몸과 마음의 고통을 해소시키는 역할을 한다.

(2) 사회 문화적 요인

누구나 '열심히' 하지만 유치원 들어가기부터 쉽지 않은 것이 우리나라의 현주소이다. 온갖 과외 열풍에 시달리는 초등학생과 영어 열풍, 명문고에 들어가기 위해서는 중학교부터 본격적인 경쟁이 시작된다. 그리고 미국 CNN프로그램에 한국고등학생의 하루가 방영됐을 만큼 대학입시는 청소년들에게 힘겨운 전쟁과 같다.

대한민국은 줄서기가 강요되는 사회다. 청소년들의 가장 큰 스트레스 요인은 성적이라는 잣대로 청소년들에게 줄서기를 강요하는 사회다. 청소년들이 성적 외에도 다른 재능을 찾을 수 있도록 진로 적성 검사 및 상담이 체계적으로 실시되고 다양한 진로 선택이 존중받을 수 있는 사회적 분위기가 확산되어야 청소년들이 성적 때문에 고통받는 일이 줄어들 것이다. 청소년기에는 주입식 공부 외에 혼자 사색할 수 있는 시간, 독서할 수 있는 시간, 친구들과 땀범벅이 되어 뛰놀 수 있는 시간이 필요하며, 이를 통해 청소년들이 스트레스를 적절히 해소할 수 있다.

(3) 가족 요인

자아정체성의 혼란을 겪는 청소년들은 늘 불안정하다. 한편으로는 부모에게서 독립하고 싶기도 하고 한편으로는 의존하고 싶기도 하다. 이런 청소년들을 이해해 주고 묵묵히 옆에서 지켜봐 줄 수 있고 응원해 줄 수 있는 사람이 바로 가족이어야 한다. 가정이 그러한 역할을 다하지 못하면 아이들은 친구들을 가족 삼아 지내게 된다. 좋은 친구와 나쁜 친구, 위험한 친구들을 분별하지 못해 위험한 친구들을 집 삼아 기댈 수 있다. 가족이 멘토이면서 지지자가 돼야 청소년들의 스트레스를 줄이고 위험으로부터 보호할 수 있다.

생각해보기

"대치동 아이들 만나보면 더 힘들어하는 부모가 보여요"

"하루 평균 20여 명이 상담을 받아요. 대기자만 100여 명입니다. 상담 수요가 생각보다 많아 놀랐어요. 센터가 학원가 한복판에 있어 눈에 잘 띄는 데다 공공기관(구청)에서 운영하니까 믿을 만하다는 생각에 많이 찾는 것 같아요. 코로나로 아이들의 일상이 무너진 영향도 있겠죠."

서울 강남구청이 지난 4월 26일 문을 연 청소년심리지원센터 사이 '쉼'(센터장 양오승 강남구보건소장)에서 센터 운영을 총괄하고 있는 김영주 정신건강임상심리사의 설명이다. 센터는 대치동 학원 밀집가인 한티역과 은마아파트 사이 건물 2개 층에 자리하고 있다. 한 층은 대치동 학원가를 이용하는 청소년이면 누구나 이용할 수 있는 놀이휴식 공간이고 다른 층은 심리상담 공간이다.

강남구는 극심한 학업 스트레스로 고통받는 청소년들의 정신건강을 돌보고 예방하겠다는 취지로 2년의 준비 기간을 거쳐 센터를 열었다. 정순균 강남구청장의 공약 사업이기도 하다. 상근 상담사는 4명이며 상담 대상은 강남구 소재 초·중·고 재학생과 구 거주 청소년(9~24세)이다. 상담비는 무료다.

지난 13일 전화로 만난 김씨에게 어떤 아이들이 상담실을 찾는지 물었다. "우울과 불안, 강박을 호소하는 아이들이 많아요. 자살을 시도하거나 계획한 아이들도 있고, 자해 경험자도 꽤 됩니다." 말을 이었다. "학교나 학원에서 해야 하는 과제는 너무 버겁고, 부모의 높은 기대에 맞출 수 없어 좌절하는 아이들이 대부분이죠. 어디서도 위로를 받지 못하고 스트레스를 해소할 출구도 찾지 못하기 때문이죠. 여학생이 많아요. 한 조사를 보면 여고생의 4분의 1이 우울증을 겪는다는군요."

상담은 먼저 아이의 심리 상태와 학부모 양육 태도를 살피고 필요하면 학부모 심리 테스트도 한단다. 이렇게 아이의 정서와 행동조절, 대인관계, 부모와 소통 영역에서의 문제점을 살피고 상담 목표를 정한 뒤 대개 10회 정도 상담 치료를 이어간다.

그는 아이들 정신건강에는 부모 영향이 크다면서 "부모들부터 넘어져도 괜찮다는 생각을 가져야 한다"고 강조했다. "상담하다 보면 힘들다고 우는 어머니들도 있어요. 부모들 역시 자신의 좌절을 견디기 힘든 거죠. 좌절에 많이 예민해요. 그래서 자신도 어쩔 줄 모르면서 아이들을 닦달하는 거죠."

그는 삶에 지친 부모들에게도 위로가 필요하다면서 "조그만 길이라도 보여드리면 힘을 얻고 달라질 부모들이 많다"고도 했다. "평소 아이의 마음을 잘 모르고 있던 어머니들이 '죽는 게 낫겠다' 같은 아이의 극단적 표현에 두려워 움츠러들거나 반대로 너무 강하게 대응해요. 상담을 통해 그럴 때 아이에게 뭐가 필요한지, 아이와 어떻게 대화해야 하는지 조언하죠. 상담을 받고 자신의 양육 스타일을 반성하고 용기 내어 바꾸는 부모를 볼 때 보람이 크죠. 제 일의 가능성을 발견하는 순간이기도 하고요."

그는 한 언론사의 경영관리직으로 8년 일하다 뒤늦게 심리학 공부를 시작했다. 만 33살에 연세대 심리학과 대학원에 들어가 석사를 따고 3년 동안 병원 수련을 거쳤다. "언론사 인사팀에서 오래 근무했어요. 그때 직원 리더십이나 소통 교육을 담당하면서 심리학에 흥미를 갖게 되었죠."

강성만 기자
한겨레신문(2021.07.14)
원문 www.hani.co.kr/arti/society/health/1003582.html#csidx584a8347bb7678d91bc2a3c9ce82c30

강지명(2013). 성매매 아동 · 청소년 처우의 현황과 개선방안. 아시아교정포럼.

경찰청. 2018년 변사자통계.

고정아 · 김지영 · 김혜영(2020). 청소년의 일상적 스트레스와 SNS 중독경향성 간의 관계에서 자기통제력의 조절효과. 스트레스硏究, 28(3), 153-159.

교육부(2015). 2015 학생 자살 예방 정책 세미나: 학생자살현황과 향후 정책의 방향성. 자살과 학생정신건강연구소.

교육부(2018). 학생 정서 · 행동 특성검사.

교육부(2019). 학교폭력예방교육 운영학교 담당자 워크숍.

교육부(2020). 2020년 학교폭력 예방교육 발전방안 포럼-해외 사이버폭력 정책 동향 및 국내 사이버폭력 예방교육 방향 모색.

교육부. 2020년도 학교폭력 사안처리 가이드북.

교육부 · 보건복지부 · 질병관리본부(2017, 2018, 2019). 청소년건강행태조사.

구본용 외(2005). 위기(가능)청소년 지원모델 개발연구. 국가청소년위원회.

김도영 · 권남희 · 노자은(2020). 청소년 문제와 보호. 서울: 학지사.

김미진(2006). 청소년 약물남용의 사회복지적 개입방안에 관한 연구. 조선대학교 정책대학원 사회복지학과 석사학위논문.

김범구(2012). 청소년 학업중단에 대한 연구동향 분석. 청소년학연구, 19(4), 315-337.

김순규(2008). 청소년 자살에 영향을 미치는 위험 요인과 보호요인. 정신보건과 사회사업, 29권, 66-93.

김용세(2004). 회복적 사법의 개념과 활용가능성에 관한 소고. 피해자학연구, 12(2), 27-52.

김용세 · 류병관(2006). 교정단계에서 회복적 사법의 가능성. 한국형사정책연구원, 연구총서 06-43.

김은경(2004). 각국의 회복적 소년사법 정책동향. 한국형사정책연구원, 연구총서 04-32.

김은경(2007). 21세기 소년사법 개혁과 회복적 사법의 가치. 형사정책연구, 18(3), 1159-1186.

김지수(2012). 성별에 따른 청소년의 자살생각과 관련 요인. 한국콘텐츠학회 논문지, 12권 12호, 261-268.

김지연 · 정소연(2014). 가출청소년 보호지원 실태 및 정책과제 연구. 한국청소년정책연구원 연구보고서, 1-391.

김지연 · 정소연 · 최수정(2017). "청소년 보호정책 현황분석 및 개선방안 연구." 한국청소년정책연구원 연구보고서: 1-238.

김향초(1998). 가출청소년의 이해. 서울: 학지사.

김현동(2019). 학교폭력 경험이 청소년의 생활양식에 미치는 영향. 순천향대학교 대학원 경찰학과 박사학위논문.

김형태(1992). 부모 · 가정의 역할. 한국청소년개발원 편. 청소년 문제론. 서울: 한구청소년개발원.

남궁지영 · 김혜자 · 박경호 · 송승원 · 김양분(2018). 기술보고 TR 2018-136. 한국교육개발원.

남미애(2004), "소년사법처리과정 청소년의 교정복지 증진을 위한 지역사회협력방안에 관한 연구", 『청소년학연구』, 제 11권 3호. pp.151-180.

남미애(2004). "청소년비행의 경향과 교정복지의 방향." 社會科學論文集 22.2: 133-171.

노성호(2001). 소년범 처우에 있어서 가족회합제도의 도입방안. 한국공안행정학회보, 13, 65-97.

대검찰청(2018). 범죄분석.

대한소아청소년정신의학회(2012). 청소년정신의학. 서울: 시그마프레스.

모경환(2020). 청소년 문제와 보호. 경기: 교육과학사.

문선화(1997). "영국에 있어서 비행소년을 위한 사회내 처우에 대한 연구 -보호관찰프로그램을 중심으로-", 『한국아동복지학』, 제 5호. pp.9-46.

문성호 (1999). 지역사회에 기초한 청소년교정프로그램의 쟁점과 과제. 청소년학연구. 6(2). 177-199.

모소라키스(2006). 소년범죄에 대한 뉴질랜드의 가족단위협의회: 정책과 현행 실무의 개관. 피해자학 연구, 14(2), 89-138.

박근영(2010). 청소년쉼터의 지역사회연계에 영향을 미치는 요인. 고려대학교 인문정보대학원 석사학위논문.
박광섭 · 김성돈(2006). 각국의 회복적 소년사법 실무운용자료집. 한국형사정책연구원, 연구총서 06-42.
박상식(2004). 회복적 사법에 관한 연구. 경상대학교 대학원 박사학위논문.
박석원(2020). 청소년을 대상으로 한 자살예방 게이트키퍼 교육 프로그램의 효과성 검증 연구. 숭실대학교 대학원 석사학위논문.
박수선(2011). 서울가정법원 화해권고 진행 매뉴얼. 서울가정법원.
박승곤 · 김수정(2017). 학교밖청소년지원센터 운영에 관한 종사자의 경험 분석. 청소년학연구, 24(2), 233-257.
박은옥(2008). 청소년의 자살시도에 영향을 주는 요인. 대한간호학회지, 38(3), 465-473.
박진규(2013). 청소년 보호정책의 평가와 전망. 청소년학연구, 20(2), 367-395.
배규한(2014). 미래 청소년 보호의 바람직한 방향. 한국청소년연구, 25(4), 113-136.
배임호(1995). 21세기를 향한 새로운 도전: 회복적 정의. 교정연구, 5, 227-251.
배임호(1999). 비행청소년을 위한 합리적 행동치료 활용방안. 교정연구, 9, 261-277.
배임호(1999). 우리나라 사회봉사명령제도의 효과적 도입, 운영 및 정착에 관한 연구. 한국사회복지학, 39, 128-156.
배임호(2001). 비행청소년을 위한 범죄피해자-가해자 중재 프로그램 가능성과 운영방향. 청소년정책전문연구. 한국청소년개발원.
배임호(2003). 사회내 처우의 쟁점과 과제. 교정연구, 19, 191-218.
배임호(2007). 선진교정복지와 회복적 사법정의. 제33회 교정학회 국제학술발표회 자료집.
백혜정 · 김은정(2008). 청소년 성의식 및 행동 실태와 대처방안 연구. 한국청소년정책연구원 연구보고서, 2-257.
백혜정 · 송미경 · 신정민(2015). 학교 밖 청소년 지원정책 체계화 방안 연구. 한국청소년정책연구원.

법무연수원(2018). 범죄백서.

법무연수원(2019). 범죄백서.

법제처(2015). 학교 밖 청소년 지원에 관한 법률.

보건복지부(2007). 가출청소년 및 청소년쉼터 실태조사.

서보람 · 김윤나(2013). 가출팸 청소년의 생활경험에 관한 연구. 미래청소년학회지, 10(1), 19-48.

선의종(2010). 소년법상 화해권고제도의 실질적 운영방안. 『법학논집』 15(1): 35-49.

송현주(2017). 청소년의 비자발적 자해행동에 관한 연구. 정서행동연구, 33(4), 257-281.

신연희(2005). "청소년기 시설입소의 장기적 효과에 관한 연구", 『 교정연구』, 제 34호. pp.131-157.

심홍진 · 한은영 · 박병선 · 박남기(2014). 청소년의 사이버폭력 동기와 통제 요인에 관한 연구: 모바일 인스턴트 메신저를 중심으로. 정보통신정책연구원.

십대여성인권센터(2016). 성매매에 이용된 아동 · 청소년 실태조사.

아청교원((사)아시아 청소년 · 교정연구원) · 회복적 사법정의연구회 역 · Howard Zehr 저(2002). 회복적 사법정의: 피해자-가해자 중재프로그램. 서울: Korea Anabaptist Press.

안영신 · 송현주(2017). 청소년의 비자살적 자해행동에 관한 연구. 정서 · 행동장애연구, 33(4), 257-281.

양종국 · 김충기(2002). 비행청소년의 비행 위험요인 및 보호요인과 재비행과의 관계. 청소년상담연구. 10(2).

여성가족부(2011). 청소년종합실태조사결과보고서.

여성가족부(2012). 가출팸 실태조사 및 정책과제 발굴 결과보고서. 2010년 가출청소년 및 청소년쉼터 실태조사.

여성가족부(2014). 학교 밖 청소년 지원정책 발굴 및 제도개선.

여성가족부(2015). 관계부처 합동 학교 밖 청소년 지원대책 발표.

여성가족부(2018). 2018년 청소년 매체이용 및 유해환경 실태조사.

여성가족부(2019). 성매매 실태조사 결과.

여성가족부. 아동 · 청소년대상 성범죄의 발생추세와 동향분석 2011-2017.

연성진(2004). 가출청소년의 비행예방에 관한 연구. 한국형사정책연구원.

오봉욱 · 전동일 · 장정연 · 하태선 · 유우경 · 김병년 · 주선영(2020). 청소년복지론. 서울: 동문사.

윤여각 · 박창남 · 전병유 · 진민석(2002). 학업중단 청소년 및 대안교육 실태조사. 서울: 한국교육개발원.

윤철경(2005). 위기청소년 지원시설과 지원정책 현황 및 사회안전망 구축을 위한 정책방안 연구. 서울: 청소년위원회.

윤철경(2013). 학업중단 청소년 현황 및 정책 과제. 학교 밖 청소년 문제 대책 마련 토론회자료. 서울: 이화여자대학교 학교폭력예방연구소.

윤철경 · 성윤숙 · 유성렬 · 김강호 · 박예슬 · 이지혜(2015). 학교 밖 청소년 이행경로에 따른 맞춤형 대책연구 I. 한국청소년정책연구원 연구보고서.

윤철경 · 성윤숙 · 최홍일 · 유성렬 · 김강호 · 박예슬 · 윤효문(2017). 학교 밖 청소년 이행경로에 따른 맞춤형 대책연구 II. 세종: 한국청소년정책연구원.

윤희중(2004). 소년사법정책에 있어서 회복적 사법과 지역공동체. 피해자학연구, 12(1), 143-165.

이경희 · 김광웅(1996). 청소년의 스트레스와 대처에 관한 연구. 대한가정학회지, 6호, 127-138.

이기숙 · 박소영(2000). 청소년의 일상적 스트레스와 사회적지지 지각의 관련성 연구. 대한가정학회지, 9호, 93-106.

이명숙(2006). 비행청소년대상 치료공동체 모델 연구: 청소년지도자들의 인식도를 중심으로. 청소년학연구, 13(5), 55-80.

이병환(2007). 대안교육을 위한 청소년 학업중단 예방방안. 중등교육연구, 55(1), 69-89.

이성식, "청소년범죄 예방을 위한 지역중심의 종합적 다기관 연계전략", 『교정연구』, 제 16호. pp.119-154. 2002.

이수현 (2009). 소년보호처분에 관한 연구. 법학연구. 35: 337-356.

이순례 외(2013). 현대사회와 범죄. 서울: 청목.

이시연. “청소년 ‘가출팸’의 현황과 대책.” 지역과 문화 5.1 (2018): 85-101.

이양훈(2013). 청소년 약물남용에 미치는 사회적 요인에 관한 연구. 고려대학교 대학원 사회복지학과 박사학위논문.

이완희 · 황성현 · 이창한 · 문준섭(2017). 한국 청소년 비행학. 경기: 피앤씨미디어.

이자영 · 강석영 · 김한주 · 이유영 · 양은주(2010). 학업중단 위기청소년이 지각한 학업중단의 위험 및 보호요인 탐색: 개념도 연구법의 활용. 청소년상담연구, 18(2), 225-241.

이정균 · 김용식(2008). 정신의학(제4판). 서울: 일조각.

이진국 · 오영근(2006). 형사사법체계상 회복적 사법이념의 실천방안. 한국형사정책연구원. 연구총서, 06-40.

이창한 · 황성현 · 이환희 · 문준섭(2017). 한국청소년비행학. 고양: 피앤씨미디어.

이충수(2003). 외국 소년법제의 비교에 관한 연구. 한국경찰학회보, 8, 153-180.

장명선(2018). 아동 · 청소년 성매매 실태 및 정책개선방안. 이화젠더법학, 제10권 제3호.

장준오(2003). 사이버상의 청소년 일탈에 관한 연구. 한국형사정책연구원.

장중식, “소년범죄 처리와 소년법상의 문제점 및 개선방안”, 『교정연구』, 제41호. pp. 141-162. 2008.

장혜수(2000). 청소년 약물남용의 사회적 원인과 대책에 관한 연구, 단국대학교 대학원 석사학위논문.

전영주 · 이영아 · 이경의(2014). 학교폭력예방 길라잡이. 서울: 국가인권위원회.

정보통신정책연구원(2018). 한국미디어패널조사 연구팀. 정책자료 18-10-02.

정부관계부처합동(2015). 학업중단 예방 및 학교 밖 청소년의 자립역량 강화: 학교 밖 청소년 지원대책.

정운숙 · 박신애(2001). 청소년 가출에 관한 이론적 고찰. 지역사회간호학회지, 12(1), 105-114.

정재민(2012). 학업중단 청소년의 특성과 예방을 위한 실천전략 개발 질적연구. 청소년문화포럼, 30, 66-91.

정한라(2013). 국내외 사이버폭력 사례 및 각국의 대응방안. Internet & Security Focus, 2013년 10월호.

조우은(2017). 아동·청소년의 성보호에 관한 법률상의 대상아동·청소년의 보호·지원체계 실태 및 개선 과제. 국회입법조사처.

조은주(2014). 통치와 잉여: '학교 밖 청소년'을 둘러싼 질문들. 한국사회학회 사회학대회 논문집, 1, 331-332.

조제성·김상균(2018). 학업중단 청소년의 온라인 도박경험 경로 연구. 한국범죄심리연구, 14(1), 133-146.

질병관리본부. 2014~2018년 청소년건강형태조사.

천정웅(2000). 청소년 사이버일탈의 특성과 유형에 관한 연구. 청소년학연구 7.2: 97-116.

천정웅(2014). "한국 아동·청소년 인권실태 연구Ⅳ." 한국청소년정책연구원 연구보고서.: 1-89.

최상근·양수경·남기곤(2010). 학업중단위기 학생의 실태와 지원 방안 연구. 서울: 한국교육개발원.

최일섭·최성재·최원규·이혜경·윤찬영·박종우·김혜란·김정기(2000). 사회문제와 사회복지. 경기: 나남출판.

최지희·전진아(2017). 청소년의 정신건강 현황과 건강행태와의 관련성. 한국보건사회연구원, 72-83.

통계청. 2014~2018년 사망원인통계.

하태선(2012). 소년범죄 피해자 및 가해자의 경험에 관한 다중 사례연구" 숭실대학교 대학원 박사학위논문.

한국건강증진개발원(2019). 청소년 음주예방교육 활용매뉴얼.

한국교육개발원(2016). 교육통계연보. 서울: 한국교육개발원.

한국교육개발원(2018). 게임 과몰입 종합 실태조사.

한국교육개발원(2018). 교육통계분석자료집: 유·초·중등교육통계편.

한국정보화진흥원(2013). 학교폭력 2.0, 사이버불링실태와 해법 세미나 자료집, 44-45.

한국청소년개발원(1996). 청소년 문제론. 서울: 서원.

한국청소년상담복지개발원(2018). 고위기 청소년 정신건강 상담개입 매뉴얼: 자살 · 자해편.

한국청소년정책연구원(2012). 청소년 흡연 · 음주 실태와 정책적 대응방안.

한국청소년정책연구원(2013). 가출청소년 중앙지원단 모델 연구. 여성가족부.

한국청소년정책연구원(2013). 청소년 자살예방 정책 연구.

한국청소년정책연구원(2014). 청소년학개론. 경기: 교육과학사.

한국청소년정책연구원(2019). 서울 학교 밖 청소년 실태와 정책 진단, 그리고 미래. 세종: 계문사.

한상철(2003). 청소년 문제행동. 서울: 학지사.

한상철(2005). 청소년학: 청소년 이해와 지도. 서울: 학지사.

한상철 · 조아미 · 박성희(1997). 청소녀심리학. 경기: 양서원.

한영선 · 현지현 · 이영연(2020). 소년법 강의 2020. 서울: 솔과학.

홍봉선(2009). 청소년복지론. 경기도: 공동체.

홍봉선 · 남미애 · 원혜욱 · 아영아 · 전영주 · 박명순 · 김민 · 노혁 · 오승환 · 이용교(2010). 청소년 문제론. 경기: 공동체.

황순길 · 정현주 · 김범구 · 양대희 · 이은경(2012). 학업중단 청소년 대상의 기숙형 대안캠프 효과성에 관한 연구. 청소년복지연구, 14(2), 223-257.

황여정(2013). 학생들의 스트레스. 한국의 사회 동향, 120-126.

Bollnow, O. F.(1979). Herman Nohl und die Paedagogik. In: *Zeitschrift fuer Paedagogik, 25*, 659-669.

Fuller, J. R.(2013). *Juvenile delinquency: mainstream and croscurrents* (2nd ed). Oxpord University Press.

Umbreit, M.(1996). *Responding to Important Questions related to Restorative Justice*. St. Paul, Minnesota: University of Minnesota, Center for Restorative

Justice and Mediation.

Umbreit, M.(2000). *National Survey of Victim-Offender Mediation Programs in the United States*. US Department of Justice, Office of Justice Programs.

Umbreit, M.(2001). *The Handbook of Victim-Offender Mediation*. San Francisco, CA: Jossey-Bass Inc., Publishers.

Umbreit, M., Vos, B., Coastes, R. B., & Lightfoot, E.(2005). Restorative justice in the twenty-first century: A social movement full of opportunities and pitfalls. *Marquette Law Review, 89*(2), 251-304.

Van Ness, D. & Strong, K. H.(2006). *Restoring Justice: An introduction to Restorative Justice*(3rd Edition). Cincinati, OH: Lexis Nexis.

Volpi, E.(2002). *Street Children: Promising Practices and Approaches.* WBI Working Papers (No. 37196). Washington, DC: The World Bank.

Wright, M.(1992). "Victim-Offender Mediation as a Step Towards a Restorative System of Justice" In Heinz Messmer and Hans-Uwe Otto(eds.), Restorative Justice on Trial: Pitfalls and Potentials of Victim-Offender Mediation-International Research Perspectives. Netherlands: Kluwer Publishing Company, 525-526.

Zehr, H.(1989). Justice: Stumbling toward a restorative ideal. In Justice: *The restorative vision. Occasional papers of the MCC Canada Victim Offender Ministries Program and the MCC U. S. Office of Criminal Justice.* Elkhard, IN: Mennonite Central Committee.

Zehr, H.(1990). *Changing Lenses*. Scottdale. Pennsylvania: Herald Press.

Zehr, H.(1995). *Changing Lenses: A new focus for crime and justice*. Scottdale, PA: Herald Press.

Zehr, H.(2002). *The Little Book of Restorative Justice*. Intercourse, PA: Good Books.

Zehr, H.(2004). Commentary: Restorative justice-beyond victim-offender mediation. *Conflict Resolution Quarterly, 22*(1-2), 305-315.

강성만 기자. “대치동 아이들 만나보면 더 힘들어하는 부모가 보여요”, 한겨레신문, 2021.07.14.

김건희 기자. 중고거래 플랫폼 활용한 청소년 대상 범죄 주의보, 신동아, 2021년 2월호.

김영동 기자. 먹여주고 재워줄게…집밖 청소년에 뻗치는 ’검은 손길’, 한겨레신문, 2020.12.09.

김주미 기자. 9월부터 초 · 중등 자퇴 청소년 정보 지원센터로 자동연계…장학금 대상 확대 논의도, 키즈맘, 2021.07.12.

배성태 기자. 코로나 우울, 청소년사이버상담센터와 상의하세요!, ENB교육뉴스방송, 2020.12.17.

송광모 기자. 가출 청소년 향한 ‘검은 손’…초등학생까지 성폭행, 뉴스데스크, 2020.11.03.

심동준 기자. ‘대화의 힘’ 회복적 경찰 활동…가해 · 피해자 90% “만족”, 뉴시스, 2021.02.09.

염유섭 · 남정훈 기자. 범죄 가해자 · 피해자 만나 반성 · 화해…경찰청 ‘회복적 정의’ 프로그램 확대, 한국일보, 2018.11.07.

조해람 기자. 사회봉사해본 소년범들 “나도 필요한 사람”, 경향신문, 2021.02.06.

저자소개

하태선

아신대학교 신학과 졸업
숭실대학교 사회복지학과 석박사 졸업
현 서울가정법원 화해권고위원, 서울보호관찰소 보호관찰위원
현 아신대학교 상담복지학부 교수

청소년 문제와 보호

초판 1쇄 인쇄 / 2021년 8월 20일
초판 1쇄 발행 / 2021년 8월 25일

•

저 자 / 하 태 선
발행인 / 이 중 수
발행처 / **동 문 사**

•

서울특별시 서대문구 홍제원 1길 12
(홍제동 137-8)
Tel : 02)736-3718(대), 736-3710, 3720
Fax : 02)736-3719
등록번호 : 1974.04.27 제9-17호
가격 : 21,000원

•

ISBN : 979-11-6328-333-1(93330)
E-mail : dong736@naver.com
www.dongmunsa.com